本书系福建省社会科学规划基金重点项目（FJ2018MGCA003）研究成果

互联网金融视域下
知识产权融资法律机制研究

谢黎伟　著

厦门大学出版社
XIAMEN UNIVERSITY PRESS
国家一级出版社
全国百佳图书出版单位

图书在版编目(CIP)数据

互联网金融视域下知识产权融资法律机制研究/谢黎伟著.—厦门:厦门大学出版社,2022.6

ISBN 978-7-5615-8608-2

Ⅰ.①互… Ⅱ.①谢… Ⅲ.①知识产权—企业融资—金融法—研究—中国 Ⅳ.①D922.280.4

中国版本图书馆 CIP 数据核字(2022)第 081422 号

出 版 人	郑文礼
责任编辑	李 宁　郑晓曦
封面设计	蔡炜荣
技术编辑	许克华

出版发行 厦门大学出版社

社　　　址	厦门市软件园二期望海路 39 号
邮政编码	361008
总　　　机	0592-2181111　0592-2181406(传真)
营销中心	0592-2184458　0592-2181365
网　　　址	http://www.xmupress.com
邮　　　箱	xmup@xmupress.com
印　　　刷	厦门市竞成印刷有限公司

开本	720 mm×1 020 mm　1/16
印张	16.75
字数	300 千字
版次	2022 年 6 月第 1 版
印次	2022 年 6 月第 1 次印刷
定价	78.00 元

本书如有印装质量问题请直接寄承印厂调换

厦门大学出版社
微信二维码

厦门大学出版社
微博二维码

导　言

随着知识经济的发展，知识产权不但成为企业市场竞争的有力工具，而且也是企业财产的重要组成部分。然而，一方面，知识产权不能凭空产生，没有大量智力和资金的投入，知识产权的创造就成为了无源之水。另一方面，创造出来的知识产权如果被束之高阁，没有付诸产业化和市场化，其经济价值也就无从谈起。正如熊彼特的经济发展理论所指出的，创新是经济发展的根本动力，但发明创造本身不是创新，只有当发明创造被运用到生产实践当中，才能被称为创新。但是，初创期和成长期的中小微企业一直受到融资难的困扰。知识产权作为无形财产权，其性质与有形的不动产、动产迥异，使得传统金融业对以知识产权为标的的融资方式持谨慎态度，知识产权企业难以从传统融资渠道获得资金，从而遭遇成长瓶颈。与此同时，随着经济快速增长和社会财富积累，我国民间资本的规模日益扩大，大量资本游离于传统金融体系之外，其投资需求难以得到满足，导致社会资本闲置浪费或非法集资的现象一再发生。随着大数据、云计算、移动支付等互联网技术的发展，一种新型的金融业态——互联网金融应运而生。互联网金融以其高效率、低成本、融资门槛低的优势，有效弥补了传统金融业的不足，促进了民间资本的利用，也为破解知识产权企业融资难题提供了新途径和新工具。

从 20 世纪 90 年代初期开始，随着互联网的普及，美国开始出现基于互联网的新型金融模式。进入 21 世纪后，伴随着互联网技术的不断发展，以 P2P 网贷、众筹为代表的互联网金融模式获得了快速发展并引起业界关注。尤其在众筹兴起之后，集中在影视、音乐、出版、科技等知识产权密集的领域进行融资，有力地推动了知识产权的转化和应用。同时，互联网金融的发展也对传统金融法规和监管制度提出了新的挑战。在此背景下，美国证监会将 P2P 网贷平台发行的权益凭证界定为"证券"，将其纳入证券法监管，并于 2012 年推出《JOBS 法案》，建立股权众筹证券小额发行豁免制度，并对市场准入、投资者保护、监管等方面作了细致的规定，引导其有序发展。2014 年，英国针对 P2P 网贷和股权众筹的监管颁布了《互联网众筹以及通过其他媒介发行不易变现证券监管规则》。法国、意大利、日本、加拿大等国也纷纷出台相关立法对互联网金融市场予以规范。

随着国外互联网金融模式在国内的引入和兴起,互联网金融开始受到国内各界的关注。谢平、邹传伟(2012)首先提出了"互联网金融"的概念,认为互联网金融模式是既不同于商业银行间接融资,也不同于资本市场直接融资的第三种金融融资模式,并分析了互联网金融模式在支付方式、信息处理和资源配置方面的特征。罗明雄(2014)归纳和总结了我国互联网金融的特点和主要模式。随着 P2P 网贷和众筹的快速发展,学界对其面临的非法集资、资金安全、投资者利益保护、平台监管、本土化变异等问题进行了探讨(岳彩申,武长海,彭冰,杨东,彭真明等)。

近年来,知识产权融资问题亦引起学界关注,不少学者发表了相关著作,或综合性地从知识产权出资、信托、质押、证券化等维度展开研究(杨延超,王吉法等),或以知识产权出资、信托、证券化为专题予以探讨(刘春霖,胡震远,袁晓东,董涛等)。在国际立法层面,联合国国际贸易法委员会(UNCITRAL)亦充分关注知识产权担保融资遭遇的特殊问题,并于 2010 年发布《担保交易立法指南之知识产权担保权补编》,为各国制定和修改知识产权担保融资立法提供参考和借鉴。

从国内外的立法和研究看,学界对互联网金融和知识产权融资涉及的法律问题进行了较多的研究,积累了不少研究成果,但对于互联网金融背景下的知识产权融资问题的研究结果尚不多见,少数学者从宏观层面对此问题有所涉猎。例如,刘洁(2015)提出应建立以政府为主导的知识产权互联网融资风险分担方式,利用互联网技术优势监管知识产权融资平台运行。魏琼(2017)建议建立知识产权质押保险制度、规范融资平台业务流程、完善社会征信体系以规制知识产权互联网融资风险。

总体而言,学界对互联网金融环境下知识产权融资的研究尚处于起步阶段,现有的研究成果在深度和广度上尚有不足,缺乏专门化和系统化的研究。基于此,本书以此为选题展开研究,希冀有助于推动相关领域的深入研究,对互联网知识产权融资的稳定发展有所裨益。

本书以互联网金融为切入点,以知识产权融资法律机制为主轴,以知识产权融资方式在互联网金融模式中的运用而展开,全书内容共分为六章:

第一章,知识产权互联网融资的理论基础。本章从知识产权和互联网金融的一般理论出发,阐述知识产权和互联网金融的概念、范围、性质和特征,界定互联网知识产权融资的内涵,分析知识产权和互联网金融结合的主要路径和方式,阐释互联网金融的发展对于知识产权融资的意义和作用,为全书做好理论铺垫。

第二章，P2P网贷模式下的知识产权融资机制。本章从P2P网贷的交易模式和网贷平台的法律性质着手，探讨这一新模式在知识产权融资中的优势、运作流程和法律架构，分析P2P网贷模式下知识产权质押融资的标的、设立、登记等问题，探讨P2P网贷模式下知识产权证券化基础资产的选择、风险隔离和模式选择，分析P2P网贷模式下知识产权融资租赁的标的和运作模式；明晰各方参与主体之间的法律关系，规范各方参与主体的权利义务，明晰P2P网贷与知识产权质押、知识产权证券化、知识产权融资租赁的结合路径。

第三章，众筹模式下的知识产权融资机制。本章从众筹的概念、本质和类型入手，以产品众筹和股权众筹为重点，探讨这一新模式在知识产权融资中的优势、运作流程和法律架构，厘清知识产权融资人、众筹平台、投资者等主体之间的法律关系，并进一步分析产品众筹中的知识产权风险及防范措施；分析股权众筹中的知识产权出资、股权持有和行使、股权代持纠纷的处理等问题，明晰众筹与知识产权融资的结合路径。

第四章，互联网供应链下的知识产权融资机制。本章从供应链生产模式和供应链融资着手，揭示互联网背景下供应链融资的新特点，分析互联网供应链下知识产权财团抵押、浮动担保的运作机制和优劣之处，并对互联网供应链下知识产权应收账款证券化、保理、质押等融资模式运用中的实务问题展开研究。

第五章，互联网知识产权融资风险的监管和防控机制。本章从互联网的公开性、交互性、广泛性和知识产权的无形性、权利不稳定性、价值不确定性对知识产权融资带来的风险和挑战着眼，揭示知识产权的固有风险、互联网平台的运营风险和融资者的信用风险；比较互联网知识产权融资风险监管的国际经验，剖析现有互联网知识产权融资风险防范和分散机制的模式和特点；探讨政府、行业组织、企业、担保机构、保险公司等多元化主体参与的风险控制和分散机制的构建。

第六章，我国互联网知识产权融资法律机制的完善。本章从我国互联网知识产权融资的现状入手，针对相关立法规范和实际运作中存在的权利质押定位之困、互联网金融监管之失、规则缺失与冲突之扰、登记制度缺陷之忧等问题，提出重新定位权利质押，改变现有的立法模式；优化互联网金融监管体制机制；完善具体规则，减少法律漏洞和冲突；重构知识产权融资登记制度等对策和建议。

本书的研究主要采用以下方法：（1）实证分析法。对国内外主要知识产权互联网融资平台的运作机制和业务流程进行实证考察，发现其中存在的制度缺陷和风险。（2）文献分析法。广泛收集国内外的相关文献和研究成果,加以梳理和分析,阐释知识产权互联网融资法律机制构建的理论依据。（3）比较研究法。考察对比不同国家在互联网金融环境下知识产权融资的运行和风险控制机制,探寻可资借鉴的经验和做法,为破解我国互联网知识产权融资的瓶颈提供参考。（4）系统研究法。综合利用相关学科的研究成果,规范分析和实证研究相结合,多角度研究互联网金融环境下知识产权融资的特殊问题,避免研究的片面化和碎片化。

目　录

第一章　知识产权互联网融资的理论基础

第一节　知识产权的一般理论

一、知识产权的起源、概念与范围

近代知识产权的形成,经历了一个由封建特许权向资本主义财产权嬗变的历史过程。封建特许权包括印刷专有权和产品专营权,它是以君主敕令或官府令状的形式授予印刷商以出版独占许可证或赋予经营者制造、销售某种产品的专有权利。这种特许权在性质上是一种钦定的行政庇护,而非法定的权利保护。在资本主义兴起之后,知识产权才摆脱了封建特许权的性质而成为"天赋之权、普世之权、法定之权",成为国家法律认可和保护的私人财产权。[①]

以近代意义的专利法和版权法的诞生地英国为例,图书印刷出版的垄断特权最初是由王室授予印刷出版商。1557年,英国伦敦的"图书出版商公司"正式获得国王颁发的特许状,取得了英国图书印刷出版业的特权,只有该公司的成员才有资格从事图书印刷出版业,获得官方许可证的图书在印刷出版前必须到该公司注册。英国由此确立了图书印刷出版者对图书版本的专有权利。此后,直到1709年,随着《安妮法令》的签署,图书出版商公司对版权长达100余年的垄断才彻底结束,从此作者开始成为版权的主体,作者的权利成为版权法保护的主要内容,版权完全摆脱政治权力的干预,成为单纯的经济权利。[②]

在英国专利制度发展的早期,对产品的垄断特权由王室以专利证书(Letters Patent)的形式授予。"Letters Patent"意为公开的证书,证书只在底部盖

---

① 吴汉东:《关于知识产权私权属性的再认识》,载《社会科学》2005年第10期。
② 张乃和:《论近代英国版权制度的形成》,载《世界历史》2004年第4期。

有封印,而不像普通的证书那样密封,它以官方告示的方式将授予的权利告知公众,被授予者享有君主赐予的专门制造或贩卖某种产品的特权。① 此后,由于王室滥发专利特许权,导致社会各界不满,要求限制王室权力的呼声日益高涨。1623 年,《垄断法》(Statute of Monopolies)的颁布否定了王室的专利特许权,该法第 6 条规定了合法的发明垄断的条件:第一,发明专利的主体限于第一个真正的发明人;第二,专利的客体是尚未出现过的新产品;第三,专利权权利的内容是在授权之日起 14 年或以下的独占实施权;第四,专利权的限制包括不得违反法律、不得抬高物价以损害国家、不得破坏贸易或者给民众造成不便。② 自此,英国专利权从王室特许权转变为国家法律授予发明创造者的财产权利。

依照学界通说,英国 1623 年颁布的《垄断法》、1709 年签署的《安妮法令》、法国 1857 年制定的《关于以使用原则和不审查原则为内容的制造标记和商标的法律》是近代意义知识产权制度的开端,但知识产权(intellectual property)一词究竟始于何时,学界说法不一,通常认为最早出现在 18 世纪欧洲的学术著作中。如今,这一词汇在世界范围内被反复使用、广泛传播,成为时下流行的法律名词。然而,何谓知识产权? 如何定义知识产权? 学界对此迄今尚未取得共识。"这一名词下没有一个统一的法律内容,这一术语其实是一套各不相同的权利的方便称谓。"③学者们基于各自的理解,对知识产权的概念做了不同的表述,概括起来,主要有以下观点:

其一,认为"知识产权指的是人们就其智力创造的成果依法享有的专有权利"。④

其二,主张"知识产权是基于创造性智力成果和工商业标记依法产生的权利的统称"⑤,或曰"知识产权是人们对于自己的智力活动创造的成果和经营管理活动中的标记、信誉依法享有的权利"。⑥

其三,提出"知识产权是民事主体所享有的支配创造性智力成果、商业标

---

① 柴彬:《英国专利制度的渊源及其影响》,载《贵州社会科学》2016 年第 3 期。

② Statutes of Monopolies 1623,Article 6.

③ [英]David Vaver:《知识产权的危机与出路》,李雨峰译,载《知识产权》2007 年第 4 期。

④ 郑成思主编:《知识产权法教程》,法律出版社 1993 年版,第 1 页。类似的表述还可见黄勤南主编:《新编知识产权法教程》,中国政法大学出版社 1995 年版,第 1 页。

⑤ 刘春田主编:《知识产权法》,中国人民大学出版社 2002 年版,第 6 页。

⑥ 吴汉东主编:《知识产权法》,中国政法大学出版社 1999 年版,第 1 页。

志以及其他具有商业价值的信息并排斥他人干涉的权利",①或曰"知识产权是人们依法对自己特定智力成果、商誉和其他特定相关客体等享有的权利"。②

主张第一种定义的学者认为,知识产权的客体,包括商业标志,都是具有创造性的智力成果,③知识产权是对创造性智力成果享有的权利。这是我国知识产权界 20 世纪 80 年代初期的主流观点。但其后此观点受到了越来越多的质疑,原因在于:如果说著作权、专利是创造性智力成果尚可令人接受,但商标的创造性就大有疑问。因为授予商标权的标准是可识别性而非创造性,商标的文字、图形、色彩及其组合设计的创造性高低对商标授权与否并无影响,能否与其他类似商品或服务的商标相区分才是商标授权的关键因素。第二种观点是在否定商标是创造性智力成果的基础上发展起来的。它将知识产权的客体区分为"创造性智力成果"和"识别性工商业标记",或者再加上商誉作为第三类客体。此观点意在强调商标、商誉的独特性,突出其不同于作品、专利等智力成果之处。第三种观点重在强调知识产权的支配权属性,它明显受到民法中物权定义的影响,同时也具有将知识产权的客体视为商业化的信息或是其他开放性的客体的倾向。

上述定义各有千秋。然而,社会经济不断发展,科技进步日新月异,知识产权的客体呈现日益扩大之势,尤其是进入知识经济和互联网时代以来,这一趋势更为明显。正是由于知识产权的内涵极为丰富又变动不居,所以各种知识产权定义中挂一漏万、顾此失彼的情形在所难免。可见,给知识产权下一个精确且普遍接受的定义是颇为困难的。

有鉴于此,有关知识产权的国际公约为避免分歧,减少争议,均回避给知识产权下定义,而是通过列举知识产权的范围来加以说明。例如,《建立世界知识产权组织公约》指出,其所涵盖的知识产权范围包括:(1)与文学、艺术和科学作品有关的权利;(2)与表演艺术者的演出、录音制品和广播节目有关的权利;(3)与人类创造活动的一切领域中的发明有关的权利;(4)与科学发现有关的权利;(5)与工业品外观设计有关的权利;(6)与商品商标、服务标记、厂商名称及其标记有关的权利;(7)与制止不正当竞争有关的权利;(8)其他在工

---

① 张玉敏:《知识产权的概念和法律特征》,载《现代法学》2001 第 5 期。
② 王迁:《知识产权法教程》,中国人民大学出版社 2009 年版,第 4 页。
③ 郑成思主编:《知识产权论》,法律出版社 1998 年版,第 63～74 页。

业、科学、文学和艺术领域的智力创造活动中所产生的权利。[①]

世界贸易组织(WTO)的《与贸易有关的知识产权协定》(TRIPs 协定)列举的知识产权的范围是:(1)版权及其相关权利;(2)商标;(3)地理标志;(4)工业品外观设计;(5)专利;(6)集成电路布图设计;(7)未公开的信息。[②]

从两个国际公约所界定的知识产权范围看,《建立世界知识产权组织公约》列举的知识产权范围已经囊括了现有的各种知识产权类型,并以兜底条款的形式将今后可能出现的知识产权类型也涵盖在内,可谓是对知识产权范围最为宽泛的界定。不过,对于公约规定的科学发现权是否应当纳入知识产权的范围,我国学界存在不同的看法。支持者认为,科学发现权既然已为国际公约所承认,并且我国 1986 年颁布的《民法通则》已对此权利予以明确保护,自然应属于知识产权。[③] 反对者认为,如果将发现权等公有产权纳入知识产权体系,那么知识产权的私权属性、独占性特点、无体财产权意义等将不复存在,这一制度架构及其学理基础也就面目全非了。[④] 上述争论凸显了学界对知识产权的不同理解,如果将知识产权界定为知识财产私有的法律形式,科学发现权这种公有产权形式的权利就不应被纳入知识产权的范畴;如果不将知识产权严格限定在私人财产权的范围,那么将科学发现权这种源自智力创造活动过程中产生的权利纳入知识产权也未尝不可。不过,由于科学发现属于对自然规律的认知,对科学研究具有基础性作用,一旦授予发现人垄断性的专有权利必然会阻碍科学技术的发展。因此,各国法律普遍没有对科学发现授予私权性质的财产权利,而是由国家以非市场机制的奖励形式换取社会对科学发现成果的公有产权。

比较而言,TRIPs 协定对知识产权范围的列举要狭窄得多,其着眼于对国际贸易有重要影响的知识产权类型,至于其他类型的知识产权并不在其调整范围之内,而且不采用兜底条款的立法方式,以避免条约适用中可能产生的争议。尽管如此,著作权、专利权、商标权都是两大知识产权国际公约列举的最为重要的知识产权类型。因此,本书所指的知识产权也是以此三类知识产

[①] 《建立世界知识产权组织公约》第 2 条第 8 款。

[②] Agreement on Trade-Related Aspects of Intellectual Property Rights,Part Ⅱ.

[③] 刘春茂主编:《中国民法学·知识产权》,中国人民公安大学出版社 1997 年版,第 2～4 页。

[④] 吴汉东:《关于知识产权私权属性的再认识——兼评"知识产权公权化"理论》,载《社会科学》2005 年第 10 期。

权为核心构成的权利体系。

二、知识产权的性质与特征

(一)知识产权的性质

如前所述,从历史源流看,近代知识产权制度发端于封建特许权,在融入资本主义市场经济后,逐渐嬗变为私法上的权利。TRIPs 协定的序言中明确宣示其成员"认可知识产权为私权",第一次在知识产权国际公约中明确界定了知识产权的本质属性,即以私权名义强调知识财产私有的法律形式。这一规定不仅说明了知识产权在私法领域中的地位,而且厘清了知识产权与相关法律制度的差异。[①] 承认知识产权是私权意味着,除了知识产权法的特殊规定外,民事法律的基本原则、制度、概念、理论对知识产权也同样适用。具体而言,知识产权的取得和行使同样应遵循意思自治、诚实信用、禁止权利滥用等民法基本原则。在知识产权许可、使用、转让、融资担保中需要借助法律行为、合同、代理、担保制度来实现。而知识产权的保护同样离不开侵权行为法中的归责原则、构成要件等理论的支持。

由于专利权、商标权等知识产权的产生需要行政机关的审核和授予,其维持和续展也受到行政机关的监督管理,知识产权的保护也有行政救济的途径,因此,有观点认为"知识产权已经不是一种纯粹的私权,而是一种带有公权因素的私权"。[②] 不过,究其实质,此观点意在通过揭示知识产权的公权化倾向,说明知识产权的制度设计中必须保持私人权利与公共权力、私人利益与公共利益的平衡。因此,"提及和重视知识产权的公权属性时,并不意味着知识产权私权属性的减弱,更不是意味着对知识产权私权保护的削弱"。[③]

从一定意义上讲,知识产权是人们对其创造的知识财产所享有的自然权利,是不可剥夺的天赋人权的重要内容,知识产权的这种人权性质成了知识产权保护的正当性基础。《世界人权宣言》第 27 条和《经济、社会和文化权利国

[①] 吴汉东:《知识产权的私权与人权属性——以"知识产权协议"与《世界人权公约》为对象》,载《法学研究》2003 年第 3 期。

[②] 冯晓青、刘淑华:《试论知识产权的私权属性及其公权化趋向》,载《中国法学》2004 年第 1 期。

[③] 冯晓青、刘淑华:《试论知识产权的私权属性及其公权化趋向》,载《中国法学》2004 年第 1 期

际公约》第 15 条均确认,人们对由于他所创作的任何科学、文学或艺术作品而产生的精神的和物质的利益,有享受保护的权利。TRIPs 协定在制定过程中,西方大公司进行了积极的游说,发达国家也施加了强大的政治压力,致使 TRIPs 协定的保护标准大大高于发展中国家的实际发展水平,造成知识产权人利益与社会公众利益、发达国家利益与发展中国家利益的失衡,其直接后果是专利药品价格居高不下,发展中国家患者无力负担,艾滋病、肺结核、疟疾等流行性疾病蔓延,导致严重的公共健康危机。在此状况下,知识产权作为私有财产权,与生存权、健康权、发展权等基本人权的矛盾和冲突日益尖锐,这促使人们认识到知识产权必须与生存权、健康权、发展权等其他人权组成部分协调一致,在两者发生冲突时,生存权、健康权等基本人权应处于优先的地位。正是由于国际社会的这种共识,才有了 WTO《多哈宣言》的发表和随后对 TRIPs 协定对有关专利药品强制许可内容的修订。由此可见,知识产权在制度设计时,在注重保护知识产权人利益的同时,不应忽视对知识产权使用者、传播者利益的保护,以维持私人利益和公共利益的平衡,实现知识产权立法所追求的以激励创新促进公共福利的宗旨。

(二)知识产权的特征

在传统表述中,知识产权的特征被概括为专有性、时间性和地域性。[①] 有学者在此基础上增加了国家授予性、权利客体的无形性、可复制性等特征。也有学者将知识产权的特征精简为"法定期限性",并认为这是知识产权唯一的特征。[②] 由于知识产权的客体范围不断扩大,权利内容不断更新,以上特征往往只能适用于部分类型的知识产权,而非放之四海皆准的普适特征。例如,专有性和地域性也是物权的特征,并非知识产权所独有。商标权可以通过不断续展而获得永久保护,商业秘密更无时间性可言。国家授予性或法定性则是所有法律权利不言而喻的特征。由此观之,归纳知识产权的特征亦非易事。但从知识产权融资的角度看,以下特征具有重要意义。

1.客体的无形性

对于知识产权的客体,学界早期的流行观点认为其是"智力成果",随后学者们又提出"知识产品说""智慧产品说""信息说""符号说""知识财产说"等诸多观点。笔者认为,上述各种知识产权客体的表述,仅是学者在试图表达同一

---

① 杨荣浩主编:《知识产权法学》,武汉大学出版社 1995 年版,第 9～12 页。

② 刘春田主编:《知识产权法》,高等教育出版社 2000 年版,第 14～15 页。

概念时使用了不同的修辞,其用意在于强调知识产权客体的无形性这一本质特征,事实上各种表述并无实质性的区别。相对而言,"知识财产"一词较好地表现出知识产权客体的财产属性,也比"符号""信息"等用语更容易被人理解,是各种有关知识产权的客体表述中比较恰当的提法。因此,本书主要用"知识财产"来表达知识产权的客体,但为了叙述方便,有时也使用"智力成果"或"知识产品"的表述,并不做严格的区分。

与有形财产相比,作为知识产权客体的知识财产不具有实体的形态,无法进行实际的占有和支配,难以实施事实上的处分,对知识产权的使用不发生有形的损耗。这种使用上的非排他性、非竞争性使得知识产权具有经济学上"公共产品"的属性。由此决定了知识产权容易受到侵害,必须依靠法律界定其权利范围和边界并加以保护。

另外,知识财产的无形性也为知识产权价值的充分发挥提供了广阔的空间。知识产权人不但可以自己行使其权利,使用其知识财产,而且可以授权他人行使和使用;不但可以将同一项权利授予不同的人行使,还可以将不同的权项授予同一地域的人行使。这样一来,知识产权可以由不同空间、不同的人同时行使,使知识产权的价值得到最大程度的利用,也为知识产权融资提供了机遇和挑战,萌生出不同于有形财产融资的新特点和新问题。

2.价值的不确定性

知识产权价值的不确定性源于多方面的因素。首先,由于客体的无形性,知识产权的权利范围需要依赖法律界定,但法律在界定权利范围时不可能天衣无缝、无懈可击。例如,专利权的范围需要由权利要求书确定,但对权利要求书的内容如何进行解释却有不同的方法。主要方法有三:一是"中心限定法",二是"周边限定法",三是"折中法"。三种解释方法之中,"中心限定法"解释的权利要求范围最宽,"折中法"居中,"周边限定法"最窄。因此,运用不同的解释方法,就会对专利权的权利范围得出不同的结论,直接影响到相关当事人的利益和专利权的价值。

其次,社会经济的发展和科技进步也会对知识产权的价值造成冲击。自从工业革命以来,蒸汽机车取代了马车,轮船代替了帆船,机械化生产淘汰了手工作坊。在工业经济之后,人类社会又进入了知识经济时代,生物技术、计算机技术和互联网的迅猛发展更加剧了人类社会和经济结构的变革。正如托夫勒所言,人类社会经历了三次变革浪潮的冲击,每一次浪潮的间隔时间越来越短。第一次浪潮是历时数千年的农业革命;第二次浪潮是工业文明的兴起,至今不过 300 年;第三次浪潮的变革可能只要几十年就会完成。① 计算机界著名的摩尔定律也证实了这一点。该定律指出,集成电路可容纳的晶体管数量,约每隔 18 个月就会增加 1 倍,性能也将提升 1 倍。② 在此经济发展和技术创新日新月异的时代,已有的知识产权的价值往往因新生知识产权的出现而贬值,有时甚至一文不值。这种状况使得确定知识产权价值变得颇为困难。

最后,出于维护知识产权人利益与社会公众利益平衡的考虑,大多数知识产权的存续都有法定期限,法定期限届满后,原来由知识产权人私有的知识财产就会进入公共领域,从而成为人类的共同精神财富。这就决定了相当数量知识产权的经济价值会随着时间的推移而逐步递减,使得当事人在以知识产权为融资标的时难免有所顾虑。

3. 知识产权的公共性

知识产权虽然是知识财产创造者所享有的私权,但知识产权与其他私人财产权相比,表现出更为强烈的公共性。这体现在以下方面:

其一,知识产权创造的公共性。众所周知,人类拥有的精神财富并非一朝一夕获得的,它是千百年来无数前人智慧的结晶,并一代代地传承下来。同样,知识财产的创造也并非无中生有,凭空而得,也要在前人积累的知识的基础上进行智力创造,方能产生新的智力成果。正如牛顿所言:"我之所以看得远,是因为我站在巨人的肩膀上。"与此同时,当代人创造的知识财富又是下一代人智力创造的素材和源泉。如此循环往复,推动人类发展和进步。正因如此,为了保证每个社会成员能平等使用和分享前人遗留的知识财富并为后人的智力创造提供源泉,知识产权制度中设立了"公共领域"。"公共领域"包括了已过保护期的专利权、著作权等知识产权以及不受知识产权保护的知识等。另外,著作权法中的"合理使用",专利法中的"权利用尽""先用权""非营利实施"等制度设计也是"公共领域"的体现。凡是属于"公共领域"内的知识资源,任何人均可免费使用和传播。

随着 TRIPs 协定的制定和实施,在知识产权国际保护中,发达国家和发展中国家的利益失衡进一步加剧,发展中国家为保护发达国家的知识产权承担了沉重的负担,付出了高昂的代价。为扭转这种不利的局面,发展中国家提

---

① [美]阿尔温·托夫勒:《第三次浪潮》,朱志焱、潘琪、张焱译,生活·读书·新知三联书店 1984 年版,第 56 页。

② 摩尔定律由英特尔公司的创始人之一戈登·摩尔(Gordon Moore)经过长期观察而得出。

出了保护"传统知识"的诉求。虽然在传统的知识产权观念中,传统知识属于公共领域的范畴,不受知识产权保护,但如果从理论上仔细分析,对传统知识予以知识产权保护不乏合理性和正当性。① 尽管由于发达国家和发展中国家的利益冲突,传统知识的知识产权保护之路不会平坦,势必阻力重重,但传统知识的知识产权保护问题的提出,其依据正是知识产权创造的公共性,因而知识产权人有义务与传统知识创造相关的社区或群体分享收益的理念。

其二,知识产权具有公共产品的属性。经济学家按照使用上的不同特点,将社会产品分为私人产品和公共产品。私人产品是指在使用和消费上具有竞争性、排他性的产品,即如果某人使用或消费某物品,其他人就无法使用或消费该物品,如食物、衣服、住房等。公共产品是与私人产品相对应的概念,它是指具有消费或使用上的非竞争性和受益上的非排他性的产品。一部分人对某一产品的消费不会影响其他人对该产品的消费,一些人从这一产品中受益不会影响其他人从这一产品中受益。道路、灯塔、国防即属于典型的公共产品。知识产品按照其性质,显然属于公共产品。知识产品在使用上具有非排他性,可以在同一时间由不同的人使用,也可以在不同的地域分开使用,这为知识产权许可的授予提供了条件,使知识产权许可成为知识产权利用的重要方式。知识产权许可使用权因此成为有经济价值的资产,成为融资标的的来源。另外,与知识产品的公共产品属性相伴而生的问题是:由于知识产品在使用上的非排他性,如果不对知识产品予以法律保护,禁止未经许可擅自使用他人创造的知识产品的行为,就会产生"搭便车"现象。无人愿意为使用他人知识产权而付费,导致知识产品创造者的辛勤劳动付之东流,从而挫伤其智力创造的热情,减少智力创造投入,最终不利于社会知识财富的增长。由此看来,知识产权的经济价值与其保护水平有密切的关系,并不单纯取决于知识产权本身的价值。显而易见,知识产权作为融资标的的价值也是如此。

其三,知识产权是兼顾私人利益与公共利益的制度安排。由于知识产品是一种对社会发展具有特别重要作用的、由个人创造的具有公共产品属性的无形稀缺资源,它在私有制条件下所必然包含的创新者和使用者的矛盾,随着商品经济的产生和发展而日益突出和激化,使得社会必须以有效的方式加以调控。于是,知识产权制度作为国家平衡创新者的垄断利益与使用者的公共

---

① 古祖雪:《基于 TRIPs 框架下保护传统知识的正当性》,载《现代法学》2006 年第 4 期。

利益的制度安排,便应运而生,[①]以解决"没有合法的垄断就不会有足够的信息生产出来,但是有了合法的垄断又不会有太多的信息被使用"[②]的难题。

第二节　互联网金融的一般理论

一、互联网金融的兴起、概念与内涵

20 世纪 90 年代中期,民用互联网技术在美国率先普及以后,西方发达国家的互联网金融便开始发展和普及。1995 年,美国和全球首家互联网银行——安全第一网络银行(Security First Network Bank,简称 SFNB)成立,其特点是不设物理网点而通过互联网向客户提供高效便捷的银行服务。在互联网银行的冲击下,美国主要商业银行也纷纷提高信息化程度并大力发展互联网业务。同年成立的网络保险电子商务公司 INSWEB 也发展迅猛,其主营业务基本覆盖了主要零售险种,并于 1999 年在纳斯达克上市。1998 年,大型电子商务公司 eBay 成立了互联网支付子公司 Paypal,并于 1999 年完成了电子支付与货币市场基金的对接,开创了互联网货币基金的先河。

P2P 网贷平台在此背景下也应运而生。P2P(Peer-to-Peer lending)是指借助互联网技术和信用评估技术,协助投资者与借款人实现资金融通的新型互联网金融模式。2005 年,英国的 Zopa 成为全球第一家 P2P 网贷平台,之后这一新型金融模式迅速扩展到其他国家。美国两家主要的网贷平台 Prosper 和 LendingClub 分别成立于 2005 年与 2007 年。Prosper 最初尝试使用的是一套贷款拍卖系统,借款人以标的形式把资金需求放在网上,并标明他所能接受的利率上限。标的有效期为 7 天,潜在出资人可以用竞标方式来表明他们愿意提供的资金额度和利率。竞标拍卖结束后,实际利率为所有拍得出资人均能接受的最低利率。Prosper 创始人 Larsen 的初衷是希望以拍卖的形式使出资人能够如实展现他们的意愿,特别是可接受的贷款利率下限,这样可以让借款人以最低成本在平台上融资。然而,实践表明,拍卖系统难以操作,借款人经常需要很长时间才能筹措到所需资金。2010 年,Prosper 取消了原有的

---

① 古祖雪:《国际知识产权法》,法律出版社 2002 年版,第 48 页。

② [美]罗伯特·考特,托马斯·尤伦:《法和经济学》,张军等译,上海三联书店 1994 年版,第 185 页。

拍卖模式，改为完全根据借款人违约风险提前设定贷款利率。而这正是 LendingClub 一直采用的做法。LendingClub 公司还对符合要求的贷款申请进行内部信用评级，分成 A 到 G 共 7 个等级，不同信用评级对应不同的贷款利率，信用评级越低、贷款利率越高，从 6％ 到 25％ 不等。LendingClub 公司把每份贷款称为一个票据（note），单个票据的最小认购金额是 25 美元，以利于分散风险。LendingClub 在贷款存续过程中，负责从借款人处收取贷款本息，转交给投资者，并处理可能的延付或违约情况。

2012 年，美国 P2P 平台对机构投资者的吸引力得到了很大的提升，因为此时平台已积累了大量的数据，足以证明其运营情况良好。为吸引机构投资者，LendingClub 设立了全资子公司 LC Advisor，接受机构投资者每笔最低额度为 10 万美元的投资，后该额度提高到 50 万美元。

2009 年 4 月，Kickstarter 网站在纽约的正式上线标志着互联网金融的新形式——众筹（crowdfunding）融资模式的兴起。这一融资模式主要是通过网络平台面向公众募集小额资金，让富有创造力的个人和企业获得创业和发展所需的资金。2012 年 4 月，美国颁布的《初创企业促进法》（简称 JOBS 法案）为中小企业通过股权众筹方式融资扫清了法律障碍。

值得注意的是，美国互联网金融的发展是一个以传统商业银行为主导的、相对缓慢而渐进的过程。尽管互联网金融最早发源于美国，但由于其并未在美国形成独立的金融业态，因此在美国一般并不使用"互联网金融"（Internet finance）这一名词，普遍使用的概念是"电子金融"（E-finance）、电子银行"（E-banking）、"网络银行"（online banking）。①

在国外互联网金融新模式发展的影响下，我国互联网金融也开始起步，尤其在进入 2013 年后，互联网金融更是呈井喷式发展。第三方支付的规模继续扩大，基于互联网的创新型基金销售平台、P2P 融资、众筹融资等互联网金融模式均呈飞速发展之势。为此，2013 年甚至被业界人士称为"中国互联网金融元年"。

互联网金融在我国的兴起有多方面的原因。首先，从技术层面看，网络、通信、计算机等领域的技术革新与普及是互联网金融勃兴的重要基础和前提。互联网世界进入了以交互性强、用户生产内容、重视兴趣与信息聚合以及平台开放为特点的 Web2.0 时代，视频网站、社交网络、博客等新兴网络平台的出

---

① 王达：《美国互联网金融的发展及中美互联网金融的比较——基于网络经济学视角的研究与思考》，载《国际金融研究》2014 年第 12 期。

现,极大地改变了信息的获取和传播方式。高效、扁平的信息网络使得基于互联网的金融产品开发和营销变得可行。智能手机和移动互联网的普及拓展了互联网的边界并提高了网络的易用性和效率,使得碎片化金融服务成为可能。云计算和大数据技术的成熟则改进了信用风险的评估建模方法和效率,为基于海量数据处理的小额信贷和供应链金融奠定了技术基础。

其次,从制度层面看,中国长期以来的以利率和信贷规模管制为特征的金融抑制扭曲了金融资源的市场配置机制和金融机构的创新意识与能力。其结果是,一方面,广大中小微企业的融资需求和草根阶层的金融服务需求被抑制和忽视,而另一方面,金融机构则将主要精力放在如何规避信贷规模管制,通过不断扩张资产负债表的方式追逐高利润,而非专注于提供差别化的金融服务、提升服务质量和效率以及加强产品创新。特殊制度环境下金融资源的错配以及金融机构意识和行为的扭曲为互联网金融的萌生和高速成长创造了有利条件。这也是互联网金融未能在发达经济体上经历"野蛮生长"的重要原因。

再次,从市场层面来看,长期以来,我国金融市场尤其是资本市场和债券市场发育缓慢,银行部门始终占据绝对主导地位。有限的投融资渠道与旺盛的投融资需求之间一直存在较为突出的矛盾。这就导致不同产业、不同规模的多样化企业融资需求难以通过单一的银行信贷产品得到满足,储蓄—投资转化渠道不畅、效率低下,从而为 P2P 融资平台、众筹融资以及互联网小额贷款等互联网金融模式的快速成长提供了空间。另外,社会资金盈余方除了投资于银行存款和类存款类低息金融产品外,难以通过投资高成长性的股票市场和基金市场等其他方式配置资产组合、谋取高收益,而这正是认购门槛低、名义收益率高、投资方式灵活便利的互联网金融产品受到热捧并大行其道的重要原因。

一般而言,我国互联网金融市场的发展可以划分为两个阶段:第一阶段即传统金融业的互联网化,如传统商业银行的业务互联网化,电子银行账户和手机银行等。这些都是对传统金融业务的现代化改造,是产业的转型升级。然而,在这一阶段,互联网金融尚难以充分发挥互联网互联互通给传统金融业带来的颠覆作用。第二阶段即互联网公司运用云计算、社交网络、搜索引擎等大数据技术参与到金融业务中,具体有第三方支付、移动支付、网上借贷、股权众筹和金融产品网上交易等。这些全新形式的金融产品和交易组合实际上是互联网公司以先进的互联网技术对传统金融业务所进行的改进。所以,第二阶段的互联网金融是对传统金融业务和模式的改进,是针对传统金融的缺陷而发展出来的新的业务模式。

对于互联网金融的未来发展,有学者提出"网金融"的概念。在这一阶段,互联网金融实际上是投资者和消费者在一个超级互联网金融平台进行金融交易,这一平台可以叫作"互联网金融超市"。所有的金融机构和消费者都可以在超市登记和注册。因为这种金融超市的进入门槛很低,所以发挥了普惠社会大众的作用,真正实现了普惠金融。[①]

自 2013 年以来,虽然我国互联网金融业务获得了蓬勃发展,但作为一种新兴的金融形态,学界尚未对其形成统一的定义和理解。有观点认为,应从狭义和广义两个层面理解互联网金融。从狭义上看,互联网金融是指应用互联网技术实现资金融通功能的机构、行为、工具以及市场的统称;从广义上看,一切应用互联网技术并体现互联网基本精神的金融业态都属于互联网金融的范畴。[②] 中国金融当局对互联网金融的描述为:互联网金融是互联网与金融的结合,是借助互联网和移动通信技术实现资金融通、支付和信息中介功能的新兴金融模式。狭义的互联网金融仅指互联网企业开展的、基于互联网技术的金融业务。广义的互联网金融既包括作为非金融机构的互联网企业从事的金融业务,也包括金融机构通过互联网开展的业务。[③]

对于互联网金融的本质,学界存在着两种截然不同的看法。一种观点认为,传统意义上,以商业银行为代表的直接融资方式和以资本市场为代表的间接融资方式构成了资金供需双方匹配融资金额、融资期限和风险收益的主要渠道。尽管这两种融资模式在优化金融资源配置和促进经济增长方面发挥了巨大作用,但都需要高昂的交易成本。现代信息和网络技术,特别是移动支付、社交网络、搜索引擎以及云计算等技术的出现与普及,催生出的"互联网金融模式"将对传统的金融模式产生颠覆性影响,可能成为既不同于商业银行间接融资,也不同于资本市场直接融资的第三种金融融资模式。[④]

另一种观点则认为,互联网金融所经营的产品在支付结构上并没有明显

---

① 梁骞、朱博文:《普惠金融的国外研究现状与启示——基于小额信贷的视角》,载《中央财经大学学报》2014 年第 6 期。

② 王达:《影子银行演进之互联网金融的兴起及其引发的冲击——为何中国迥异于美国?》,载《东北亚论坛》2014 年第 4 期。

③ 中国人民银行:《中国金融稳定报告(2014)》,http://www. pbc. gov. cn/eportal/fileDir/image_ public/UserFiles/goutongjiaoliu/upload/File/％E4％B8％AD％E5％9B％BD％E9％87％91％E8％9E％8D％E7％A8％B3％E5％AE％9A％E6％8A％A5％E5％91％8A2014. pdf. 下载日期:2020 年 9 月 15 日。

④ 谢平、邹传伟:《互联网金融模式研究》,载《金融研究》2012 年第 12 期。

的创新,不是支付结构意义上或金融产品意义上的"新金融",互联网金融只是金融销售渠道和获取渠道意义上的创新。换言之,互联网在渠道意义上挑战传统的银行和资本市场,但在产品结构和产品设计上跟银行、保险、资本市场等经营的产品没有区别。互联网金融的本质仍是"借互联网之名,行传统金融之实"。①

尽管对互联网金融的本质存在上述截然相反的理解,但不可否认的是,随着互联网技术对金融业的渗透和融合,互联网金融的发展速度和演化进程远远超过了传统金融业的变迁,表现出强烈的动态性和创新性。从产业层面来看,互联网、电子商务和传统金融服务业的竞争出现交叉,金融领域的竞争更加激烈;从产品层面来看,互联网企业特有的平等、开放、创新思维使得其开发出来的金融产品模糊了传统金融产品的边界,从而极大地加快了金融创新的步伐。

二、互联网金融的特点

大体上看,互联网金融已经全面渗透进银行信贷、支付结算、理财服务、证券发行与营销、保险等传统金融服务业领域,并表现出强大和旺盛的生命力。互联网金融的特点可以概括为以下几个方面:

第一,去中心,平民化。在传统的金融模式下,资金供给方和需求方的对接需要媒介,以商业银行、证券公司以及保险公司为代表的金融机构在其中扮演着金融媒介的角色。金融资源首先向金融机构集中,然后由金融机构完成金融资源的配置。这种资源配置方式在互联网金融模式下被打破,资金供给方和需求方可以通过互联网直接对接,从而大大降低了对传统的"资金中枢"的依赖。这不仅极大地提高了金融资源配置的效率,而且使得广大中小微企业和草根阶层也能享受到便捷高效的现代金融服务。

第二,跨行业,跨产品。互联网金融的一个重大特色是降低了金融行业的准入门槛,并使得金融创新不再是金融机构的专利。互联网企业和电子商务企业凭借其专业的互联网技术和多年积累下来的大数据,能够设计开发出种类多样的金融产品,进而为数量庞大的客户群体提供个性化的金融服务。以阿里巴巴集团的"余额宝"产品为例,其既具有货币基金的性质(对接天弘货币基金),又具有活期存款(随存随取的 T＋0 交易机制)和电子货币(可直接用于网络购物)的属性。

---

① 陈志武:《互联网金融到底有多新?》,载《经济观察报》2014 年 1 月 6 日第 41 版。

第三,成本低,效率高。在互联网金融模式下,资金供求双方之间的信息甄别、需求匹配、产品定价以及交易结算都可以通过网络平台进行,互联网的开放和共享特性不仅极大地降低了金融交易的成本,而且提高了信息的传播效率和透明度。此外,借助云计算、大数据挖掘等新兴技术,互联网和电子商务企业能够在精确建模和把控风险的基础上,极大地提高资金周转率和信贷产品的服务效率。根据 INTERNETBANK 的统计显示,单笔金融交易成本在传统柜台网点、电话银行、ATM 机和网络银行的服务成本分别为:1.07、0.54、0.27、0.01 美元。阿里金融的数据显示,阿里小贷单笔信贷的成本平均为 2.3 元,而传统银行单笔信贷的成本在 2000 元左右。除了降低资金成本,互联网金融还能节约大量的时间成本。线下贷款从审批到放款一般需要几个工作日甚至更多;而对于线上的电商金融,从申请到获批,不受工作日等时间限制,最快只要几分钟。[①]

第四,发展快,覆盖广。在互联网金融模式下,金融产品的设计开发和市场营销十分高效便捷,创新型金融产品往往依托互联网企业成熟的客户群和号召力向全社会迅速扩展,对新产品的认知及其普及速度快。移动互联网技术的成熟和终端设备的普及极大地拓展了互联网金融服务的地理边界,无线信号覆盖之处皆可开展互联网金融业务。与此同时,互联网金融极大地便利了中小企业融资和草根阶层的碎片化理财,从而在一定程度上覆盖了传统金融业务的盲区。

第五,风险大,监管难。迅速发展的互联网金融也蕴藏着巨大的风险。一方面,在我国相关法律法规缺失和不完善、信用体系不健全、监管不到位的背景下,以 P2P 网络借贷为代表的互联网金融业务的违约成本较低,从而容易诱发道德风险。甚至不法之徒借机实施集资诈骗等违法犯罪活动,导致平台跑路倒闭的事件频发,严重损害公众投资者利益,影响金融系统和社会秩序的稳定。另一方面,互联网世界并非太平盛世,如何在黑客攻击和病毒肆虐的全球开放性网络中保护金融消费者的个人信息和资金安全,也是一个严峻的挑战。如何在不抑制互联网金融创新活力的同时有效管控其潜在的风险,是互联网金融发展必须面临和解决的课题。

三、互联网金融的相关理论

互联网金融与传统金融的经济学基础和金融理论虽然存在相同和相似之

---

① 黄海龙:《基于以电商平台为核心的互联网金融研究》,载《上海金融》2013 年第 8 期。

处,但也有其自身的特色和差异。传统金融以二八定律为基础,而互联网金融以长尾理论为基础。互联网技术的应用使得互联网金融建立于平台经济基础之上,不但具备规模经济效应,而且将其客户群体拓展到了更广阔的空间,不仅能为客户提供个性化、专业化的服务,还增强了企业的风险控制水平,降低了金融服务的成本,提高了金融服务资源的配置效率。概括而言,互联网金融的相关理论基础包括:

(一)信息不对称理论

在理想状态下,交易双方之间信息沟通充分、交易公开透明、定价完全市场化、风险管理科学量化。但在现实的市场环境中,交易的卖方比买方拥有更多的有关商品或服务的相关信息,而拥有较多信息的一方可以利用这些信息在交易市场中获益。信息不对称问题在一定程度上会导致市场资源的不匹配,从而降低市场的交易效率,进而导致逆向选择和道德风险。以互联网为依托的金融平台,相较于传统的信息中介,可以更为高效地将资金供求信息加以收集整理,最大限度地提高货币资本资源配置的效率,从而缓解和降低交易双方信息不对称的问题。信息不对称的降低会对市场产生三方面的直接影响:一是社会交易成本将大大降低,交易成本主要来自信息搜集成本和信息错配成本,信息不对称的降低使得这两个成本都大大降低了;二是促进市场更加充分和公平的竞争,随着信息不对称程度的降低,更多的竞争主体获得了平等的竞争地位,其结果是整个社会效益的帕累托改进;三是减少逆向选择和道德风险发生的可能性,由于对交易对手的信用状况有了更多了解,并且能够实现对资金流向的监控,逆向选择和道德风险发生的可能性会大大降低。

但是,互联网金融也无法消除信息不对称问题。在互联网金融业务中仍然广泛存在信息不对称的现象。例如,P2P网络借贷中,借款人为了满足自己的资金需求,可能并不会准确地披露自身的相关信息,即使有相关技术的支持,互联网平台往往也难以从海量信息中甄别信息真伪。由于借贷平台发布的相关信息并不全面和准确,出借人不能做出有效正确的决策,而互联网的广泛性和公开性也容易使个人的决策行为会受到他人决策的影响,从而做出从众或者跟风的决策,导致所谓羊群效应的出现。羊群效应的形成容易使得出借人的决策缺乏理性思考,影响对借款人信用风险的判断,从而降低出借人的资金安全性,增加信用风险。

（二）平台经济理论

互联网金融是建立在平台经济（platform economy）基础之上的金融业态。所谓平台经济，是建立在以信息技术为基础，以知识信息的生产、存储、使用和消费为驱动，以网络为基本生产工具的新型经济。[①] 平台经济的典型经济学特征是构建平台的边际成本基本为零，而边际收益会随着用户规模的扩大而不断增加。平台用户的规模增长明显影响着该平台相对应客户使用该平台的价值及效用，因此，规模经济效益成为平台经济的典型特征，只要在平台上聚集了足够多的买方（或卖方）就能够吸引卖方（或买方）及相关者的加入，形成极强的聚集效应。就互联网金融服务而言，消费者出于降低交易成本和个人效用最大化的考虑，往往会选择一个已经被更多人选择的网络金融服务提供商，而甚少考虑其他较小的互联网金融服务提供商。就互联网银行、网络基金销售平台、第三方支付（包括移动支付）、P2P网络借贷以及众筹融资平台等互联网金融模式而言，它们都是如此。网络经济学理论以及相关的研究表明，网络规模以及由此决定的规模经济对任何具有网络特征的产业都是至关重要的。因此，对互联网金融平台而言，只有在最短的时间内迅速扩大用户基础（网络规模）并突破临界容量（critical mass），才能够获得规模经济并最终在激烈的市场竞争中胜出，而网络规模扩张速度较慢的厂商的市场份额最终将会很低。在梅特卡夫定律（即网络的价值等于用户数量的平方）的作用下，企业在制定竞争策略时将"用户规模至上"奉为圭臬，为此甚至不惜采用价格补贴等多种手段。因为只有率先突破临界容量才能做到"先下手为强"，抢占市场份额和先机，才能获得市场优势地位。

（三）长尾理论

互联网金融的经济学特征还可用长尾理论来解释。"长尾"实际上是统计学中幂律（Power Laws）和帕累托分布（Pareto）特征的表达。长尾理论的基本原理是聚沙成塔，将传统的微小市场累积创造出巨大的市场规模。长尾价值重构的目的是满足个性化的市场需求，通过互联网平台经济，具备个性化价值内容的产品更易获得顾客并激发其隐性需求，开创一种与传统大众化完全不同的面向固定细分市场的、个性化的商业经营模式。在互联网金融时代，传统的增加品种满足小微客户而产生亏损的情况将在大数据和云计算的支持

---

① 谭瑞琮：《平台经济与科技资源共享》，载《华东科技》2012年第9期。

下,演变成利润丰厚的增长点。

传统经济属于典型的供给方规模经济,在资源稀缺的假设前提下,表现为帕累托分布的需求曲线前部,实际上购买行为并不完全反映需求。这些用户群除共性外还追求个性化需求,主流产品的销售量大并不等同于客户群或者潜在客户群大。随着互联网技术和移动互联网的发展,面对客户多样化的不同金融需求,互联网平台企业在创新金融产品和服务的同时,大幅度降低了交易成本,扩展了自己的目标客户群并从中获益。

(四)金融功能和中介理论

金融功能理论认为,金融体系具有以下三项核心功能。[①] 一是便利清算和支付。金融体系提供完成商品、服务和资产清算结算的工具。不同的金融工具在功能上可以替代,运作它们的金融机构也可以不同。二是聚集和分配资源。金融体系能够为企业或家庭的生产和消费筹集资金,同时还能将聚集起来的资源在全社会重新进行有效分配。三是风险分散。金融体系既可以提供管理和配置风险的方法,又是管理和配置风险的核心。互联网金融同样具备这三项功能,并且可以在一定程度上进一步优化金融体系的这三项功能。

金融业是信息密集型行业,信息对于金融业来说至关重要。金融中介理论认为,金融中介具有信息生产功能,能够向市场提供信息,缓解交易双方的信息不对称。由于网络在信息生产、传递等方面的优势,使得互联网金融中介不仅极大地提高了信息传递的速度,还提升了信息搜集能力,降低了信息处理成本,从而提升了金融中介的信息生产能力。互联网金融脱离银行、券商、交易所等传统金融媒介程度的高低,取决于其运作模式。如果互联网金融公司获得了商业银行牌照,能够吸收存款并放款,在此种意义上,就不存在金融脱媒,只是多了一种金融服务渠道;如果其没有商业银行牌照,但成立了诸如保险、基金、信托等金融机构,开展互联网金融业务,则会导致银行层面出现金融脱媒,金融部门层面不出现金融脱媒;如果其自身不参与金融交易,仅作为信用评级机构和交易平台,对不同类型的贷款业务评级,撮合资金供求双方的交易,就会导致整个金融部门层面的金融脱媒。

---

① 〔美〕兹维·博迪,罗伯特·C.莫顿:《金融学》,中国人民大学出版社 2013 年版,第 322~325 页。

第三节　互联网金融背景下的知识产权融资

一、知识产权融资的主要方式

本书所称的知识产权融资,是指以知识产权为标的的融资方式。从实践上看,其主要有知识产权质押融资、知识产权应收账款融资、知识产权融资租赁、知识产权证券化等方式。

(一)知识产权质押

1995 年颁布的《担保法》首次在立法上确立了知识产权的可质押性,并将知识产权作为权利质权加以规范,由此确立了我国知识产权质押制度的基本框架。[①]《物权法》区分了质押合同和质权登记的效力,规定知识产权质押自向有关主管部门办理登记时设立。[②]《民法典》在此基础上规定,"以注册商标专用权、专利权、著作权等知识产权中的财产权出质的,质权自办理出质登记时设立"。"知识产权中的财产权出质后,出质人不得转让或者许可他人使用,但是出质人与质权人协商同意的除外。出质人转让或者许可他人使用出质的知识产权中的财产权所得的价款,应当向质权人提前清偿债务或者提存。"上述规定为设立知识产权质权提供了法律依据。

知识产权质权在性质上属于权利质权。关于权利质权的性质,目前学界主要存在两种观点:一是权利让与说;二是权利出质说。权利让与说认为,物权的客体仅限于有体物,权利不得成为物权的客体,认为权利质押"实际上不过是以担保为目的而做出的一种权利让与",也即"为担保自己债务的履行而将自己的权利暂时让与给债权人"。[③] 权利出质说又被称为权利标的说。该说认为,"虽然物权的客体主要为有体物,但法律为适应经济上的需要,在权利

---

① 《担保法》第 75 条。
② 《物权法》第 223 条、第 227 条。
③ 王利明:《民商法研究(第四辑)》,法律出版社 2001 年版,第 397 页。

(无体物)之上设定物权亦无不可"①。支持这一观点的学者还认为,权利质权与物上质权本质上是一致的,仅标的物不同而已,即物上质权以物为标的,而权利质权以权利为标的,故又称为权利标的说。目前以此说为通说。

权利质权以权利为标的物,通过支配其交换价值,达到债务清偿之目的。故其本质上为价值权。此与动产质权、抵押权通过支配标的物之交换价值,确保债权人之优先受偿的价值权属性并无不同。何况动产质权形式上虽以动产为标的物,实质上亦以动产所有权为标的物,此与权利质权以权利为标的物无异。② 正是基于这种观点,《德国民法典》规定,权利质权未作规定者,准用动产质权的规定。我国《民法典》第446条也作了同样的规定。不过,在笔者看来,这种规定未考虑知识产权的特殊性,会给知识产权担保造成障碍。此内容将在下文详细说明。

（二）知识产权应收账款质押

应收账款,是指因销售商品或提供服务而应向购货单位或顾客收取的款项。应收账款在资产负债表中列作流动资产。应收账款实质上是金钱债权,当债务人以此等对第三人的金钱债权,出质于债权人作为担保,此即应收账款质押。《民法典》第445条规定:"以应收账款出质的,质权自办理出质登记时设立。"就知识产权而言,无论专利权、著作权、商标权或其他知识产权,知识产权人均可授权许可他人使用或实施,而由被许可人支付许可使用费。许可使用费的收取因此成为知识产权人获取收益的重要方式,据国际许可人协会(International Licensing Industry Merchandiser's Association,简称 LIMA)统计,2001 年,全球授权许可生产的商品的市场价值总计达到 1728 亿美元。③拥有知识产权的企业,如果将许可使用费收取权质押给贷款人,即可获得资金融通,增加资金流量,改善财务结构,提升企业的市场竞争力。

除了许可使用费的应收账款质押外,如果企业将拥有的知识产权转让给其他企业,此时所产生的买卖价金债权也可以作为担保标的,通过办理应收账款质押,取得资金融通。

---

① 王利明:《民商法研究(第四辑)》,法律出版社 2001 年版,第 398 页。

② 谢在全:《民法物权论(下册)》,中国政法大学出版社 1999 年版,第 801～802 页。

③ 陈业鑫:《以智慧财产权为担保标的之融资方式探讨》,台湾地区"司法院"2005 年印行,第 183 页。

（三）按揭

在现代英美法系,按揭(mortgage)通常在两种意义上使用:(1)泛指各种类型的物的担保,从这一意义来看,质押(pledge)、留置(lien)、财产负担(charge)皆属于按揭的范围;(2)作为物的担保的一种类型,与质押、留置、财产负担等物的担保形式相并列,指通过设定人对特定财产权利的转移,而担保特定债权的担保形式。

狭义的按揭是一种通过债务人将特定财产权利转移给债权人,用以担保债权在约定的清偿期得到清偿的担保形式。转移标的物占有不是设立按揭的必要前提,但按揭权人占有担保物亦无不可。① 在按揭中,一旦按揭人按期履行债务,按揭权人就应将担保物的财产权利返还给按揭设定人。英国法官Linsey 在 Snadye 诉 Zlde 案中为按揭所下的定义被认为是英美法中对按揭的最为经典的定义:"按揭是土地或动产为了担保特定的债务的履行或其他义务的解除而进行的移转或让渡。按揭的基本意思是:该种担保可因此类债务或义务清偿或履行而解除,即便存在其他相反的约定。在我看来,这就是它的法律。"②

早期的按揭标的为不动产,后来动产也被纳入按揭标的的范围。动产包括有形动产和诉体物(choses in action)。诉体物是指没有一定形态,不能为人们占有,但可以通过诉讼请求给付的财产。按照英国法的规定,保险单、股权、版权、专利权、信托基金利益等诉体物可为按揭的标的。③

按揭有两种基本的类型:一是普通法上的按揭;二是衡平法上的按揭。普通法上的按揭,是指担保设定人将担保物上的所有普通法上的权利完全转让给担保权人,并在按揭合同中约定,一旦债务履行完毕,担保权人应将担保物上的普通法权利再转移给担保设定人。普通法上按揭的标的限于按揭人享有普通法所有权的担保物。因此,普通法上的按揭不能设定在未来取得的财产上。④ 衡平法上的按揭,是指按揭设定人将担保物上的所有衡平法上的权利

---

① P. A. U. Ali. *The Law of Secured Finance*,Oxford:Oxford University Press,2002,p. 103.

② 许明月:《英美担保法要论》,重庆出版社 1998 年版,第 97 页。

③ 陈本寒:《担保物权法比较研究》,武汉大学出版社 2003 年版,第 187 页。

④ P. A. U. Ali. *The Law of Secured Finance*,Oxford:Oxford University Press,2002,pp. 103-104.

转让于债权人,但同时按揭设定人保留衡平法上的赎回权。衡平法上的按揭的标的范围广泛,凡按揭设定人享有普通法或衡平法所有权的财产均可设定,因此,与普通法按揭不同,未来取得的财产也可以设立衡平法上的按揭。

普通法按揭和衡平法按揭在实务中的主要区别在于:第一,两者有不同的优先顺位规则。普通法按揭的效力要强于衡平法按揭。第二,普通法按揭只能在债务人的现有财产上设立,而衡平法按揭可以在嗣后取得的财产上设立。虽然在债务人取得该财产前,衡平法按揭并不附着于该财产上,但一旦债务人取得财产,衡平法按揭即自动附着于该财产上,而无须履行任何手续。此点对债权人颇为便利。

(四)让与担保

让与担保,是指债务人或第三人为担保债务人之债务,将担保标的物之权利移转于担保权人,于债务清偿后,标的物应返还于债务人或第三人,债务不履行时,担保权人得就该标的物受偿之非典型担保。[①] 让与担保的标的物以所有权为常见,但不限于此,凡一切可让与之财产权或其他未定型化之财产权均得为让与担保之标的。[②] 因此,从理论上讲,知识产权只要具有可让与性,即使尚未被法律所明确规定为财产权,例如商业秘密、数据库权利、域名权等,亦不妨为让与担保之标的,从而达到融资担保的目的。

在日本,虽然让与担保尚未获得立法的确认,但当今日本的判例和学说均承认让与担保的效力。[③] 而以让与担保的方式设立知识产权担保也较为普遍。日本官方的统计数据显示,早在 1995 年知识产权采用让与担保和设定质权两类方式的总数分别为 9643 件和 129 件。[④]

在法国,鉴于《民法典》对知识产权质权缺乏规范,《知识产权法典》的相关规定也比较简略,而动产抵押又难以适用,因此,法国知识产权担保在实践中常采用让与担保的形式。债务人将其知识产权转让给债权人,然后债权人授权许可债务人使用知识产权,使债务人能够继续使用收益。当债权得到清偿

---

① 谢在全:《民法物权论(下册)》,中国政法大学出版社 1999 年版,第 896 页。

② 谢在全:《民法物权论(下册)》,中国政法大学出版社 1999 年版,第 898 页。

③ [日]我妻荣:《新订担保物权法》,申政武、封涛、郑芙蓉译,中国法制出版社 2008 年版,第 543 页;[日]近江幸治:《担保物权法》,祝娅、王卫军、房兆融译,法律出版社 2000 年版,第 252～253 页。

④ 钟青:《权利质权研究》,法律出版社 2004 年版,第 34 页。

时,债权人再将知识产权返还给债务人。[①]

(五)融资租赁

融资租赁是指出租人根据承租人对出卖人、租赁物的选择,向出卖人购买租赁物,提供给承租人使用,由承租人支付租金。在租赁期内,租赁物的所有权属于出租人所有,承租人拥有租赁物的使用权。租赁期满,租金支付完毕并且承租人根据融资租赁合同的规定履行完全部义务后,租赁物的所有权转移给承租人所有。在融资租赁交易中,尽管出租人是租赁物的购买人,但购买租赁物的实质内容,如对出卖人的选择、对租赁物的要求都由承租人决定。因此,出租人仅居于融资人的地位,在融资租赁交易活动中,只负责承担提供资金购买租赁物供承租人使用的义务。而凡属于所有权人之义务,例如保管、维修、危险责任等均由承租人负担。[②]

融资租赁是 20 世纪 50 年代产生于美国的一种新型融资交易方式。由于它适应了现代经济发展的要求,所以在 20 世纪 60 至 70 年代迅速在全世界发展起来,如今已成为企业的主要融资手段之一。它是集融资与融物、贸易与技术更新于一体的新型金融产业。由于其融资与融物相结合的特点,一旦出现问题,租赁公司可以回收、处理租赁物,因而在办理融资租赁业务时对企业资信和担保的要求不高,非常适合中小企业融资。此外,融资租赁属于表外融资,不体现在企业财务报表的负债项目中,不影响企业的资信状况,这对企业拓宽融资渠道非常有利。融资租赁虽以租赁契约为当事人之间法律关系的外观,其实质仍然是融资关系。其中,出租人仅居于融资人的地位,对融资租赁的标的物亦仅有形式上的所有权;出租人对标的物的性质、种类既不了解,也不关心,仅有提供资金供承租人使用的义务;出租人所追求的是融资的利益,所收取之租金,实质上是其购买标的物所支付之价金、利息、利润、税收、保险费等各项费用的对价。因此,融资租赁无疑应属于金融业务的一种类型。如果企业有购入知识产权加以利用的需求,而且有资金不足,或出于资金运用上的考虑,无法一次负担所有购置成本,则可以利用融资租赁这种方式,实现购买或使用知识产权的目的。此外,融资租赁还有一种特殊形式——售后回租,

---

① A. Firth, *Comparative Experiences in Australia*, U. S. A., U. K. and Europe: *Framework, Practices and Trends in the EU*, In *Security Interests in Intellectual Property*, ed. Howard p. Knopf, Thomson Canada Ltd., 2002.

② 《合同法》第 246 条、第 247 条。

在这种形式下,知识产权人将其拥有的知识产权转让给融资租赁公司,然后融资租赁公司再授权许可知识产权人使用,知识产权人则以支付许可使用费(租金)的方式清偿融资款。就融资者而言,在运用融资租赁的方式下,因租赁标的之知识产权在租赁期满债务人完全清偿租金债务之前,仍属于出租人所有,债权的安全有较高的保障。因此,融资租赁亦是知识产权融资中值得重视的方式。

(六)知识产权证券化

知识产权证券化属于资产证券化的一种类型。按照美国证券交易委员会对资产证券化所下的定义,资产证券化是指主要由现金流支持,这个现金流是由一组应收账款或其他金融资产构成的资产池提供的,并通过条款确保资产在一个限定的时间内转换成现金。这种证券也可以是由那些能够通过服务条款或者具有合适的分配程序给证券持有人提供收入的资产支持的证券。[①] 可见,知识产权证券化的实质,就是由知识产权作为基础资产提供稳定的、可预期的现金收入流,并以此为基础发行证券进行的融资活动。

知识产权证券化发端于美国 20 世纪 90 年代。1997 年,英国超级摇滚歌星大卫·鲍伊(David Bowie)以其所出版唱片的版权许可费收益权为支撑发行证券,成功地从资本市场融资 5500 万美元。自此以后,一系列知识产权证券化相继进行,例如,美国著名导演斯皮尔伯格创办的梦工厂于 2002 年用所拍摄电影的版权许可费收益权为基础发行债券,获得融资 10 亿美元。如今美国知识产权证券化已由版权向专利、商标领域扩展。近年来,为落实创新驱动发展战略,我国也积极开展知识产权证券化试点工作,各地政府也出台了相关的支持政策。2019 年 3 月和 9 月,深圳证券交易所设立发行知识产权证券化产品"第一创业——文科租赁一期资产支持专项计划"以及"兴业圆融——广州开发区专利许可资产支持计划",揭开了我国知识产权证券化的序幕,为我国知识产权证券化积累了初步的经验。

二、互联网金融环境下知识产权融资模式的创新

对于互联网金融的具体模式,学界尚未形成统一的观点,有学者认为,互联网金融的模式主要包括第三方支付、P2P、大数据金融、众筹、信息化金融机

---

① J. Henderson. *Asset Securitization: Current Techniques and Emerging Market Applications*. London: Euromoney Books, 1997, p. 1.

构、互联网金融门户六大主要模式。[①] 也有学者认为,互联网金融的模式大体上可以归纳为七类,即第三方支付、"余额宝"模式、大数据金融、点对点(P2P)网络信贷、互联网金融门户、信息化金融机构以及众筹融资。[②] 尽管互联网金融模式存在宽窄不同的理解,但也存在基本的共识,即皆认可 P2P 网贷和众筹融资是互联网金融的最基本业务模式。笔者结合知识产权企业的融资需求和实践,认为互联网金融下知识产权融资包括以下主要模式。

（一）知识产权 P2P 网贷

知识产权 P2P 网贷包括以下主要模式:一是 P2P 知识产权质押。在此模式下,知识产权企业向 P2P 平台提交融资项目申请,平台经审核后在网站上发布,公众投资人根据项目的期限、利率以及风险情况做出投资决策。为保障投资人债权的安全,提高项目的吸引力,企业以其拥有的知识产权提供质押担保。当企业到期无法清偿借款时,投资人可以通过拍卖、变卖质押知识产权的方式清偿债权。二是 P2P 知识产权证券化。在此模式下,知识产权企业向银行、信托公司等金融机构申请贷款,金融机构将知识产权作为信贷资产进行证券化,通过 P2P 平台向公众投资人发行证券,以知识产权许可使用费收益产生的现金流作为证券还本付息的基础。三是 P2P 知识产权融资租赁。在此模式下,知识产权企业向融资租赁公司申请融资,双方签订售后回租协议,企业将其知识产权转让给融资租赁公司获得融资款,融资租赁公司授权许可企业使用该知识产权。企业按照约定向融资租赁公司支付许可使用费(租金)。融资租赁公司通过 P2P 平台发布项目信息,投资人根据项目的期限、利率以及风险情况做出投资决策。企业按照约定支付的许可使用费(租金)成为还本付息的来源。租赁期满,知识产权企业通常可以无偿或以名义价格从融资租赁公司处重新获得知识产权的所有权。

（二）知识产权众筹融资

知识产权众筹主要包括以下模式:一是知识产权产品众筹。在此模式下,知识产权企业以其创意产品提出项目申请,众筹平台审核后发布项目信息,对

[①]　刘英、罗明雄:《互联网金融模式及风险监管思考》,载《中国市场》2013 年第 43 期。

[②]　王达:《影子银行演进之互联网金融的兴起及其引发的冲击——为何中国迥异于美国》,载《东北亚论坛》2014 年第 4 期。

该产品感兴趣的公众出资认购。在融资期限内,如果达到预定的融资金额目标,则项目众筹成功;如果未达到预定的融资金额目标,则项目众筹失败,认购款将退回。在众筹成功后,企业以众筹资金组织生产,并按照约定期限和标准向认购者交付产品。二是知识产权股权众筹。在此模式下,知识产权企业向众筹平台提出项目申请,众筹平台审核后发布项目信息,公众投资者认购该企业的股份成为企业股东,享有企业一定比例的股权。企业创始人则以知识产权出资享有相应比例的股权,公众投资者通过初创知识产权企业的成长发展而使投资增值。在我国,由于公司法对有限责任公司股东人数的限制,通常由公众投资者先成立有限合伙企业,然后以有限合伙企业的名义向知识产权企业出资,有限合伙企业成为知识产权企业的直接股东,公众投资者成为企业的间接股东。

（三）知识产权供应链融资

知识产权供应链融资主要包括以下模式:

一是知识产权供应链浮动担保。在此模式下,电子商务平台企业属于供应链核心企业,知识产权企业作为上游企业向电子商务平台(或合作银行等金融机构)提交融资申请,为保障债权安全,融资企业以拥有的知识产权、设备、原材料、半成品、产品等有形和无形资产提供担保。在浮动担保期间,企业新取得的财产自动纳入担保财产范围。企业因正常经营需要而处分的财产自动脱离担保财产范围。当实现担保权时,企业以当时全部财产清偿债权。此为英美法系国家常用的担保融资方式。

二是知识产权供应链财团抵押。在此模式下,电子商务平台企业属于供应链核心企业,知识产权企业作为与其有密切业务往来的供应链上下游企业,向电子商务平台(或合作银行等金融机构)提交融资申请,平台可以通过企业在平台上凝聚、积累的交易额、次数、履约情况等资金流、物流、信息流信息,确定是否接受融资申请和额度。平台也可以以交易信息提供方身份或以担保方的身份,与银行等金融机构合作,对供应链上下游的企业提供融资。为保障债权安全,融资企业以其拥有的知识产权、设备、厂房等有形和无形资产提供担保。与浮动担保的不同之处在于,其一,担保标的不包括原材料、半成品、成品这些处于变化或流通状态的财产。其二,设立财团抵押需要制作财团目录,将抵押财产逐一登记在册并在登记机关办理登记。在抵押期间,未经抵押权人同意,抵押人不得处分抵押财产。企业新取得的财产,如未列入抵押财团目录并办理登记,不会自动成为抵押财产。此为部分大陆法系国家所采用的担保融资方式。

三是知识产权供应链保理。在此模式下,互联网平台企业属于供应链核心企业,知识产权企业作为上游企业向平台企业提供知识产权产品或服务。由于供应链核心企业的主导地位,通常会采用拖延付款期限的方式减轻自身的财务压力。这种方式导致知识产权企业往往不能及时获得销售收入(应收账款)以维持企业正常经营。在这种情况下,保理公司受让知识产权企业的应收账款使企业及早获得资金支持。同时保理公司亦可从转让差价中获得收益。保理公司还将应收账款进行证券化,设计成保理资产证券化产品,通过互联网平台发售给公众投资者,实现保理和资产证券化的有机融合。

三、互联网知识产权融资的意义和作用

(一)缓解中小企业融资困境

资本市场强大的筹资功能可以满足企业对资金的需求,通过发行股票和债券筹集资金是国外高科技企业常用的融资方式。目前我国资本市场推出的创业板、中小企业板和"新三板",使得一些具备自主创新和可持续发展能力的科技型中小企业可以通过上市发行股票的渠道融到资金。然而,我国监管部门对公司上市发行股票的资格条件限制非常严格,规定了企业规模、经营年限、连续盈利年限等条件。科技型中小企业由于资产规模小,销售收入和盈利能力低,无法达到上市要求的条件,加之企业发行股票融资需要承担高额的发行费用和聘请中介机构的费用,增加了融资成本。另外,发行债券也有较高的准入门槛,由于缺乏证明企业信誉和资产状况的历史资料,通过发行债券融资的难度也很大。科技型中小企业具有轻资产和较小资产规模的特征,其资产主要以知识产权、专有技术等无形资产为主,再加上生产经营的高投入、高风险,与正规金融重资产、低风险的要求不匹配,因此产生了融资资格和融资门槛的问题。

以互联网金融的发展为代表,它是现代信息技术、网络技术和各种金融业务有机结合的一种新型金融形式,具有资源开放共享、缓解交易双方信息不对称的优势。互联网金融依靠市场的自发调节对金融资本进行配置,股权众筹融资不同于银行贷款和发行股票,不需要资产抵押担保,对筹资企业的规模、经营收入、盈利等方面均无门槛限制,只需企业将自己的项目或技术的相关资料发布到网上,展示项目的创意、可行性及风险。所发布的资料经过众筹平台的审核把关后就可以在平台上公开展示,一旦获得大众投资者的认可,即可筹

集到所需资金。由于受自身信用水平低及经营风险大等因素的限制,科技型中小企业外源融资资金来源大多是非正规金融的"影子银行"以及民间高利贷资本,融资成本高。而股权众筹融资作为股权融资方式,融资企业只需承担手续费和增值服务费等融资费用,不需要定期向投资者支付本金和利息,只有在企业盈利的时候才会以分配股利的形式回报投资者,大大降低了融资成本。同时,通过互联网平台,投融资双方可直接沟通交流,提高了融资效率,节约了交易成本。

(二)实现知识产权价值

知识产权人利用手中的知识财产的方式主要有三种:一是自己直接使用赚取利润;二是授权他人使用取得许可使用费;三是以知识产权担保获得融资。前两种方式是利用知识产权的使用价值,后一种方式则是利用知识产权的交换价值。与前两者相比,以知识产权为标的获得融资使得知识财产变成了知识资本,由僵化的资产变成活跃的资本。经济学家很早就认识到资本的重要性,在亚当·斯密看来,劳动分工和产品交换是提高生产力和积累国民财富的来源。而使经济分工和产品交换能够持续进行的关键因素就是资本。资本积累得越多,经济分工和产品交换就越可能实现,社会生产力也就越高。① 按照马克思的观点,资本是能够在运动中增值的那部分价值。这种增值表现为获取剩余价值。在运动中使其自身的价值不断增值,这是资本最一般的属性和特征。由此可见,知识资本对知识经济的作用,如同有形资本对工业经济的作用,其意义不可低估。一百多年前,大发明家爱迪生就曾以拥有的电灯泡专利权作为担保,为自己开办的公司筹集所需资金,这家公司就是当今大名鼎鼎的通用电气公司(GE)。② 这是知识产权融资促进企业发展壮大的典型案例,显示了知识产权融资对创新型企业的巨大作用。在知识经济时代,创新型高科技企业成为经济活动的主角,成为推动经济增长的主要力量。在这类企业中,有形资产往往不是企业资产的重要部分,以知识产权为代表的无形资产才是公司的核心资产。知识产权融资使得高科技企业的核心资产转化为不断增值的资本,促进企业发展壮大,推动社会经济的转型升级。

---

① 〔英〕亚当·斯密:《国民财富的性质和原因的研究》,郭大力、王亚南译,商务印书馆1972年版,第5~26、252~329页。

② A. Millard,*Edison and the Business of Innovation*,Baltimore:John Hopkins University Press,1990,pp. 43-46.

第二章　P2P 网贷模式下的知识产权融资机制

第一节　P2P 网贷的法律分析

一、P2P 网贷的兴起与交易模式

全球首家 P2P 网贷平台 Zopa 于 2005 年在英国创立,该平台具体的融资模式为:大众投资人报出期待的收益率后,所有投资人对融资项目进行统一投标,最后以报出收益率较低的投资人中标。投标结束后,筹资人通过平台获得投资人提供的资金。交易成功后,借贷双方都需向平台缴纳服务费。平台成立后获得了广大用户的信任,截至 2021 年 3 月,共有 50 亿英镑的个人贷款借给了超过 47 万的英国客户,其中投资者获得了总计 3.5 亿英镑的贷款收益。[①]

随后该模式迅速在欧美地区得到推广,2006 年和 2007 年在美国相继成立 Prosper 和 LendingClub 两大 P2P 网贷平台,其采用无担保的线上模式,投资人自身承担风险,其中 LendingClub 的借款交易额目前已超过 500 亿美元,有 300 多万客户加入其中。[②] 德国将 P2P 网贷界定为银行类金融业务,该行业在德国的发展特色是与银行相结合。债权让与模式是德国 P2P 网贷平台的主要运作模式,首先由银行发放贷款,再由平台将债权出售给投资者。[③]

[①]　Zopa 首页,https://www.zopa.com/invest,下载日期:2020 年 4 月 6 日。

[②]　LendingClub 首页,https://www.LendingClub.com/,下载日期:2020 年 4 月 12 日。

[③]　曾宪力:《规范还是关闭 P2P? ——基于国际经验的研究》,载《北方金融》2019 年第 12 期。

中国最早的网贷平台为 2006 年成立的宜信,区别于国外的线上模式,其将网络借贷发展为线上和线下结合模式,主要是通过网络进行渠道宣传,然后进行线下的业务洽谈。之后,借鉴国外 P2P 平台模式的拍拍贷、红岭创投、人人贷等相继成立。随着 P2P 网贷业务的发展,信用良好的传统金融机构也开始进军网贷平台,例如平安集团的平安陆金所,其主要模式是通过线下贷款与线上理财相结合,将理财人和筹资人一一对接、限额担保,以销售理财产品的形式开展 P2P 网贷业务。

中国 P2P 网贷平台经过发展初期的爆发式增长后,其直接后果便是 P2P 网贷行业集中度很低,平台规模经济效应尚未得到充分展现。中国最大的 100 家 P2P 平台也只占到 1/2 至 2/3 的市场份额,而在美国,LendingClub 和 Prosper 两家平台便占有 98% 的市场份额。[①]

根据交易模式的不同,P2P 网络借贷平台大体上可以分为三大类型:

第一类是纯平台模式。在此模式下,平台不参与借贷关系,只提供资格审核、信息发布、信用评级、资金划拨、还款催收等辅助性服务,平台的盈利仅依靠收取信息匹配等服务费,不承诺保障本金和利息。借贷合同由投资人和融资人签订,借贷关系发生在投资人和融资人之间。风险完全由投资者自身承担,如果发生借款人违约,P2P 网贷平台不对投资者垫付本金。中介模式是 P2P 网贷业务的原貌,全球首家 P2P 网贷平台 Zopa 即采用这种模式,平台声明 Zopa 不是贷款人和借款人签订的任何借贷合同的当事人,其职责仅在于运营借贷平台。

第二类是担保模式。根据担保主体的不同,其还可以分为平台自身担保和第三方担保机构担保两种。这类平台一般都承诺对投资人的本金进行担保,如果发生逾期,将由 P2P 平台或担保公司先行为投资人垫付本金,这样一来,借款方的信用风险主要由 P2P 平台承担。例如,红岭创投收取筹资人 10% 的借款金额作为保证金,同时采用 VIP 制度对网站的投资者进行区分。当 VIP 投资者发生借款逾期或形成坏账时,损失的本金将由网站合作商百分之百地来垫付。非 VIP 投资者发生借款逾期或形成坏账时,损失的本金将由网站合作商垫付 50%。

---

① Tyler Aveni,New Insights Into An EvolvingP2PLending Industry:How Shifts in Roles and Risk are Shaping the Industry,August 2015,http://www.findevgateway.org/sites/default/files/publications/files/new_insights_into_an_evolving_p2p_lending_industry_positiveplanet2015.pdf.下载日期:2020 年 11 月 20 日。

　　第三类是债权转让模式。此模式还可以分为债权直接转让模式和债权间接转让模式。所谓债权直接转让,即 P2P 平台以自身的资金参与借贷双方的交易。在交易过程中,P2P 平台会先利用自身的资金出借给借款人取得债权,然后再将债权分割转让给投资者。平台不仅为借贷提供辅助性服务,而且介入借贷关系。具体操作是平台(或与平台有密切关系的其他第三方,简称"关联方")先出借资金,取得对借款人的债权,再通过不同方式将贷款或贷款收益转让给投资人。LendingClub 成立之初就采取债权直接转让这种模式。2007年 5 月至 2008 年 4 月期间,如果借款申请被认购,LendingClub 先向借款人发放贷款,借款人签发以 LendingClub 为收款人的本票。然后,LendingClub将贷款和本票转让给认购该借款的投资人。宜信是我国首家采用债权直接转让模式的平台。宜信的创始人(或宜信其他高级管理人员)先以自有资金贷款给借款人,然后宜信将贷款债权拆分成多笔小额、短期的债权(简称"拆标"),包装成收益率、偿还期不同的理财产品(宜信宝、月息通、月满盈等)销售给投资人,最终投资人的资金根据宜信的匹配可能被投放在不同借款项目上。虽然形式上平台销售的是理财产品,但这些理财产品的实质内容就是贷款债权,投资人购买后与借款人建立借贷关系,享有贷款人的法定权利,因此,其仍然属于不改变贷款性质的"直接转让"。

　　所谓债权间接转让,即平台并非将贷款原封不动地直接转让给投资人,而是向投资人销售以贷款债权为基础的有价证券,也可称为"证券模式"。间接转让模式下,投资人和借款人不发生借贷关系,但仍然可以获得相当于贷款的投资回报。美国 P2P 网贷平台 Prosper 和 LendingClub 目前均采用此模式。

　　以 LendingClub 为例,2008 年 3 月美国证券交易委员会(简称 SEC)认定LendingClub 发行的票据具有证券性质,要求在 SEC 注册。同年 10 月,LendingClub 完成注册后调整了交易模式,投资人不能从平台上认购贷款,而需要购买平台发行的 Member Payment Dependent Notes(简称"Notes")实现投资。具体而言,一旦借款被认购,LendingClub 将向所有认购的投资人发售Notes,对价相当于投资人的借款本金。随后,LendingClub 将全部认购款转给 Web Bank,由 Web Bank 从中扣除手续费后作为贷款发放给借款人,同时借款人开具以 Web Bank 为收款人的本票。Web Bank 随后会将贷款和本票转售给 LendingClub。贷款期限届满,借款人向 LendingClub 偿还贷款本息,LendingClub 向投资人支付 Notes 本息。不过,只有借款人向 LendingClub偿还贷款本息,LendingClub 才有义务向投资者支付 Notes 本息,否则,LendingClub 不会向投资人支付任何款项。Notes 类似于国内所称的"收益凭证",

是一种本金和收益的偿付与特定标的相关联的结构性证券。[①] 在间接转让模式下，Web Bank 是贷款最初的债权人和本票的持票人。通过债权转让和背书，LendingClub 成为贷款的新债权人和本票的持票人，有权要求作为债务人和出票人的借款人偿还贷款。投资人通过认购 Notes 成为平台的债权人，有权凭 Notes 要求平台偿付投资回报。但是，投资人与借款人之间并无任何法律关系，也不享有贷款人的法定权利，这与直接转让模式下投资人通过受让贷款而成为借款人的债权人明显不同。

我国债权间接转让模式以平安陆金所和有利网为典型代表，陆金所主要是依托平安集团的背景，将平安集团担保的产品进行证券化包装销售。有利网则是聚合小额贷款公司的大量信贷资产，打包组合成理财产品进行销售。这种模式实则是信贷资产的组合销售，线上主要是销售包装后的理财产品，线下是背景集团及合作金融机构的资产转化，将担保信贷产品化为流通资产。在这种模式下，P2P 平台主要起到打开证券发行渠道的作用。信贷资产的债权人通过发售理财产品向投资人承担还款责任。

综上所述，在纯平台模式下，P2P 平台始终不是借贷当事人，亦不为投资人的债权提供担保。投资人和借款人直接发生借贷关系，并由投资人自身承担贷款风险。在平台担保模式下，P2P 平台或第三方对投资人债权本息支付提供担保，由平台或第三方承担贷款风险。在债权直接转让模式下，P2P 平台先作为贷款人和借款人建立借贷关系，平台将债权分割转让给投资人，投资人以债权人身份与借款人发生借贷债权债务关系。在债权间接转让模式下，其是将原有的不具备流通性的金融资产包装成为可流通的资本市场信贷资产。平台并不直接转让贷款债权，而是向投资人单独发售证券。投资人认购证券成为平台或贷款人的债权人，与平台或贷款人发生投资关系，但与借款人没有直接的借贷关系，借款人的债权人仍是平台或贷款人。

二、P2P 平台的法律性质

关于 P2P 平台的性质，理论界有"准金融机构"和"信贷服务机构"之争。所谓"金融"，是指"涉及货币供给，银行与非银行信用，以证券交易为特征的投资、商业保险、信托、租赁以及以类似形式运作的所有交易行为的集合"。[②] 根

---

① 所谓结构性证券一般包括股权挂钩产品、利率挂钩产品、汇率挂钩产品、商品或其指数挂钩产品以及信用挂钩产品等。Notes 属于信用挂钩型产品。

② 黄达主编：《金融学》，中国人民大学出版社 2012 年第 3 版，第 116 页。

据上述对金融的界定,"金融机构"可广义理解为"充当信用中介以及经营货币或货币资本的组织",既包括与资金余缺双方交易的银行,也包括提供策划、咨询、承销、经纪服务的投资银行、证券公司、证券交易所,以及从事保险、信托、金融租赁、土地和房地产活动的机构。

从金融的功能看,其主要体现在服务、信息、资源、风险四方面:第一,服务于金融产品交易,提供不同的清算、结算手段。不论作为金融产品的直接销售者、购买者,还是作为金融产品买卖方的中介,都具有便利交易的基本功能。第二,为金融交易提供信息,包括信息制造、评价和监控,从而指导交易、投资决策。第三,改善资源配置,通过价格信息反映市场资源的分布和稀缺程度,揭示盈利机会,通过引导投资调节资源。第四,集合、分散、转移或管理金融风险。比如,股票把投资风险分散给众多股东,保险、担保更是直接的风险转移工具。①

在担保模式和债权转让模式下,P2P 网贷平台为资金供需双方提供资金流转的场所,同时负责信息发布、信用审核、还款催收等。首先,平台对融资信息的发布以及对借款人的信用评估可以扩大借贷范围和规模,降低借贷成本和风险。这些服务便利并加速了贷款这一金融产品的市场交易,促进了资金融通。其次,在获取、分析和监控信息方面,互联网天然的信息整合功能和"开放、平等、分享"的网络精神有利于降低经济活动中的信息不对称,大数据和云计算有助于提高对贷款风险的识别。再次,贷款利率和期限的公开可以引导资金投向需求最迫切、回报最高的项目,从而优化资金配置。最后,在贷款附有担保的模式下,第三方机构或平台本身为投资者承担风险,实现了风险转移;"拆标"则会产生分散风险的效果。可见,平台对贷款的经营执行了金融在服务、信息、资源和风险四方面的功能,而且借助网络和信息技术,进一步提高、深化了金融功能的影响和效果,性质上属于广义的金融机构。②

在纯平台模式下,P2P 网贷平台就是一种媒介居间。平台提供的借贷信息向投融资双方报告交易机会;信用审核、风险评估、项目匹配、合同起草等管理都对促成借贷交易起到了协助作用,这种模式更符合信贷服务机构的角色定位。

就我国而言,2016 年央行等部门颁布的《网络借贷信息中介机构业务活动管理暂行办法》明确将 P2P 网贷平台定性为信息中介机构。中国人民银行

---

① 黄达主编:《金融学》,中国人民大学出版社 2012 年第 3 版,第 275 页。
② 刘然:《我国 P2P 网络借贷平台的法律性质》,载《法学杂志》2015 年第 4 期。

发布的《贷款通则》也规定，未取得金融牌照并获批经营存款业务的机构不具有贷款资格，[①]网贷平台未取得贷款资格而出借资金的，有违非金融企业禁止放贷的规定。即使是平台关联人，如果未取得金融牌照发放贷款，也有"变相"经营借贷融资业务之嫌，同样违反上述规定。依据上述规定，P2P 网贷平台如果未取得金融牌照，以债权直接转让模式开展业务属于违法行为。同时，P2P 网贷平台直接向投资人提供担保也为法律所禁止。

第二节　P2P 网贷下的知识产权质押

在 P2P 网贷中，为了保障投资人的债权安全，它往往引入保证、质押、抵押等担保方式。在贷款企业拥有知识产权的情况下，为了确保债务得以及时清偿，P2P 网贷平台通常会要求企业以知识产权为贷款债权提供担保，按照我国《物权法》和《民法典》的规定，知识产权担保的方式为质押，知识产权质权属于担保物权中的权利质权。

一、P2P 网贷知识产权质押的标的

（一）专利权

根据民法通说，权利质权标的须为可转让的财产权。[②] 以此标准衡量，专利权自然可以成为权利质权标的。但是对于专利权是否是纯粹的财产权，我国学界存在不同的看法。部分学者对知识产权持"一体两权"的观点，认为知识产权均是由财产权和人身权两部分组成的，专利权亦是如此。其中专利发明人或设计人有在专利申请书和专利证书中记载自己是发明人或设计人的权利，以及职务发明创造的发明人或设计人获得所在单位奖励或报酬的权利，此

---

① 《贷款通则》第 21 条规定，贷款人必须经中国人民银行批准经营贷款业务，持有中国人民银行颁发的《金融机构法人许可证》，并经工商行政管理部门核准登记。第 61 条规定，各级行政部门和企事业单位、供销合作社等合作经济组织、农村合作基金会和其他基金会不得经营存贷款等金融业务。企业之间不得违反国家规定办理借贷或者变相借贷融资业务。

② 谢在全：《民法物权论》，中国政法大学出版社 1999 年版，第 802～803 页。

类权利为人身权。[①] 另一些学者则指出,由于专利权是经行政审查、批准、授予后方产生的一种知识产权,所谓发明人的署名权,一是在根本无"专利"可言的获专利之前即已存在,二是即使专利申请被驳回,发明人的人身权仍在。因此,"人身权"并非专利权的一部分。[②] 近年来,学者大多认为,专利权只是一种具有财产属性的独占权及其衍生出来的相应的处分权,不包含具有人身属性的权利内容,发明人或者设计人的署名权虽然具有人身权性质,但它并不是专利权的内容。[③]

在英美法的财产理论中,动产分为"占有物"和"诉体物"。前者通过占有而拥有,后者通过诉讼而享有。"诉体物"一词最先应用于债务,后来这一术语扩展到所有其他的无形财产,诸如专利和版权等知识产权。[④] 可见,英美法系将专利权等知识产权与有形动产同样看待,均认为是纯粹的财产权。在大陆法系的知识产权论著中,它们虽然将著作权分为精神权利与经济权利,但却未见有关专利权中存在精神权利的论述。从知识产权国际公约看,《保护工业产权巴黎公约》虽然规定了专利的发明人有在专利证书上署名的权利,[⑤]这一规定的目的是保护发明人与获得专利的发明创造之间的创造者与创造物的关系,体现了对发明人的创造性智力劳动的承认和尊重;但如果发明人不是专利权人,他对发明创造也只能享有署名权,而不享有其他权利。综上所述,专利权不包含精神权利,仅是财产权的观点在国际已有共识。

就专利权质押而言,不论专利权是否包含精神权利,发明人或设计人的署名权或获得所在单位奖励的权利显然不是质押标的。这是因为,其一,署名权不具有财产权性质,无法以金钱估价和转让,不属于可转让的财产。其二,发明人或设计人获得奖励的权利虽然具有财产权性质,但它与人身密不可分,缺乏可让与性。这两类权利不符合担保标的的性质,显然不能作为专利权的质押标的。

我国专利法明确指出,专利申请权同专利权一样可以转让,可见专利申请权具有财产权性质。那么,专利申请权可否作为专利担保的标的呢? 肯定论

---

①　梁慧星、陈华彬:《物权法》,法律出版社 1997 年版,第 374 页。费安玲主编:《比较担保法》,中国政法大学出版社 2004 年版,第 427 页。

②　郑成思:《知识产权论》,法律出版社 1998 年版,第 73～74 页。

③　吴汉东主编:《知识产权法学》,北京大学出版社 2000 年版,第 276～277 页。

④　[英] F. H. 劳森、B. 拉登:《财产法》,施天涛、梅慎实、孔祥俊译,中国大百科全书出版社 1998 年版,第 19～20 页。

⑤　《保护工业产权巴黎公约》第 4 条之三。

者认为,享有专利申请权是取得专利权的前提条件,专利申请权具有内在的价值和使用价值,可以设立质权。[①] 否定论者认为,首先,专利申请权能否成为有效的专利权,尚难预料,故其在权利性质上乃不确定之权利,如以之为担保权之客体,会使第三人有蒙受不测损害之虞。其次,基于专利申请权的不确定性,其评估价值通常比专利权低廉,如准许其提供担保,则其发明将有被债权人廉价掠夺之虞。最后,如允许专利申请权设立担保,当债务人不履行债务,债权人行使担保权时,权利之内容因拍卖而成为公知,导致专利申请失去新颖性,会毁损权利本身,为权利性质所不许。[②]

在我国实务操作中,按照 1996 年颁布的《专利权质押合同登记管理暂行办法》第 6 条和第 7 条的规定,专利权质押登记合同必须有专利权的有效证明并载明质押专利的专利号。2010 年 8 月新颁布的《专利权质押登记办法》仍然沿袭了旧法的规定。[③] 这表明,国家知识产权局实际上不受理专利申请权质押登记。

然而,禁止专利申请权设立担保的做法和理由值得商榷。首先,一方面,专利申请提出后,需要通过专利行政部门对发明创造的新颖性、创造性和实用性审查,能否最终被授予专利权,具有较大的变数和不确定性,以专利申请权设立质权,质权人将承受一定的风险。另一方面,以专利权设质,质权人又何尝可以高枕无忧?专利权设质后同样也可能会被专利复审委员会或法院认为不符合专利授权条件,从而被宣告无效,使专利权担保的目的落空。

其次,当事人同意以专利申请权设质是真实意思的表示,是意思自治的体现,虽然专利申请权能否获得专利权尚不确定,但债权人既然在权衡利弊之后同意其提供担保,即使日后不能取得专利权,亦不致受不测之损害。国家机关实无越俎代庖的必要,去干涉当事人的意志自由。

再次,由于专利申请权的不确定性高,在专利申请权的转让和担保中,其评估价值比专利权低实属正常现象,具有经济合理性。既然允许专利申请权转让,实无单独禁止其设质的理由。至于专利申请权被执行时,拍卖的是申请专利的权利本身而非专利申请的技术内容,并不会导致技术内容的公开,自然

---

① 黄玉烨:《知识产权质押若干问题探讨》,载《律师世界》1998 年第 1 期。

② 杨崇森:《专利法理论与应用》,三民书局 2007 年版,第 158 页。

③ 《专利权质押登记办法》第 9 条规定:"当事人提交的专利权质押合同应当包括以下与质押登记相关的内容:……(4)专利权项数以及每项专利权的名称、专利号、申请日、授权公告日。"

亦不存在丧失新颖性的问题。

最后，对债权人而言，有专利申请权设质作为担保，债权安全更有保障，对债权有益无害，有利无弊。对债务人而言，允许专利申请权出质，也可避免稀缺担保资源的闲置，有利于资金融通。从国外立法看，不少国家也未禁止专利申请权设立担保。例如，英国《专利法》第 30 条明确规定，"任何专利或者专利申请案均属于动产"，"均可以转让、按揭"。因此，我们不应禁止专利申请权成为担保标的。

《物权法》第 227 条和《民法典》第 444 条均规定，知识产权在出质后经质权人同意许可他人使用，许可使用费应向质权人提前清偿或提存。但对设立质押前的许可使用费的归属未作规定，专利权出质前的实施许可延续至质押期间时，许可使用费是否为质权效力所及？对此学界主要有两种看法。第一种观点认为，专利质押登记后，专利权占有转移，其收益应优先偿付质权人债权。第二种观点认为，专利质权设立后，仅发生占有转移，其所有人的收益权应仍然持有，且属质权设立以前处分权行使之延续，不能为质权效力所及。①

笔者以为，许可使用费是稳定的现金收入，体现了债务人的偿债能力，是债权人决定是否接受专利质押的重要因素。另外，债务人通常也希望至少保留部分许可使用费收入作为生产经营资金，以维持企业运营并扩大再生产。因此，对此问题应尊重当事人的意思自治，由当事人在担保合同中约定许可使用费收取权的归属。倘若当事人未作约定，按照《日本专利法》的规定，质权人对于专利权的对价，或因专利发明的实施而使专利权人或独占实施权人应获得的钱款及其他物品，均得行使，但须在支付或者交付前予以扣押。② 由此可见，依日本法规定，在质权人行使质权，请求法院扣押专利许可费之前，许可使用费为出质人收取，在此之后，则由质权人收取。这一做法兼顾了出质人的期限利益和质权人的担保利益，是较为妥当的处理方式。

专利授权后，专利行政部门会给专利权人颁发专利证书。专利质押是否需要交付专利证书？有观点认为，"为了防止出质人在将知识产权设定质权后擅自转让知识产权，应当要求出质人向质权人交付知识产权权利证书，如商标注册证，专利证书等"③。否定意见则指出，"就专利权证书而言，它与债权证书不同，债权证书为表示债权之证书，而专利权证书之本身，则非表示权利，故

---

① 易继明：《论我国专利权质押制度》，载《科技与法律》1996 年第 4 期。

② 《日本专利法》第 96 条。

③ 王利明：《物权法教程》，中国政法大学出版社 2003 年版，第 422 页。

理论上不应以交付证书或转移占有等要物行为为必要"。① 相比之下,后一种意见显然更为恰当,由于专利证书与票据、证券不同,并非权利凭证,占有专利证书也不代表专利权的转移,专利权的转让和质押以登记为要件,因此,专利权设质是否转移专利证书的占有并无法律意义,只有办理质权登记才能产生法律效力。

对于出质人可否在同一质物上设定多个质权的问题,学界对此意见不一。有学者认为,质权既以转移占有为成立生效要件,而于一物之上,势必不能有两个以上之占有,也就不能成立两个以上的质权,自无所谓质权顺序问题。② 另有学者则认为,动产质权得就同一物同时成立数个质权,其典型情形是:出质人将质于甲之物,依间接占有之让与并通知甲,对于乙再行设质。③ 质押时,动产交付的方式可以分为现实交付、简易交付、占有改定和指示交付。其中占有改定不具有质押的公示和留置作用,被认为不适用于质押。而其余三种方式均为立法和理论所承认,因此,在同一动产上存在成立数个质权的可能。否定说显然忽略了指示交付的交付方式,也未考虑到动产质权的转质带来的多个质权问题。

动产质押尚且如此,权利质押自不待言。在立法例上,瑞士、日本等国立法对质权的顺序有明确的规定。《瑞士民法典》第893条规定:"一物负担若干债权时,质权人按其顺序受清偿""质权人的顺序,以设定质权的先后日期为序"。《日本民法典》第355条规定:"为担保数个债权,而就同一动产设定质权时,其质的顺位,依设定的先后而定。"由于该法典明确规定,权利质权准用动产质权,由此推知,在同一知识产权上允许设立多个质权。

我国《物权法》及《民法典》对此问题无明确规定,专利行政部门在实践中持否定观点。国家知识产权局在《如何办理专利权质押合同登记》中指出:"考虑到专利权质押的特殊性,在目前条件下专利权不可以重复质押。"其理由是:"专利权作为一种法律赋予的独占权,使权利人得以享有对其专利客体行使占有、使用和处分的权利,而无须取得他人同意,就专利权本身而言,它们是不可分割的,只能作为一个整体而不宜分别将制造权、使用权、销售权、进口权进行转让,而且一旦出质,质权人即取得了对质物的支配权利,除非质权人同意,出质人即不得转让或许可他人使用,在这种情况下,该专利权已不能再作质物去

---

① 史尚宽:《物权法论》,中国政法大学出版社2000年版,第416页。

② 倪江表:《民法物权论》,正中书局1982年版,第329页。

③ 史尚宽:《物权法论》,中国政法大学出版社2000年版,第359～360页。

担保另一个债权的实现。"

然而,否定在同一专利权上设立多个质权的观点值得商榷。首先,从"除非质权人同意,出质人即不得转让或许可他人使用"的规定并不能得出"除非质权人同意,出质人不得再次设立质权"的结论,因为转让、许可他人使用与设立质权是不同性质的法律行为,不能等同视之。其次,所谓专利权不可分割,制造权、使用权、销售权、进口权不可分别转让的观点与理论和实务的主流观点相悖,专利权中包含的多项权能,专利权人完全可以根据需要进行分割,授权不同的主体行使。再次,禁止专利权设立多个质权的主要理由是担心如此将会损害质权人利益,不利于债权的安全。然而,在以登记为专利质押生效或对抗要件的情况下,质权人可以查阅登记簿了解权利负担状况,在知晓专利已设质的情形下仍然同意设质,是自愿承担风险的表现。此外,通过质权人优先顺序的规定,债权人可以对可能的风险做出准确评估,如此非但无损于质权人的利益,反而有利于实现其经济需求。最后,在专利权的价值远高于债权数额的情况下,禁止设立多个质权会造成宝贵担保资源的浪费,不利于充分发挥专利权的交换价值,不利于企业的资金融通。以上分析对于在其他类型知识产权上设立数个质权的情形显然也同样适用。

(二)著作权

著作权是作者对其文学、科学、艺术领域内创作的作品所享有的专有权利。从权利的角度看,著作权是一个包含了内容广泛的权利综合体,包括著作人身权(发表权、署名权、修改权、保护作品完整权)和著作财产权(复制权、发行权、出租权、表演权、展览权、摄制权、广播权、放映权、汇编权、改编权、翻译权、信息网络传播权)。可见,著作权是典型的兼具精神权利和经济权利属性的知识产权,这给著作权担保带来了特殊问题。

1. 精神权利对著作权质押的影响

出于对著作权本质的不同理解,世界范围内有两种著作权体系:一种是以英美等国为代表的"版权体系",该体系以经济价值观为著作权制度立法的哲学基础;另一种是以德法等国为代表的"作者权体系",该体系以人格价值观为其立法的哲学基础。[1] 属于"版权体系"的英美法系国家在传统上将版权视为纯粹的财产权利,在版权法中并不涉及作者的人格利益和精神权利的保护问题,但由于明确要求保护作者精神权利的《伯尔尼公约》的影响日益广泛,英国

---

[1]　吴汉东等:《西方诸国著作权制度研究》,中国政法大学出版社 1998 年版,第 104 页。

和美国也先后加入了该公约,因此,两国的版权法中也出现了保护作者精神权利的内容。例如,英国1988年版权法(简称CDPA1988)规定了作者的四项精神权利:作者身份权,反对对作品进行损害性处理权,反对假冒署名权,某些照片与影片的隐私权。美国1990年《视觉艺术家权利法》对绘画、雕塑和印制艺术作品的作者的精神权利作了规定,包括作者身份权和保护作品完整权。①但总体而言,英美法系国家对作者精神权利保护的力度和范围远不及大陆法系国家。

在实践中,大陆法系国家也体现出对精神权利的高度保护。如法国巴福特(Buffet)案中,画家巴福特在自己冰箱的六个面上画了一幅完整的油画,并将其慈善拍卖。买主购买后准备将冰箱的一面拆下来再单独拍卖,巴福特认为买主的行为破坏了油画的完整性,侵犯了其保护作品完整权,因而诉至法院。法院认为,买主虽拥有冰箱的所有权,但在处分冰箱时应充分尊重作者的精神权利,因此判处禁止买主拆卸冰箱。②

大陆法系国家的"作者权"理论又可再分为"一元说"和"二元说"两个分支。主张"一元说"的德国强调,著作权虽然有人身权和财产权之分,但两者是不可分割的有机整体。德国学者乌尔默对两者的关系有个形象的比喻,他将著作权所保护的两大利益群比喻成一棵树的树根,正是这些树根构成了一棵树(著作权)的统一的渊源;各项著作权的权能就好比这棵树的树权、树枝,这些树权、树枝的力量来源正是这两大利益构成的树根。③ 基于德国著作权法的"一元说"理论,作者的人格权不可转让,所以著作权整体不可转让。只有在因死亡原因发生的处分或者发生继承时转让给共同继承人的情况下,著作权才可以转让。④ 据此,德国学者雷炳德认为,由于法律不允许人们对著作权进行转让,那么最多只会发生继承份额上的用益物权的质权设定行为,在这种情况下,用益物权人可以在用益物权存续期内把作品的排他性使用权以及非排他性使用权许可给他人。享有质权的债权人有权在债务清偿期届满时通过强制执行来实现自己的债权。⑤

---

① 《视觉艺术家权利法》的内容被纳入美国《版权法》第106条(a)中。

② 张建邦:《精神权利保护的一种法哲学解释》,载《法制与社会发展》2006年第1期。

③ [德]M.雷炳德:《著作权法》,张恩民译,法律出版社2005年版,第27页。

④ 《德国著作权法》第29条。

⑤ [德]M.雷炳德:《著作权法》,张恩民译,法律出版社2005年版,第372页。

以法国为代表的"二元说"则认为,著作人身权与作者人格紧密相连,具有不可放弃、不可转让的属性。著作财产权则不具有人格属性,是纯粹的经济权利,可以转让和继承。我国《著作权法》继受了法国的"二元说",将著作权区分为著作人身权和著作财产权,其中著作人身权包括署名权、发表权、修改权和保护作品完整权。同时,《物权法》第 227 条规定:"以注册商标专用权、专利权、著作权等知识产权中的财产权出质的,当事人应当订立书面合同。质权自有关主管部门办理出质登记时设立。"《民法典》删除了《物权法》中知识产权设立质权订立书面合同的形式要求,规定:"以注册商标专用权、专利权、著作权等知识产权中的财产权出质的,质权自办理出质登记时设立。"[①]可见,我国在著作权理论和立法上均否定了著作人身权的可质押性,将著作人身权排除在质权标的之外。

然而,著作权的人身权和财产权并非泾渭分明的两类权利,两者往往相互关联,无法截然分开。以发表权为例,如果著作权人以未发表的作品出质,当质权人行使质权时,著作权人可能以行使发表权为由,阻止质权人发表作品,这必然使质权人陷入进退维谷的境地。其他精神权利同样存在限制和制约财产权利行使的问题。如果不能协调好精神权利和财产权利行使的关系,就会造成在著作权贸易和融资担保中,当事人因担心作者精神权利的行使而顾虑重重。尤其在网络数字技术和电子商务发展迅猛的背景下,精神权利的高度保护更显得不合时宜。为适应社会经济发展的实际需要,各国不得不对精神权利加以限制或弱化。

《德国著作权法》规定:"应允许他人依诚实信用原则对作品及其标识进行修改。""当从使用目的上看有必要时,本法允许对作品进行翻译以及制作摘要、转变声调或转变音区等形式进行修改;允许将美术作品以及摄影作品改变尺寸以及由于复制工序而发生的修改。""计算机程序的使用人出于使用目的(包括错误纠正)采取的必要行为无须取得权利人许可。""电影作品的作者或邻接权人,只能对那些严重歪曲其作品或劳动成果的行为或其他严重的损害行为行使禁止权。"[②]同样奉行"二元说"的《日本著作权法》对著作人身权的限制作了更详细的规定。首先,当未发表的作品著作权转让时,当未发表的美术作品或照片原件转让时,当电影作品的著作权属于电影制片人时,作者不得反对作品的发表。其次,根据作品使用的目的和性质,无损于作者要求承认自己

---

① 《民法典》第 444 条。

② 《德国著作权法》第 39 条、第 62 条、第 69d 条、第 93 条。

是作者的权利,且不违反公共惯例时,可省略作者的姓名。再次,作者不得反对出于学校教学的目的对作品仅做不得已的字面改动,不得反对由于建筑物扩建、改建、修缮或装饰外观所做的改动,不得反对为了在计算机中使用或更好地发挥功能而对计算机程序的改动,以及不得反对其他依作品性质及使用目的或行使所做的不得已的改动。[①]

由上可见,对著作权的精神权利进行必要的限制,适当弱化对精神权利的保护是大势所趋,也是适应现实需要的合理选择。反观我国的著作权立法,除了对电影作品和计算机软件的修改权有所限制外,[②]没有对著作人身权进行其他限制的条款。所以,至少从立法上看,我国对著作人身权实行的是高度保护。这显然对著作权的转让和担保交易有消极影响,需要在立法和司法实践中进一步完善对著作权精神权利的适当限制。

2. 著作邻接权的可质押性

所谓邻接权是指作品传播者对其在作品传播过程中所做出的创造性劳动所享有的专有权利。邻接权主要包括表演者权、唱片制作者权和广播电视组织权。邻接权是派生于作品的权利,因为它们几乎总是以现有作品(pre-existing works)为先决条件的。[③] 各国目前关于邻接权的有关规定不甚一致,但邻接权人对其传播过程中的创造性劳动享有财产权无疑。有观点认为,上述这些邻接性权利,由其权利主体都具有特定的资格和条件,不具有这些资格和条件的主体不能享有或行使这些权利,并且邻接权的行使还要受著作权人的制约,具有极强的人身性特点,缺乏让与性,因而它不能用于质押担保。[④]此观点显然不妥。尽管邻接权人的权利行使受制于著作权人,但是邻接权一般没有精神权利(表演者权除外),前述精神权利的困扰基本不存在。在取得著作权人授权的情况下,其无疑可以成为担保标的。

(三)商标权

与专利权和著作权相比,商标权具有自身明显的特点,这体现在:第一,无

---

① 《日本著作权法》第 18 条第 2 款、第 19 条第 3 款、第 20 条第 2 款。

② 《著作权法实施条例》第 10 条,《计算机软件保护条例》第 16 条。

③ 吴汉东等:《西方诸国著作权制度研究》,中国政法大学出版社 1998 年版,第 150 页。

④ 王菊英:《知识产权质押刍议》,载《淮北煤炭师院学报(哲学社会科学版)》2001 年第 10 期。

论专利权还是著作权,其客体都是创造性的智力成果,取得专利权需要发明或实用新型具备"新颖性、创造性和实用性",作品获得著作权的实质要件是"独创性",而商标权的授权标准则是"显著性(可识别性)"。第二,商标设计本身创造性程度的高低与是否能获得商标权无关,商标授权的关键在于能否与其他相同或类似商品或服务使用的商标相区别,防止混淆同类商品或服务的不同来源,避免消费者误认,从而保护消费者的利益,维护正常的交易秩序。所以,商标权属于"识别性标记权",不同于专利权、著作权等"创造性成果权"。第三,商标权的价值来源也不在于商标设计本身,而在于商标在商业中的应用。商标只有在经营者持续的使用过程中才能建立起良好的信誉,建立起商标和其所代表的商品或服务的联系,赢得消费者的信任。而一旦将商标束之高阁,备而不用,商标就无法发挥商品或服务来源的指示作用,无法在消费者中建立信誉,当然也就谈不上有任何商业价值。所以各国商标法均规定商标如果连续一定期限不使用,主管机关有权撤销商标权。

1. 商标权质押的单独设立与共同设立

《巴黎公约》对商标权的转让适用"商标独立性原则",同时兼顾灵活性,其第 6 条之四规定:"根据本联盟成员国的法律,商标的转让只有连同该商标所属的厂商或牌号同时转让方有效,则只要将该厂商或牌号在该国的部分连同在该国制造和销售带有被转让的商标的商品一起转让给受让人,足以认定有效。""如果受让人对受让商标的使用,事实上具有使公众对使用商标的商品的原产地、性质或重要品质产生误解的性质,上述规定并不要本联盟国家承担承认该商标转让有效的义务。"

TRIPs 协定第 21 条规定,成员可确定商标的许可与转让条件,而"确定条件"应被理解为不得采用商标强制许可制度。同时,注册商标所有人有权连同或不连同商标所属的经营转让其商标。

可见,上述公约在商标权转让问题上避免了作强制性的规定,将商标权是否允许单独转让交由各成员国自行决定。

鉴于商标与其所代表的商品或服务的品质密不可分,一些国家的商标法禁止商标的单独转让或提供担保,要求商标必须随同营业一并转让或提供担保。美国《兰哈姆法》第 10 条规定:"已经注册或已经提出注册申请的商标,可以连同使用商标的营业的商誉,或连同使用商标并由该商标表彰的部分商誉一起转让。"美国法院的判例也认为:"不同于专利权或版权,商标权并非独立的财产权,是与之相关的商业信誉完整和不可分割的组成部分。"①在美国的商业实践中,商标权设立担保也必须连同与商标有关的营业资产,否则将会被视为是"空头转让"(assignment-in-gross)而被判定无效。

在英国,商标权担保曾经有很大的法律障碍。根据 1938 年商标法的规定,商标不能与营业分开转让,英国商标法理论认为,如果商标与营业分开转让会给商品或服务的来源造成混淆,将会损害消费者的利益。因此,设定商标权按揭涉嫌"非法交易"(trafficking),会被认为无效。② 但 1994 年修订的英国商标法(Trade Marks Act1994)改变了这一观念,并对商标权担保作了明确的规定。按照该法第 25 条的规定,商标权担保的要点如下:首先,在注册商标上设立担保权可以申请登记,商标权也可以单独转让;其次,在商标权担保登记提出之前,担保权不能对抗利益冲突的第三人;最后,除非商标按揭权人在按揭权设定后的 6 个月内申请登记,否则他将不能获得担保权设定后至担保权登记期间因侵权获得的损害赔偿金。③

另外,一些国家对此持宽松的态度,允许商标单独转让和设立担保。例如《德国商标法》第 29 条第 1 款第 1 项规定:"通过商标的注册、使用或驰名获得的权利,可以作为担保或作为其他物权的标的。"法国《知识产权法典》第 L.714-1 条规定,"商标权可全部或部分作独占或非独占性许可使用,也可进行质押"。欧盟理事会 2009 年 2 月 26 日关于欧共体商标的第 207/209 号条例第 19 条规定,欧共体商标上可以设定担保权。在一方当事人的请求下,这类权利可在欧共体商标登记处登记。我国台湾地区 1985 年的"商标法"第 30 条曾规定:"商标专用权,不得作为质权之标的物。"但在 1997 年修正时就改变了这一规定,承认商标权可以进行质押。

我国《商标法》第 42 条规定:"转让注册商标的,转让人和受让人应当签订转让协议,并共同向商标提出申请。受让人应当保证使用该注册商标的商品质量。……转让注册商标经核准后,予以公告。受让人自公告之日起享有商标专用权。"按此规定,商标可以单独转让,意味着商标权可以单独设立担保。

---

① Visa,U. S. A. ,Inc. v. Birmingham Trust Nat'l Bank,696F. 2d1371,1375(Fed. Cir. ,1982).

② M. Henry,Mortgages of Intellectual Property in the United Kingdom. European Intellectual. *Property Review*,1992,14(5):160.

③ Trade Marks Act1994,section 25.

2.特殊类型商标的可质押性

(1)联合商标

在商标领域,还存在着联合商标、防御商标、集体商标、证明商标等特殊类型的商标。防御商标是商标所有人将同一商标在不同种类的商品或服务上分别注册,以扩大其保护范围。联合商标是指同一商标所有人在相同或类似商品或服务上注册的几个近似的商标。从目的和功能看,防御商标和联合商标颇为类似,都是为了防止他人注册或仿冒,造成消费者的混淆。但防御商标本质上仍是一个商标,设立担保自无疑问。联合商标则是数个近似商标的集合,倘若其中之一设立担保,其余商标是否也应该一同设立担保呢?一般认为,如果商标权人将联合商标之一设立担保,而其余商标不设保,一旦债权人行使担保权,设保的商标所有权发生转移,这时将会出现联合商标由不同的所有人享有和行使的局面,极易在公众中造成混淆,使商标指示商品或服务来源的功能弱化,同时也违反了"不得在相同或类似商品上使用相同或近似商标"的商标法原则。因此,联合商标不得单独设保,应该一并设立担保。我国一些地方出台的相关规定中对此作了明确规定,例如,《福建省商标专用权质押贷款工作指导意见》第3条规定:申请商标专用权质押贷款的,商标注册人必须以其在同一种或者类似商品上注册的相同或近似商标的专用权一并作为质押物。

(2)集体商标和证明商标

集体商标是由某一集体组织(如合作社、协会、工会等)申请注册的商标。其所有权归集体所有,并由集体成员共同享用。集体组织成员根据需要,制定章程,规定集体商标的使用条件、权利与义务。

证明商标亦称保证商标,在国际上一般是由某协会申请注册,协会对使用商标的商品质量、原料、制造方法及其他特征有检验能力,并保证使用证明商标的商品质量。

这两类商标的特殊性在于:首先,在商标的使用上不具有普通注册商标那种强烈的专有性和排他性。集体商标是用以表明使用者是该组织成员的标志,凡是该组织成员都有权利使用集体商标。而证明商标本身就是一种"开放性"的商标,不具有专用性,任何具备了证明商标使用条件的人都可以申请使用这种商标,证明商标所有人不得拒绝。其次,在商标的转让和担保上受到限制。由于这两类商标在注册主体和使用管理上有特殊要求,各国商标法通常禁止对其转让和设立担保。《德国商标法》第20条规定:"因申请注册集体商标而发生的权利,不能作为集体商标而移转于他人。"法国《知识产权法典》第L.715-2条第4项也规定:"集体证明商标不得转让、质押或作为任何强制执行的标的。"我国台湾地区"商标法"第 75 条也规定："证明标章或团体标章专用权不得移转、授权他人使用,或作为质权标的物。"

我国商标法虽未对这两类商标的质押问题作规定,但根据原国家工商行政管理总局颁布的《集体商标、证明商标注册和管理办法》第 16 条的规定:"申请转让集体商标、证明商标的,受让人应当具备相应的主体资格,并符合商标法、实施条例和本办法的规定。"可见,我国不完全禁止集体商标和证明商标的转让。采取的是有限制的转让态度。有观点认为,这两类商标性质特殊,价值评估不易,质权实现困难,不宜作为质押标的。① 然而,这两类商标都具有财产价值,既然我国商标法允许有条件转让,并未排除商标质押的可能性,从促进担保交易、扩大融资机会的角度出发,只要当事人在设立担保时出于自愿,在实行担保权时对此两类商标的处分符合法律规定,亦可不必加以禁止。

(3)未注册商标

我国在商标注册上采用"申请主义",只有通过商标注册申请,才能获得商标专用权。同时,未注册商标虽然不享有商标专用权,但是在一定条件下也可获得保护。《商标法》第 32 条规定:"申请商标注册……不得以不正当手段抢先注册他人已经使用并有一定影响的商标。"因此已经使用并具有一定影响的未注册商标的所有人有权排除他人的不正当抢注行为,这使此类未注册商标所有人对其未注册商标享有了一定程度的排他使用权。当然,这种权利的效力很有限,未注册商标所有人仅有权禁止他人恶意抢注,无权排除他人在商业活动中使用与其商标相同或近似的商标。

对于未注册的驰名商标,《商标法》第 13 条规定:"就相同或者类似商品申请注册的商标是复制、摹仿或者翻译他人未在中国注册的驰名商标,容易导致混淆的,不予注册并禁止使用。"显然,与《商标法》第 32 条的规定相比,未注册驰名商标受到了比普通未注册商标更强的保护,使其保护程度接近于注册商标。

在采纳"使用主义"的美国,在专利商标局(USPTO)注册的商标在联邦范围内具有排他效力,但未注册商标也同样受到州法的保护,在其使用的区域内具有排他效力。因此,未在专利商标局注册的商标设立担保不成问题。我国采取"注册主义",对未注册商标出质持否定态度。《担保法》第 75 条规定,"依法可以转让的商标专用权"可以质押。《物权法》及《民法典》规定,"注册商标专用权"可以质押,措辞上虽有差异,但如上所述,由于商标专用权只有注册商

---

① 王笑冰:《商标权质押法理探疑》,载《中华商标》2007 年第 1 期。

标才能享有,上述法律条文实质上均隐含了只有注册商标方可质押的含义。原国家工商行政管理总局发布的《注册商标专用权质权登记程序规定》第4条也规定,申请商标专用权质权登记的,应当提交质押商标的《商标注册证》复印件。按此规定,未注册商标,不论是否驰名,由于没有商标注册证,自然无法办理质押登记。这一规定显然否定了未注册商标权质押的可能性。

有观点认为,有必要为未注册驰名商标提供质押的程序和途径。首先,未注册驰名商标享有合法的专用权,具有财产价值,属于《担保法》规定的"依法可以转让的商标专用权",应当可以作为权利质押的标的。其次,从鼓励交易、物尽其用的角度出发,应当充分发挥未注册驰名商标的市场价值,未注册驰名商标也属于企业或者商标所有人的重要无形资产,而且与普通注册商标相比,未注册驰名商标往往具有更大的担保价值,更具有充当质权标的的理由,如果仅以这类商标未注册为由否认其充当质权标的的资格,使其不能发挥融资功能,不利于充分发挥其市场价值,也有违现代民法之鼓励交易的原则。最后,虽然未注册商标可以通过申请注册而变为注册商标,取得充当质押标的物的资格,但这并不能抹杀以未注册驰名商标作为质押标的的必要性。由于我国《商标法》对未注册驰名商标赋予了专用权,这可能会使未注册驰名商标所有人怠于申请商标注册,可能会使未注册驰名商标的存在成为一种不可忽视的现实。即使商标所有人提出注册申请,一件商标从提出注册申请到获准注册,最快也得一年半的时间,如果在申请注册过程中有人提出异议,即使异议不能成立,也会使商标获准注册的期限拖延。如果未注册驰名商标必须要在获准注册之后才可以设定质押,往往是远水难解近渴,在市场瞬息万变的情况下,就会贻误商机。[①]

（四）商业秘密

1.商业秘密的可质押性分析

在知识产权国际公约中,TRIPs协定首次将商业秘密(称之为"未披露信息")纳入知识产权的范围,其第39条第2款将"未披露信息"界定为:"在一定意义上,其属于秘密,就是说该信息作为整体或作为其中内容的确切组合,并非通常从事有关该信息工作之领域的人们所普遍了解或者容易获得的;由于是秘密而具有商业价值;是在特定情势下合法控制该信息之人的合理保密措施的对象。"由于TRIPs协定的广泛国际影响,商业秘密开始在众多国家受到

[①]　王笑冰:《商标权质押法理探疑》,载《中华商标》2007年第1期。

法律保护。

我国的商业秘密法律保护制度起步较晚,但经历了一个保护范围不断扩大的过程。20世纪80年代,《技术引进合同管理条例》及其实施细则对专有技术的概念作了界定,《技术合同法》提及了技术秘密。1991年《民事诉讼法》首次作为法律用语使用了"商业秘密"一词,根据最高人民法院《关于适用中华人民共和国民事诉讼法若干问题的意见》第154条,商业秘密"主要是指技术秘密、商业情报及信息等,如生产工艺、配方、贸易联系、购销渠道等当事人不愿意公开的商业秘密"。1993年出台的《反不正当竞争法》明确规定:"商业秘密是指不为公众所知悉,能为权利人带来经济利益,具有实用性,并经权利人采取保密措施的技术信息和经营信息。"由此可见,我国商业秘密的保护范围在短短几年间经历了由专有技术、技术秘密到商业秘密的发展过程,《反不正当竞争法》中的"商业秘密"这一概念包括了以往法律规定中的专有技术、技术秘密和工商业秘密,在内涵和外延上基本上与国际趋势保持了一致。

对于商业秘密是否是一种财产权利,在理论上不无争议。有观点认为,就法律性质而言,商业秘密与专利权、商标权、著作权有明显区别,并非一种专有的排他性权利,而仅是一种受法律保护的利益。[①] 在笔者看来,商业秘密所有人所享有的不仅仅是利益,而且是法定的权利。其理由在于:

首先,从历史发展的角度看,商业秘密最初主要依据合同义务给予保护,当事人之间的合同关系是请求法院保护其商业秘密的依据。其实质是以违约责任来预防和制止秘密信息的泄露。依据合同的相对性,不披露商业秘密的约定只对合同当事人有效,第三人侵犯商业秘密的行为不受合同的约束,权利人难以依据合同主张权利。为了克服合同理论难以制止合同之外的第三人侵犯商业秘密的弊端,保密关系理论应运而生。根据这一理论,即使不存在合同关系,只要基于信任关系而取得商业秘密的人也同样负有保密义务。据此,确认保密义务无须借助证明合同关系的存在,而是依据当事人之间的特别关系推定保密义务的存在。其实质是将保密义务由约定义务向法定义务发展,因而加大了对商业秘密的保护力度。不过,当第三人与商业秘密权利人之间既无合同义务也不存在信任关系时,如果发生侵害商业秘密的行为,该理论依然无能为力。鉴于此,财产权理论开始成为商业秘密保护的理论基础。财产权理论将商业秘密作为一种无形财产给予保护,将任何以不正当手段取得商业秘密的行为均视为民事侵权行为。由此,商业秘密权利人可以对任何以不正

---

① 谢铭洋等:《营业秘密法解读》,中国政法大学出版社2003年版,第20~21页。

当手段侵犯其商业秘密的行为起诉。[①] 在确定是否侵犯商业秘密财产权时，最重要的是对"不正当手段"的界定。《美国统一商业秘密法》列举了五种正当手段，从而以排除法的方式明确了何谓"不正当手段"。这五种手段是：(1)独立开发出商业秘密；(2)以反向工程开发出商业秘密；(3)在商业秘密所有人授予的使用许可下发现；(4)从公开的使用或展出中观察得来；(5)从公开发行的文献中取得。

从商业秘密保护发展的历史轨迹中可以看出，商业秘密从合同法、侵权法保护发展到财产法保护，从国内法保护发展到国际公约保护，其债权的色彩逐渐淡化，物权的属性不断强化，已很难说其仅是法律保护的利益而非权利。

其次，从权利的本质看，按照"法力说"的观点，权利之本质为法律上之力。权利总是由"特定利益"和"法律上之力"两个要素构成。所谓"法律上之力"，系由法律所赋予的一种力量，凭借此种力量，既可以支配标的物，亦可以支配他人。[②] 就商业秘密而言，其法律上之力表现为两方面：一是权利人可以控制、使用、收益和处分其商业秘密；二是权利人有权禁止第三人非法获取、使用、传播其商业秘密。可见，商业秘诀的法律保护已使其具备权利的基本特征。

不可否认，商业秘密与传统知识产权存在明显的差异。在垄断性方面，与专利权、著作权、商标权相比，商业秘密显然要逊色不少，商业秘密权利人不能阻止他人通过反向工程破解其商业秘密，也不能妨碍他人独立开发同样的商业秘密。因此，同样的商业秘密可以由不同的权利人所有。在时间性方面，商业秘密则没有保护期的限制，只要商业秘密未被本人或第三人公开，商业秘密就可以永久保持其效力。在地域性方面，由于商业秘密无须由国家机关审查和授权，因此不具有地域性特征。虽然商业秘密与传统的知识产权存在上述差异，但这些差异的存在无损于商业秘密的经济价值，不影响其成为交易或继承的标的。可见，商业秘密完全具备担保标的的属性，具有可担保性。

2.商业秘密担保面临的主要障碍

不过与专利、商标等传统知识产权相比，商业秘密担保具有更大的难度。这表现在：

第一，专利、商标取得垄断权的前提是向公众公开发明创造的内容或商标设计，使公众能够知晓其权利的内容和边界，同时在保护期限届满后进入公共

---

① 单海玲:《论知识经济时代商业秘密保护主流理论:保密关系学说与财产权论》,载《政法论坛》2004 年第 5 期。

② 梁慧星:《民法总论》,法律出版社 2001 年版,第 69 页。

领域,成为公有的知识财富。而商业秘密权的存在前提则是保持其秘密性,一旦公开便无法恢复保密状态,任何人均可自由使用,从而失去经济价值,在商业秘密上设立的担保也随之失效。

第二,由于知识产权是无形财产权,知识产权担保需要经过登记才能生效或产生对抗第三人的效力,专利、商标的内容已是公开的信息,担保登记对权利本身的有效性不产生影响。然而,商业秘密担保的登记可能会造成商业秘密的泄露,因此,如何尽可能少地透露相关信息,是商业秘密担保登记必须解决的关键问题。

第三,商业秘密具有变动不居的特性,从而增加了债权人设立担保的难度和监督成本。专利、商标、作品在公开之前,都是以秘密信息的形式存在,从这个意义上讲,商业秘密可谓是最"古老"的知识产权。[1] 技术秘密可以通过专利申请而获得专利权,商标设计可通过使用或注册而获得商标权。由于商业秘密可以向专利、商标或版权转化,债权人必须密切关注商业秘密的保密状态,防止商业秘密成为公开的信息,这无疑加重了债权人的负担和成本。

第四,登记机关难以寻觅。商业秘密作为无形财产权,商业秘密担保权的设立只能以登记为公示方法。而我国目前的动产担保登记采用分类登记的方式,不同种类的动产由不同的登记机关负责登记,在知识产权领域,质押登记则根据知识产权类型的不同分别由国家知识产权局、版权局、商标局负责。如果说在动产、不动产和其他类型的知识产权担保方面登记机关"林立",商业秘密质押则是登记机关"缺位"。无论是《担保法》《物权法》还是新近颁布的《民法典》,抑或各个知识产权管理部门制定的部门规章,均未规定商业秘密质押的登记机关,导致商业秘密质押登记在实践中无法操作。

由于商业秘密在设立担保上的困难,加之对商业秘密财产权性质的争议,部分学者认为商业秘密不宜出质。也有观点认为,商业秘密可以出质,但在出质时,只是转移经过保密处理的商业秘密的载体,而暂时不转移商业秘密的信息本身。[2] 上述观点均存在可商榷之处。其一,商业秘密从合同法、侵权法保护发展到财产法保护,从国内法保护发展到国际公约保护,其债权的色彩逐渐淡化,物权的属性不断强化,如今商业秘密作为知识产权的地位已经在世界范围内得到确认,法律保护和救济措施也不断完善,商业秘密的巨大经济价值更

---

[1] Xuan-Thao Nguyen. Collateralizing Intellectual Property,http://www. aals. org/2005midyear/commercial/Xuan-ThaoNguyenOutline. pdf.

[2] 叶姗:《商业秘密质押研究》,载《河北法学》2002 年第 4 期。

是获得了广泛认可,因此,商业秘密可以成为一项重要的担保资产。其二,商业秘密的载体不同于商业秘密本身,与提单、仓单、票据不同,商业秘密的载体并非其权利凭证,占有商业秘密的载体并非占有商业秘密本身。所以商业秘密出质不能以占有商业秘密的载体为公示方式,而必须通过登记进行公示。当然,在商业秘密出质时,当事人可以将记载有商业秘密信息的载体(比如记载计算机软件源代码的文件)交由第三方保管,当债务人不履行债务时,债权人可以将其作为执行标的。[①] 不过这只是方便执行商业秘密担保权的措施,而非设立商业秘密担保的条件。

3.关于商业秘密担保的建议

为保障商业秘密担保的顺利开展,我们必须明确其登记机关。从我国目前的情况看,市场监管部门作为商业秘密质押登记机关似乎比较适宜。首先,按照《反不正当竞争法》的规定,侵犯商业秘密的行为属于不正当竞争行为,由市场监管部门负责处理。因此,将商业秘密质押登记纳入其职责范围,便于对商业秘密的统一管理。其次,目前市场监管部门也负责企业动产的抵押登记,商业秘密作为企业的无形资产,性质与动产更为接近,由其办理商业秘密质押登记似乎顺理成章。需要指出的是,《民法典》的颁布实施为统一的动产担保登记制度预留了空间,统一的动产担保登记制度改革也正在进行,将来由统一的动产担保登记机关办理无疑是最佳选择。

商业秘密担保遭遇的另一重要障碍是保密问题。商业秘密一旦成为公开信息,其担保价值将不复存在,这是商业秘密所有人还是担保权人都不愿看到的结果。因此,如何在办理质押登记的同时保护当事人的商业秘密成为必须考虑的重要问题。对此美国《统一商法典》(UCC)创设的"通知登记制"值得借鉴。它不要求当事人提供担保合同,而是采用标准化的"融资担保声明书"(financing statement),声明书记载的内容简单,只需要提供有关担保交易的基本信息,包括当事人的姓名、地址、对担保物的描述以及当事人的签名等。[②]其中,"对担保物的描述"只需达到可以合理识别担保物的程度即可。例如,以某产品的配方作为设立商业秘密担保时,在描述担保物时可以写明"某产品的

---

① Jeffrey D. Dunn,Paul F. Siler. Trade Secrets and Non-Traditional Categories of Intellectual Property as Collateral. http://www. uncitral. org/pdf/english/colloquia/2secint/Seiler. pdf.

② UCC,Article 9,section 110,section 402(1).

配方",无须对配方的成分做出详细的说明。①

值得注意的是,在目前有关专利权、商标权和著作权质押登记的部门规章中,均有提交价值评估报告的要求,此种规定的合理性令人质疑。目前各种知识产权价值评估方法实际上受到了知识产权特性的很大影响,评估价值往往与实际价值大相径庭,强制评估的象征意义远大于实际意义。尤其对于商业秘密来说,由于商业秘密的非公开性,商业秘密比专利权、商标权或著作权更难以评估。另外,不可忽视的是,与已经公开的专利权、商标权、著作权不同,商业秘密如由第三方进行评估,无疑还增加了商业秘密泄露的风险。有鉴于此,在办理商业秘密质押登记时,不应强制当事人进行价值评估,只要质权人和出质人双方已就出质商业秘密的价值达成一致意见,登记机关就应办理质押登记。

与此同时,商业秘密担保当事人有必要采取适当的措施防患于未然。这些措施主要包括:第一,要求出质人与可能接触商业秘密的雇员、第三方托管人签订保密协议,明确雇员、托管人的保密义务和责任。第二,严格限制接触商业秘密的人员,尽量减少泄密的可能性。第三,在设立商业秘密质押时,应要求出质人将记录有商业秘密信息的载体交由第三方托管。这样当债务人违约时,可以通过拍卖、变卖商业秘密信息载体的方式实现商业秘密质权。第四,在拟定商业秘密质押合同条款时,针对商业秘密具有变动性的特点,应当在质押合同中约定将商业秘密的后续改进成果或基于商业秘密产生的知识产权也纳入质押标的的范围。

二、知识产权质押的设立

(一)知识产权质押设立的形式要件

知识产权担保需要通过当事人的合意加以设立。对于合意的形式,各国立法例多要求以书面形式为之。例如,法国《知识产权法典》第 L.132-34 条规定,软件使用权质押合同应采用书面形式,否则无效。在 L.714-1 条中规定,商标权质押应当采用书面形式,否则无效。《英国专利法》规定:"任何一件专利或专利申请案或与之相关权利的转让或按揭,除非采用书面形式并由转让

---

① Jeffrey D. Dunn, Paul F. Siler. Trade Secrets and Non-Traditional Categories of Intellectual Property as Collateral. http://www.uncitral.org/pdf/english/colloquia/2secint/Seiler.pdf. http://www.uncitral.org/pdf/english/colloquia/2secint/Seiler.pdf.

人、按揭人或他们的代表人签字(如属法人团体也需签字或加盖该团体的公章),否则无效。"①美国 UCC 第 9 编也要求包括知识产权在内的"一般无形财产"(general intangible property)担保权的设立采用书面协议(包括电子文档)形式设立,并由当事人确认。② 这里所谓的"确认"是指"签字、盖章或符号、加密等大致相同的方式"。我国《物权法》第 227 条也规定:"以注册商标专用权、专利权、著作权等知识产权中的财产权出质的,当事人应当订立书面合同。"需要说明的是,《民法典》第 444 条虽然删除了书面合同的规定,但究其本意,在于防止行政机关或法院将其视为效力性强制规定,以此为由否定不符合形式要求的知识产权质押合同的效力,而并非认为书面形式无足轻重。

在知识产权担保的设立中之所以要求采用书面形式,其原因有二:

一是知识产权属于无形财产权,且其权利往往由多项权利构成。以著作权为例,其财产权就包含了复制权、发行权、出租权、表演权、展览权、广播权、放映权、改编权、翻译权、汇编权、信息网络传播权等众多权项。③ 著作权人可以用这些权利全部或部分提供担保。此外,著作权人还可以将其许可使用权分别授予不同地域的被许可人,在著作权人允许的情况下,上述许可使用权还可以发放分许可证并成为担保的标的。可见,为了明确担保标的的范围和权利类型,使担保财产特定化,采用书面的担保协议实为必要。

二是担保交易不同于即时结算交易等简单类型的交易,其法律关系复杂,履行期间较长,其中被担保的主债权的种类、金额、担保物所担保的债权的范围、债务履行期限等基本要素如若不明确,一旦发生争议,当事人各执一词,实际上不存在以其他证据证明质押关系存在的可能,徒增讼累而无实益。例如,在动产质押的情况下,如果当事人只有口头的担保协议,一旦产生纠纷,虽然一方当事人占有动产,但要证明其占有是基于质押关系是非常困难的。因为对方可以提出有力的抗辩事由,如辩称对方占有动产是因借用、保管、租赁、委托转交等关系而发生的,甚至可以声称自己失去动产占有是失窃所致,这些抗辩事由都会让质权人难以反驳,很难得到有利的诉讼结果。动产质押尚且如此,遑论知识产权质押?因此,为更准确、清楚地反映质押关系的存在和内容,维护交易安全及善意第三人的利益,节约社会资源,提高社会效益,因此,采用书面形式也有降低社会成本、定分止争之作用。当然,为适应社会经济发展的

---

① 《英国专利法》第 30 条(6).

② UCC 第 9 编第 203 条(b)(3)(A).

③ 《著作权法》第 10 条。

需要,合同的书面形式也应做扩充解释,不拘泥于纸面形式,数据电文、电子邮件等电子数据形式也视为书面形式。

虽然知识产权质押协议采用书面形式非常必要,但当事人如未以书面形式订立质押合同,其效力如何呢? 一种观点认为,书面形式是质押合同生效的形式要件,如果当事人采用口头形式订立质押合同,该质押合同无效。[①] 其立论依据是,书面形式不但可以明确当事人之间的法律关系,还有利于防止当事人之间恶意串通而规避债务清偿的现象发生。例如,债务人为避免受强制执行,很可能与他人串通而将其财物转移,以"担保"事实上不存在的"债务",以此对抗债权人的合法请求。此种现象,颇为多见,法律上不得不防。[②]

另一种观点认为,质押合同的书面形式仅具有证据效力,因此当事人未以书面形式订立质押合同的,只要有其他证据证明质押合同存在的,质押合同仍然有效。[③]

从立法的发展看,从《合同法》开始,其已经放宽以往的严格要求,对合同的形式作了宽松的规定。[④]《物权法》更是改变了《担保法》将质押合同的效力和质权的效力混为一谈的做法,对两者做了明确的区分,规定质权自登记之日起生效而非自质押合同成立时生效。[⑤]《民法典》更是删除了质押合同应当采用书面形式的要求。可见,从目前的立法规定看,质押合同没有采用书面形式,不影响质押合同的效力。但是,如前所述,知识产权质押如果没有采用书面形式,一旦发生争议,担保权人将处于极其不利的境地。另一方面,按照知识产权行政部门颁布的专利权、商标权、著作权质押的相关登记办法,如果没有书面质押合同,行政部门将会拒绝办理登记,导致知识产权质权无法设立的后果。

对于知识产权质押合同的内容,《物权法》第 210 条与《担保法》第 65 条作出了一般性规定。质押合同一般包括下列内容:被担保的主债权种类、数额;债务人履行债务的期限;质物的名称、数量、质量、状况;质押担保的范围;质物移交的时间;当事人认为需要约定的其他事项。有关知识产权质押登记的行

---

① 高圣平:《担保法新问题与判解研究》,人民法院出版社 2001 年版,第 569 页。

② 刘保玉、赵军蒙:《权利质权争议问题探讨与立法的完善》,王利明主编:《物权法专题研究》,吉林人民出版社 2001 年版,第 368~370 页。

③ 郭明瑞:《担保法》,中国政法大学出版社 1998 年版,第 184 页。

④ 《合同法》第 36 条规定:"法律、行政法规规定或者当事人约定采用书面形式订立合同,当事人未采用书面形式,但一方已经履行主要义务,对方接受的,该合同成立。"

⑤ 《物权法》第 227 条。

政规章也基本沿用了上述规定,以《著作权质权登记办法》为例,其第 8 条规定,著作权质押合同应该包括:当事人的姓名(或者名称)及住址;被担保的主债权种类、数额;债务人履行债务的期限;出质著作权的种类、范围、保护期;质押担保的范围;质押担保的期限;质押的金额及支付方式;当事人约定的其他事项。这里值得注意的是,该办法要求质押合同中约定质押担保的期限,即约定质权的存续期间。对于此规定是否合理,学术界和实务界争议很大。

一种观点认为,质权合同中约定质押存续期间的,其约定无效。首先,物权法属于强行法,奉行物权法定的原则。根据物权法定的原则,当事人不能在物权法之外设定物权,也不能以物权法之外的方式消灭物权。质权作为物权的一种类型,可以因法律规定的方式消灭,但不能因当事人约定的存续期间届满而消灭,否则将违背物权法定的原则。① 其次,质押当事人约定的质押期间与质押担保债权受偿的目的不完全吻合。质权以质押标的交换价值担保债权的实现,从属于被担保债权而存在,债权不消灭,质权没有单独归于消灭的理由,唯有债权消灭,质权始归于消灭。② 最后,倘若承认担保期间,尤其是登记机关登记的担保期间可以消灭担保物权的话,因期间届满而导致担保物权消灭,则使债权得不到有效的担保。而且由于有登记机关强制性登记的担保期间,债权人、担保人就必须每隔一段时间办理续登,续登又需要缴纳登记费,甚至需要重新进行担保物的评估,支付评估费,担保成本显著加大。长此以往,这将不利于担保市场的发展,也会进一步导致债权风险的增加。③

另一种观点认为,出质人和质权人可以约定质押期间。其主要理由有:其一,物权中的所有权的无期限性,并不排斥其他物权的有期限性。物权中除所有权、永佃权无存续期限外,其他用益物权与担保物权均有存续期,而且约定的存续期届满为物权消灭的原因之一。④ 其二,担保物权的从属性理论已有新的发展。根据台湾学者的研究,从属性理论已由过去“担保物权与之并存”的理论,转换为“债权之可得发生”之理论。⑤ 债权之丧失,决定着担保物权之消灭,应为其附从性之基本体现。但担保物权的消灭并不导致债权灭失,当然

---

①　曹士兵:《中国担保法诸问题的解决与展望》,中国法制出版社 2001 年版,第 260 页。

②　高圣平:《担保法新问题与判解研究》,人民法院出版社 2001 年版,第 457 页。

③　高圣平:《担保法新问题与判解研究》,人民法院出版社 2001 年版,第 260 页。

④　梁慧星、陈华彬:《物权法》,法律出版社 1997 年版,第 100 页。

⑤　刘得宽:《民法诸问题与新展望》,三民书局 1979 年版,第 353 页。

亦属其附从性之体现。自此角度论之,债权与担保物权各有其相对独立性,无必要固守"只要债权存在,抵押权、质权也应同时存在"的观念。[①] 其三,根据意思自治原则,应当允许当事人对担保期限予以约定。设定质押期间,本质上完全可以被理解为一种附期限的抛弃质权的行为,法律承认抛弃质权的行为,也就无必要禁止附期限的抛弃行为。[②] 其四,确立质押期间,出质人可以清楚地预见到自己供担保财产或权利上质押负担的存续期限,有利于出质人对出质财产有预期地安排他用;[③]可以促使质权人及时行使质权,迅速了结债权债务关系,有利于稳定社会经济秩序。如不设定质押期间,质物的归属可能长期处于不确定状态,既不利于担保双方当事人的合法权益,也不利于质押标的效能的发挥。[④]

依笔者之见,在关于担保期限存废的争论中,我们不应忽略一个基本的事实:约定担保期限通常并非出自当事人的自愿,而是登记机关根据其制定的行政规章而做出的强制性要求。如果当事人自愿约定担保期限自然无可厚非,但由行政规章突破法律的规定,限制当事人的意思自治,其规定本身的效力就大有疑问。因为我国《立法法》第71条第2款规定:"部门规章规定的事项应当属于执行法律或者国务院的行政法规、决定、命令的事项。"行政机关超越权限,越俎代庖,不但于法无据,也违背了合同自由的基本原则,显然并不妥当。

（二）知识产权质押设立的实质要件

知识产权担保的设立,除了书面的形式要件,还须具备"设保人对设保的知识产权享有所有权或处分权"和"担保物可以被确定"这两个实质要件。对此,美国 UCC 第9编作了明确的规定,其第203条(b)规定,知识产权等"一般无形财产"设立担保时,应满足以下条件:(1)对价已经确定;(2)债务人对担保物享有所有权或有权将担保物转移给担保权人;(3)债务人已签署担保协议,且协议中对担保物做出描述。美国法对担保物确定性的要求比较宽松,并不要求在订立担保协议时担保物就已确实存在,将来取得的知识产权只要在担保协议中有所描述,能够与其他财产辨别,就算满足了担保物确定性的要求,

---

① 翟云岭:《论抵押期限》,载《政法论坛》1999年第2期。

② 曹士兵:《中国担保法诸问题的解决与展望》,中国法制出版社2001年版,第260页。

③ 黄建中主编:《城市地产管理法新释与例解》,同心出版社2000年版,第287页。

④ 刘凯湘、张劲松:《抵押担保若干问题研究》,载《浙江社会科学》2001年2期。

这就为未来取得的知识产权纳入担保物范围创造了条件。而我国有关知识产权质押登记的部门规章,均要求具体列明作品名称、专利号、提供商标注册证复印件。按此规定,未来取得的知识产权设立担保的可能性已被排除,这对债权人显然不利。另外,值得探讨的是,知识产权质权是否适用善意取得?对于专利权、商标权、集成电路布图设计权、植物新品种权而言,其权利的授予以登记为要件。第三人可以通过登记机关的登记系统而查询其权利人。因此,此种类型的知识产权不存在权利的善意取得问题。但著作权和商业秘密权的情形则大为不同,我国著作权法遵循《伯尔尼公约》的规定,奉行著作权"自动取得"原则,作品自创作完成即自动享有著作权,无须履行任何手续。同样,商业秘密权的获得也不以登记为必要。而且著作权和商业秘密的转让也无须登记。这似乎为著作权、商业秘密权这类知识产权质权的善意取得留有余地。不过,笔者认为,此类知识产权并不存在实际占有,不存在出质人占有著作权或商业秘密的外观表征,因而也就不存在对第三人信赖利益的保护之必要,所以不应承认知识产权担保权的善意取得。台湾地区学者也认为,按照台湾地区民法典的规定,动产质权善意取得之规定,于权利质权固有其准用,但动产质权之善意取得之标的物以动产为限,对于权利质权,自应以性质上与动产同视之有价证券方有准用之余地,除此之外之权利质权无善意取得之可言。[①]

(三)知识产权质押设立与登记的关系

在知识产权担保协议满足上述形式要件和实质要件后,知识产权担保权是否就已经有效设立?对此有三种不同的立法模式:

第一种是意思主义。所谓意思主义,是指知识产权担保权只须当事人的合意即可有效设立,无需履行任何手续。例如,德国《专利法》对专利权质权的登记未做规定,据此,德国司法界和学界的主流观点认为,专利权质权设立不以登记为要件,登记只有程序法的意义而无实体法上的效力,是否登记对专利权质权的效力不发生影响。[②] 与此类似,德国《商标法》虽然有关于商标权质押登记的条款,但质押登记并非强制性要求,是否登记由当事人自行决定。[③]因此,商标权质权登记也被认为只具有权利存在的推定作用,目的在于减轻当

---

① 谢在全:《民法物权论》,中国政法大学出版社 1999 年版,第 821 页。

② Masanori Ikeda. Basic Study on the Intellectual Property Security System in Germany. http://www.iip.or.jp/e/e_summary/pdf/detail2007/e19_16.pdf.

③ 《德国商标法》第 29(2) 条。

事人的举证责任,登记与否不影响商标权的质押效力。① 可见,在德国,专利权和商标权出质不以登记为要件,登记仅起到初步证据的作用,与质权本身的效力无关,其作用相当有限。在台湾地区,著作权质押原本采用登记对抗主义。但在 2000 年台湾地区"著作权法"修改时,删去了包括著作权质押登记在内的所有和著作权登记有关的规定。据此,台湾学者认为,著作财产权之设质,仅依设质契约即可成立,其契约无论明示或默示均可,且不以书面为必要。②

第二种登记生效主义。在此模式下,知识产权担保协议签订并不意味着知识产权担保权的设定,知识产权担保权必须向登记机关办理登记才能设立,未经登记,不产生质权效力。我国立法采用此种模式,《民法典》第 444 条规定:"以注册商标专用权、专利权、著作权等知识产权中的财产权出质的,质权自办理出质登记时设立。"日本法对于专利权、商标权质权的设立也采取登记生效主义,规定以专利权或者独占实施权为标的的质权的设定、移转(依继承或其他一般继受者除外)、变更、消灭(依混同或者债权的消灭而消灭者除外)或者处分的限制,非经登记不发生效力。③《日本商标法》第 34 条则规定,专利法的上述规定对于商标权质押亦准用之。

第三种登记对抗主义。在此模式下,知识产权担保权自担保协议成立时设立,但未经登记,仅在当事人之间发生法律效力,不能以其质权对抗第三人。多数国家的立法对于知识产权担保以登记为对抗要件。《法国知识产权法典》第 L. 613-9 条规定,专利的转让和权利变动行为,"非经在国家工业产权局设立的全国专利注册簿上登记,不得对抗第三人"。第 L. 132-34 条规定,软件使用权质押应登记在国家知识产权局特别设置的注册簿上,否则不得对抗第三人。对于植物新品种权质押,法典规定:"植物新品种有关证书的颁发、所有权的转让、使用许可或质押,未按照行政法院法规规定的条件正式公布的,不得对抗第三人。"④日本法对于著作权质押也采取登记对抗主义。《日本著作权法》第 77 条规定,以著作权为标的之质权设定、移转、变更、消灭(因混同或著作权或担保债权之消灭者除外)或处分之限制,非经登记,不得对抗第三人。

---

① Masanori Ikeda Basic Study on the Intellectual Property Security System in Germany. http://www.iip. or. jp/e/e_summary/pdf/detail2007/e19_16. pdf.

② 萧雄淋:《著作权法论》,五南图书出版公司 2007 年版,第 269～270 页。

③ 《日本专利法》第 98 条。

④ 《法国知识产权法典》第 L. 6523-14 条。

值得注意的是,与专利权、商标权设质采用登记生效主义不同,日本法对于专利权、商标权的普通许可实施权质权的设定、移转、变更、消灭采取的也是登记对抗主义。① 台湾地区对于专利权、商标权质权亦以登记为对抗要件。例如,台湾地区"专利法"第 59 条规定:"发明专利权人以其发明专利权让与、信托、授权他人实施或设定质权、非经向专利专责机关登记,不得对抗第三人。"其"商标法"第 30 条亦规定,商标专用权人设定质权及质权之变更、消灭,应向商标主管机关登记;未经登记者,不得对抗第三人。

在英美法系国家,知识产权担保设立采用登记对抗主义是通行的做法。《英国专利法》第 33 条(1)(a)规定,专利权或专利申请权的按揭或担保,如果未登记,则不能对抗其后的权利人。《美国专利法》第 361 条(4)规定:"一项转让、让与或移转行为,如不在设立后的 3 个月内,或者先于其后的受让人或按揭权人在专利商标局登记,则不得对抗其后支付对价且不知情的受让人和按揭权人。"在美国的担保交易实践中,当事人通常以"附条件买卖"或"按揭"等所有权移转的方式办理专利权担保登记,美国专利法的规定使得专利担保交易登记具有对抗效力。

在三种模式中,意思主义无疑最有效率,但在交易安全的维护方面也最为薄弱。倘若完全放弃对知识产权担保的登记要求,利害关系人必然难以知晓知识产权的权利负担状况,既难以保障债权的安全,也不利于第三人利益的保护,容易导致效率与安全的失衡。

登记生效主义的长处在于便于确定物权的变动时间,便于登记机关对担保合同的监督和管理。在承认物权行为独立性与无因性理论的国家,该模式因为物权行为与债权行为明确分离而有利于法律关系的明晰和交易安全。但该模式的弊端也显而易见,即偏重形式而缺乏灵活性,同时增加了交易成本,降低了交易效率,除此之外,登记生效主义还容易产生侵害在先权利人利益的弊端。例如,由于签订担保协议和登记之间存在"时间差",担保人有可能在这段时间将担保的知识产权另行转让或向他人质押,由于质权尚未生效,签约在先的担保债权人不能对抗在后的受让人或担保权人,致使其利益遭受损害。

登记对抗主义的优势在于:第一,有利于交易便捷和尊重当事人意思自治。由于存在当事人的合意即可使担保权有效设立,这极大地提高了担保交易的效率,也有利于防止"一物二押"的欺诈行为的发生,维护在先权利人的利益。另一方面,它能使当事人自行斟酌情势以决定是否登记,给予当事人选择

---

① 《日本专利法》第 98 条,《日本商标法》第 34 条。

的自由,充分体现了私法自治的精神。第二,有利于维护交易安全和第三人利益。登记生效主义固然可以达到上述目的,但登记对抗主义也不会妨碍此目的之实现。因为第三人在与债务人进行担保交易时,可以通过查阅登记簿来了解担保物的权利状态,在充分掌握担保物信息的情况下决定是否与之交易,因而不会损害交易安全,也无碍于第三人利益的保护。总体而言,登记对抗主义兼顾效率与安全,是一种更为妥当的制度设计,我国知识产权质押舍弃登记生效,采用登记对抗,应该是更好的选择。

三、知识产权质押登记中的操作实务问题

(一)质押登记的启动模式

登记程序的启动模式有单方申请主义和双方申请主义之分。依单方申请主义,担保登记只需当事人一方申请即可启动相关的登记程序。依双方申请主义,担保登记必须由当事人双方共同提出申请才能启动登记程序。在比较法上,为保护当事人双方的利益,有些国家立法在登记方面采取双方申请主义,物权变动应由双方当事人共同完成登记过程。① 德国法允许由一方当事人为登记申请,但另一方当事人须为书面登记承诺,其申请才合法。② 以美国《统一商法典》第 9 编和加拿大《动产担保法》为代表的北美式动产担保交易法中,并不要求担保权人和担保人共同向担保登记部门申请登记,只由担保权人提出申请即可。依我国原《专利权质押合同登记暂行办法》第 3 条规定:“以专利权出质的,出质人与质权人应当订立书面合同,并向中国专利局办理出质登记,质押合同自登记之日起生效。”对于此条规定,依汉语语法的一般规则,这里“并向中国专利局办理登记”的主语应是“出质人与质权人”,因此是明显采取了双边申请主义。③ 不过,该办法规定可以授权代理人办理登记。④ 依照文义解释,出质人当然也可以委托质权人办理出质登记,这种情形下登记就无需双方当事人亲自共同办理。而原《著作权质押合同登记管理办法》明确规定,

---

① 许明月:《抵押权制度研究》,法律出版社 1998 年版,第 221 页。

② 张龙文:《论登记请求权》;郑玉波:《民法物权论文选辑》,五南图书出版公司 1984 年版,第 94～106 页。

③ 刘璐、高圣平:《专利权出质登记制度研究》,载《海南大学学报(人文社科版)》2009 年第 1 期。

④ 《专利权质押合同登记管理暂行办法》第 6 条。

著作权质押合同的登记,应由出质人与质权人共同到登记机关申请办理。但出质人或质权人中任何一方持对方委托书亦可申请办理。[①] 原《商标专用权质押登记程序》规定,商标专用权质押登记的申请人应当是商标专用权质押合同的出质人与质权人,但也允许授权代理人办理质押登记。[②] 修订后的《专利权质押登记办法》仍然未明确出质登记时是双边申请还是单边申请,但提交的申请材料包括出质人和质权人共同签字或者盖章的专利权质押登记申请表、双方当事人的身份证明。[③] 提供这些文件显然非质权人一己之力所能为,实际上其仍然坚持了双边申请主义。不过,它同样规定了可以授权他人办理质押登记。新修订的《著作权质权登记办法》第 4 条规定:"以著作权出质的,出质人和质权人应当订立书面质权合同,并由双方共同向登记机构办理著作权质权登记。出质人和质权人可以自行办理,也可以委托代理人办理。"修订后的《注册商标专用权质权登记程序规定》第 2 条规定:"质权登记申请应由质权人和出质人共同提出。质权人和出质人可以直接向商标局申请,也可以委托商标代理机构代理。"可见,采用双边申请主义是我国知识产权质押登记的普遍做法,但也做了一定的缓和处理,即允许以授权代理的方式交由一方或第三方办理质押登记。这种比较务实的做法有助于在一定程度上缓解双边申请主义的弊端。但与仅由一方当事人(通常是担保权人)申请即可完成登记的全部手续的单方申请主义相比,其仍然有明显的差异。

单方申请主义的优势在于登记简便快捷,而且可以防止担保人不愿积极配合导致登记延误,从而损害担保权人利益的情况发生。但单方申请主义也容易产生申请人滥用权利损害对方当事人利益的问题。为防止担保权人恶意在他人财产之上登记担保负担,各国往往规定相应的措施加以防范。例如登记机关在受理登记申请,并录入担保数据库之后要向担保人、担保权人和登记代理人各发出一份确认通知书,允许相关当事人对担保登记系统中记载的信息进行核对,如发生错误,可立即向担保登记机关报告。[④]

双边申请主义可以有效防止担保权人借登记之机侵害担保人的合法权益,但由此而生的弊端也相当明显。第一,登记的目的在于保护知识产权担保权人的利益,如必须与担保人共同实施登记行为,可能会因担保人不愿积极配

---

① 《著作权质押合同登记管理办法》第 5 条。

② 《商标专用权质押登记程序》第 3 条、第 4 条。

③ 《专利权质押登记办法》第 7 条。

④ 高圣平:《动产抵押登记制度研究》,中国工商出版社 2004 年版,第 354 页。

合而迁延时日,这必然会损害担保权人的利益。第二,倘若担保人不予配合,担保登记就不能办理,知识产权质权不能生效或取得对抗第三人的效力,由此又产生了登记请求权这一理论上争议颇大,实务中较难运作的问题。① 如上所述,当事人单方提出申请后,登记机关发出确认通知书,一方面,可以避免由于担保人的原因出现拖延登记的情况,有利于保障担保权人的合法利益;另一方面,可以防止担保权人借登记损害担保人利益的情况发生,并且可以使双方当事人及时发现和纠正登记错误,维护担保登记的公示效力。因此,这一方式值得借鉴。

(二)质押登记的内容

在登记内容的要求上,存在文件登记制(document filing)和通知登记制(notice registration)之分。文件登记制要求当事人提供担保合同,由登记机关对担保合同的内容进行登记。我国采用的就是典型的文件登记制。例如,《专利权质押登记办法》要求办理专利权质权登记的当事人提供的文件包括:出质人和质权人共同签字或者盖章的专利权质押登记申请表;专利权质押合同;双方当事人的身份证明;委托代理的,注明委托权限的委托书;其他需要提供的材料。著作权质押登记除了要求当事人提供上述类似材料外,还要另外提供主合同、著作权出质前该著作权的授权合同。② 商标权质押也需要提供主合同和商标权价值评估报告。③ 可见,我国知识产权担保登记比通常的文件登记制要求提供的登记文件更为繁多,甚至包括了主合同、授权许可合同和价值评估报告,体现出浓厚的行政管理色彩。

虽然文件登记制能提供较多的信息,内容可能也更确定。但文件登记制的明显弊端是容易泄露当事人不愿为外界所知的商业信息,登记耗时长且成本高,增加登记机关的负担,不利于担保交易的快捷高效进行。

与文件登记制相对应的是通知登记制(notice registration)。通知登记制由美国《统一商法典》(UCC)首创。它不要求当事人提供担保合同,而是采用标准化的"融资声明书"(financing statement),声明书记载的内容简单,只需要提供有关担保交易的基本信息,包括当事人的姓名、地址、对担保物的描述

---

① 刘璐、高圣平:《专利权出质登记制度研究》,载《海南大学学报(人文社科版)》2009年第1期。

② 《著作权质权登记办法》第6条。

③ 《注册商标专用权质权登记程序规定》第4条。

以及当事人的签名等。[①]

通知登记制与文件登记制相比具有明显的优势。由于采用标准格式,只登记基本的交易信息,这大大降低了登记机关的管理和登记成本,便于实现担保登记和检索的电子化,还可以有效地保护担保当事人的商业秘密。另一方面,通知登记制还有利于减少当事人的交易成本。即使担保协议在签订后做了修改和补充,只要声明书的基本内容未发生改变,担保权人就无须重新登记。在美国和加拿大的担保交易实践中,甚至在担保协议正式签订之前也可以在登记机关进行担保权登记,并且一份声明书可以涵盖相同当事人之间的连续担保交易。对于第三人而言,担保通知使其快速和高效地了解所需要的基本信息。有鉴于此,美国律师协会和加拿大法律委员会(LCC)关于知识产权担保的改革报告中均无一例外地建议在知识产权担保登记中采用通知登记制。[②] UNCITRAL 也推荐各国担保权登记采用通知登记制,建议通知的内容采用标准格式,通知仅需提供关于担保权的基本信息,即:(1)设保人和担保债权人或其代表的名称或其他身份标识,以及地址;(2)设保资产描述;(3)登记有效期;(4)关于担保权最大强制执行额的声明(如果有关国家的法律作此规定的话)。[③] 在我国新修订和颁布的专利权、著作权、商标权质押登记办法中依然沿用了文件登记制,未能引入通知登记制,实为一大缺憾。

(三)P2P 网贷下知识产权质押登记的特殊问题

在 P2P 网贷模式下,融资企业以其知识产权提供质押担保,会出现一个出质人对应众多质权人的情况,由于质权人人数众多且分散各地,在这种情况下,由当事人共同办理质押登记显然极为困难。在实践中,网贷平台通常将担保权直接登记在自己或第三方名下,这就导致了登记的担保权人与实际债权人分离的情况。这样在外部形式上,债权和担保权是相互独立的。按照民法的传统理论,权利质权属于担保物权,是为担保债权而设立的物权,担保物权具有从属性,不能脱离债权而单独存在。以此观之,网贷平台这种将债权与担

---

① UCC 第 9 编第 110 条、第 402 条(1)。

② Law commission of Canada, Leveraging Knowledge Assets. Recommendation10. http:// www. lcc. gc. ca/en/themes/er/fsi/fsi_main. asp.

③ UNCITRAL. Legislative Guide on Secured Transactions. Recom. mendation57. http:// www. uncitral. org/pdf/english/texts/security-lg/e/Terminology-and-Recs. 18-1-10. pdf.

保权分离的做法可能会导致担保权无法生效。[①]

对此,在我国当前的立法状况下,对于债权与担保权相分离的情形,可以采取质押权委托行使的方式保护债权人的利益。《民法典》第 925 条规定:"受托人以自己的名义,在委托人的授权范围内与第三人订立的合同,第三人在订立合同时知道受托人与委托人之间的代理关系的,该合同直接约束委托人和第三人。"[②]该条规定了委托人的介入权。依此规定,可以由债权人与网贷平台签订委托合同,委托平台代为与筹资人为法律行为,包括代为签订质押合同、代为办理质押登记、行使质权实现质押物变现等,如此可在一定程度上解决债权人无法自己办理抵押登记的现实难题。代理人以自己的名义与筹资人签订担保合同、办理担保登记,但法律后果全部归于被代理人,此种代理形式若不存在欺诈、侵犯第三人或者社会公共利益等情况,不违反法律法规的效力性强制性规定,从尊重当事人意思自治、维护债权人利益的角度综合考量,应认定为有效。[③]

值得一提的是,《民法典》第 407 条规定:"抵押权不得与债权分离而单独转让或者作为其他债权的担保。债权转让的,担保该债权的抵押权一并转让,但法律另有规定或者当事人另有约定的除外。"[④]该条规定虽然仍然坚持抵押权从属性作为一般原则,但是但书的规定充分尊重了当事人的意思自治。这一规定在维护传统民法体系的稳定与现实交易安全的同时,也充分顾及了当事人的融资需求,允许当事人自由约定抵押权的单独转移和转抵押。虽然从体系解释上看,该规定只适用于抵押权而不适用于质押权,但知识产权质押从客体性质、设立要件、权利行使等方面更类似于抵押权。如果将其引入权利质权中,亦可成为一种可供选择的途径。例如,债权人与筹资人、平台(或第三人)可以在借款协议中明确约定,为保证该债权的实现,三方一致同意以平台(或第三人)作为担保权人办理登记手续,筹资人认可抵押权由债权人享有。这种情况下,债权人与抵押权人虽然在形式上并不一致,但是不违反法律规定,应认定为有效。

---

① 吴景丽:《P2P 网贷中的担保、保理、配资和对赌问题》,载《人民司法》2016 年第 6 期。

② 该条规定源自《合同法》第 402 条。

③ 张凯文:《债权与抵押权分离之救济途径》,载《人民司法》2018 年第 8 期。

④ 该条规定源自《物权法》第 192 条。

第三节 P2P 网贷下的知识产权证券化

一、资产证券化与知识产权证券化

(一)资产证券化

资产证券化(Asset-backed Securities,简称 ABS)通常是由发起人将缺乏流动性但在未来能够产生稳定现金流的资产或资产组合——基础资产,出售给特殊目的载体(Special Purpose Vehicle,简称 SPV),由其进行风险收益调整,在增强资产信用后,由 SPV 以可自由流通的证券的形式出售给投资者,投资者的收益则来自证券化背后的资产或资产组合所产生的现金流。[①] 该种融资模式起源于 20 世纪 70 年代初的美国,最初主要涉及银行不动产抵押贷款,故这一类资产的证券化被称为不动产抵押贷款证券(Mortgage-Backed Securities,简称 MBS)。在此之后,作为基础资产的种类逐渐增多,包括汽车分期贷款、个人信贷等多种债权,均成为银行等金融机构证券化的基础资产。

通常而言,证券化融资的基本流程是:发起人将基础资产出售给一家特殊目的机构,或者由特殊目的机构主动购买可证券化的基础资产,然后将这些资产汇集成资产池,再以该资产池所产生的现金流为支撑在金融市场上发行有价证券融资,最后用资产池产生的现金流来清偿所发行的有价证券。具体而言,证券化融资包括以下步骤组成:(1)发起人确定资产证券化目标,组成资产池。发起人根据自身融资需求,确定所需的融资规模,然后对现有的资产进行清理、估算,根据证券化的具体目标选择适合证券化的资产,将这些资产从资产负债表中剥离出来,形成一个资产组合,作为资产证券化的基础资产。(2)组建特殊目的的机构(SPV),实现资产的"真实"出售。基础资产确定之后,就需要设立一个特殊目的机构(简称 SPV),SPV 是专门为资产证券化设立的一个独立、特殊的信托实体。该机构并不参与实际的业务操作,具体工作委托相应的投资银行、资产管理公司等中介机构进行。SPV 成立后,与发起人签订买卖合同,发起人将基础资产真实地出售给 SPV,使该资产与发起人的其他资

---

① 洪艳蓉:《资产证券化法律问题研究》,北京大学出版社 2004 年版,第 5 页。

产相分离,不受其他资产经营业绩的影响,在发起人破产时也不作为清偿资产,从而实现了"破产隔离",以保护投资者利益。(3)完善证券化结构,进行内部评级。SPV 确定后,必须首先完善资产证券化结构,与相关的参与者签订一系列法律文件,明确证券化过程中各相关当事人的权利义务,还要进行资产支持证券的组织结构设计,聘请信用评级机构对资产组合的信用风险及资产证券化结构进行评估,以决定是否需要信用增级以及增级的幅度。(4)进行信用增级,发行评级。为了使将要发行的证券能最大限度地吸引投资者,改善发行条件,SPV 需要提高证券的信用等级,这种信用增级既可以由发起人也可以由第三人提供。在按照评级机构的要求进行信用增级之后,评级机构将进行正式的发行评级,并向投资者公布评级结果。信用等级越高,表明证券的风险越低,从而使发行证券筹集资金的成本越低。(5)发售证券,并由 SPV 向发起人支付购买价款。信用评级完成并公布结果后,将经过信用评级的证券交给证券承销商去承销,可以采取公开发售或私募的方式进行。发起人从证券承销商那里获得发行现金收入,至此,发起人实现了筹资的目的。(6)证券挂牌上市交易。资产支持证券发行完毕后,到证券交易所申请挂牌上市。(7)资产售后管理和服务。证券上市之后,资产证券化的工作并没有全部完成,发起人要指定一个资产池管理公司作为服务人或亲自对资产池进行管理,负责收取、记录由资产池产生的现金收入,并将这些收入全部存入托管银行的收款专户。(8)向投资者支付本息。按照证券发行说明书的约定,在证券偿付日,由委托银行按时、足额地向投资者偿付本息。如果资产池所产生的收入在还本付息、支付各项服务费之后还有剩余,那么这些剩余收入将按协议规定在发起人和 SPV 之间进行分配,资产证券化交易的全部过程也随即结束。[①]

标准的资产证券化法律关系中包含三方主体:一是发起人,即基础资产持有者或原始权益人;二是受让基础资产并进行整合发行的特殊目的机构(SPV);三是购买证券化产品的投资者。资产证券化一般具有如下特征:

一是"真实出售",即原始权益人通过"真实出售"的方式将基础资产转让给 SPV,以实现资产的风险隔离。"真实出售"的方式分为信托、出让、更新和从属参与等,其中出让和信托是最常见的方式。

二是破产隔离。在资产证券化交易过程中,为实现基础资产的有效转移及破产隔离,会引入 SPV 来持有基础资产并以其为基础发行作为收益凭证的

---

① Frank J. Fabozzi, John N. Dunlevy. *Real Estate-Backed Securities*. Pennsylvanla, 2001, p. 103.

资产支持证券。在原始资产的所有人出现破产情形时,由于已经将该部分资产转让给了 SPV,所以在破产清算时不会将该资产列入破产财产之中,可以防止原始权益人因为破产而造成资产被追回的风险。

三是信用增级。增信分为内部增信和外部增信,内部增信就是 SPV 对基础资产进行评估,根据风险的不同将资产分层设计,分割成多元化的产品。外部增信是引入担保机构为证券提供担保,当证券未能按期还本付息时,由担保机构承担担保责任。

资产证券化在我国始于 2005 年,在发展初期,由于该项业务尚属于新型金融产品,业内的相关经验尚不成熟,故而规模相对较小。尤其是 2008 年金融危机爆发后,出于金融安全的考虑,资产证券化业务亦被叫停。直到 2011 年,央行和银监、证监两会重启资产证券化业务的大门,这才重新获得了发展空间。2015 年,央行发布公告,宣布已经取得监管部门相关业务的资格、发行过信贷资产支撑证券且能够按规定披露信息的受托机构和发起机构可以向中国人民银行申请注册,并在注册有效期内自助分期发行信贷资产支撑证券。这标志着中国资产证券化银行间和交易所两大市场彻底告别了审批制。[①] 作为资产证券化市场占有率最高的资产证券化品种,信贷资产证券化的发行改革无疑对推动资产证券化的发展具有重要意义。

我国目前的资产证券化主要以信贷资产和企业债权两种形式为主。以 2015 年为例,我国信贷资产证券化占资产证券化市场总量的 61%,企业债权占 38%。其中,信贷资产是指以银行业金融机构的信贷债权作为基础资产,企业资产证券化的债权种类则较为多样,主要以融资租赁、公共事业收费权以及应收账款为主。

（二）知识产权证券化

1997 年,美国 Pullman Group 公司以英国超级摇滚歌星大卫·鲍伊(David Bowie)所出版唱片的版权许可费收益权为支撑发行证券,成功地从资本市场融资 5500 万美元。该项目的成功开启了知识产权证券化的浪潮,此后一系列知识产权证券化项目相继进行,例如,2002 年,美国著名导演斯皮尔伯格创办的梦工厂用所拍摄电影的版权许可费收益权为基础发行证券,获得 10 亿美元融资。2000 年 7 月,耶鲁大学为了进行项目融资,与 Royalty Pharma 公

---

① 刘鎏、边泉水、梁红:《中金公司中国宏观专题报告:中国资产证券化爆发式启动》,http://www.cicc.com.cn.

司签订了专利许可使用收费权转让协议,将 2000 年 9 月 6 日至 2006 年 6 月 6 日期间的 Zerit 专利 70％的许可使用费,以 1 亿美元转让给 Royalty Pharma 公司。Royalty Pharma 公司发行了 5715 万美元的优先债券、2200 万美元的次级债券和 2790 万美元的受益凭证,此外,Royalty Pharma 公司先后购买了 13 种药品专利许可收费权,构建了一个相对稳定的、以药品专利许可费为核心的资产组合,发行了 2.25 亿美元可转换金融债券。

2018 年 12 月 14 日,我国首支真正意义上的知识产权证券化标准化产品"第一创业——文科租赁一期资产支持专项计划"在深交所成功获批,并于 2019 年 3 月 8 日成功发行。随后不久,"奇艺世纪知识产权供应链金融资产支持专项计划"在上交所获批,并于 12 月 21 日成功发行。

2019 年 9 月 11 日,广州开发区在深圳证券交易所发行设立全国首个纯专利资产证券化产品——兴业圆融—广州开发区专利许可资金支持专项计划,募资资金 3.01 亿元。在广州开发区科技创新局、知识产权局等单位的协助下,广州凯得融资租赁有限公司(原始权益人)根据企业融资需求、财务状况、专利储备情况等,遴选 11 家科技型中小民营企业,合作开展纯专利资产证券化。凯得公司从 11 家企业筛选出 140 件核心专利构建专利资产池。凯得租赁与企业(专利权人)签署专利许可合同,一次性向专利权人支付未来 5 年的专利许可费,获得专利的独占许可权,从而实现专利使用权转移。然后,凯得租赁再将专利许可给企业(专利权人),由其按季支付许可使用费,从而形成稳定现金流为证券还本付息。该证券化产品采用优先级证券与次级证券的结构安排,分别占总份额的 95％和 5％。其由计划管理人设立资金支持专项计划(特殊目的机构,即 SPV),并按约定向原始权益人支付对价,购买基础资产。凯得租赁委托专业的信用评级机构对基础资产进行评级,在此基础上制定实施相应的担保、增信措施。一是在签订第二次专利许可合同时,专利权人(拥有专利权的融资企业)将专利质押给凯得租赁,同时企业的实际控制人或关联方提供担保,为基础资产增信。二是采用风险自留,凯得租赁认购全部次级证券,以降低专利支持证券的道德风险。三是设置风险金。11 家融资企业向凯得公司支付 5％的融资额用作风险金,假如企业不能按时支付专利许可费,凯得公司可将风险金抵扣专利许可费。四是提供超额现金流覆盖,基础资产的预期现金流,是优先级证券应付利息和本金之和的近 1.2 倍。五是由广州开发区金融控股集团有限公司(凯得公司的控股东)作为差额支付承诺人,假如基础资产未来产生的现金流不足以支付优先级证券应付利息与本金之和,开发区金控集团将支付差额部分。[①]

凯得公司的专利证券化模式与国外的主流模式有很大差异,为了满足稳定现金流的需要,采取了专利权人和被许可人合一的模式,由融资企业(专利权人)自己为证券还本付息。从实质上看,这更像是以专利证券化为形式的企业贷款。概况而言,我国目前的知识产权证券化尚处在起步阶段,主要依靠政府政策和资金引导,与真正意义上以市场化运营为基础的知识产权证券化尚有距离。但不可否认,知识产权证券化是一种以知识产权预期收益为导向的融资方式。通过资产证券化结构,资金的流向直接取决于对拟证券化知识产权的收益预期,可以使整体资信水平不高,但是拥有优质知识产权的权利人筹集到所需要的资金,从而拓宽了知识产权企业的融资渠道。

二、P2P 网贷下知识产权证券化运行机制

(一)知识产权证券化基础资产的选择

知识产权证券化需要以知识产权为基础资产(亦称为资产池),并以基础资产所产生的收益作为证券还本付息的来源。因此,基础资产的盈利能力及抗风险能力就成为知识产权证券化能否成功的关键所在。知识产权证券化属于资产证券化的一种类型,自然应遵循资产证券化的一般原理。对于可证券化资产的标准,学界存在多种学说,包括六要点说、七要点说、八要点说、九要点说。[②] 但究其实质,这些学说都是围绕基础资产能在未来产生可预见的、稳定的现金流这一核心来展开的,由此可见,具有稳定的现金流收益,是任何种类的资产实现证券化的首要之义。结合知识产权本身的特点,可以证券化的知识产权基础资产应当满足以下要求:

第一,知识产权基础资产可以产生可预见的、稳定的现金流。这既包括知识产权基础资产已经产生了稳定的收益,也包括知识产权基础资产在证券化后很可能会取得稳定的收益。例如,美国药业特许公司在 2003 年推出的一个专利证券化项目中,选择了名为"Rituxan"的治疗淋巴肿瘤的药品专利作为基础资产,其原因在于,根据美国癌症协会的估计,淋巴癌的患病人数将会呈上升趋势,此种药品具有较好的市场前景。驰名商标由于有大量稳定的消费群

---

① 唐飞泉、谢育能:《专利资产证券化的挑战与启示》,载《金融市场研究》2020 年第 2 期。

② 王健:《可证券化资产标准论》,载《经济体制改革》2005 年第 2 期。

体,也可以成为稳定的现金流来源。例如,1993 年,知名服装时尚品牌 Calvin Klein 将其香水商品与商标许可使用费作为基础资产进行证券化,由花旗银行为其操作了 5800 万美元的资产证券化。2003 年,Guess 集团将其在男女时装、童装、泳装、鞋履、钟表、精品配饰、手袋、眼镜、香水、行李箱等产品拥有的 14 个商标许可合同中的使用费收益证券化,由 Guess Royalty Finance LLC 作为 SPV 发行了 7500 万美元的私募证券。[①] 另外产生可预见的、稳定的现金流也是证券监管部门的规制要求。在中国证监会发布的《证券公司及基金管理公司子公司资产证券化业务管理规定》以及上海证券交易所和深圳证券交易所发布的资产证券化业务指引中,[②]都明确规定具有稳定的现金流收益、权属关系清晰的资产是实施资产证券化的基础条件。

第二,知识产权基础资产的权利明确稳定。如果知识产权基础资产的权利归属主体难以确定,或者权利法律状态不稳定,这会直接影响到基础资产的有效转移,从而最终影响到证券化是否能够成功。首先,基础资产的权利主体应当明确。专利权和商标权由于采用审查授权制,在权利登记簿上登记的主体即为权利人。著作权采取自动取得主义,在作品完成后即自动取得著作权,其权利主体采用推定规则,即在作品上署名的主体推定其为权利主体。其次,基础资产的权利状态应当稳定。作为无形财产权,知识产权权利状态的稳定性不如有形财产权,被授予的权利存在无效或撤销的可能。以专利权为例,采用实质审查制的发明专利的权利状态明显比采用形式审查制的实用新型和外观设计专利稳定。此外,如果专利权在无效宣告诉讼中被维持,则表明该专利权具有稳定的权利状态和价值,是适宜的证券化资产。最后,基础资产不得附带担保负担或者其他权利限制,但通过专项计划的相关安排,在原始权益人向专项计划转移基础资产时能够解除相关担保负担和其他权利限制的除外。[③]

---

① 邹小芃、周梦宇、李鹏:《商标权证券化浅析》,载《华东经济管理》2009 年第 8 期。

② 《证券公司及基金管理公司子公司资产证券化业务管理规定》(证监会公告 2014 年第 49 号)第 3 条第 1 款规定:本规定所称基础资产,是指符合法律法规规定,权属明确,可以产生独立、可预测的现金流且可特定化的财产权利或者财产。基础资产可以是单项财产权利或者财产,也可以是多项财产权利或者财产构成的资产组合。第 2 款规定:前款规定的财产权利或者财产,其交易基础应当真实,交易对价应当公允,现金流应当持续、稳定。上海证券交易所《上海证券交易所资产证券化业务指引》(上证发〔2014〕80 号);深圳证券交易所《深圳证券交易所资产证券化业务指引》(深证会〔2014〕130 号)也作了类似规定。

③ 《证券公司及基金管理公司子公司资产证券化业务管理规定》第 24 条。

第三,知识产权基础资产具有可转让性。在资产证券化的操作中,必然涉及资产依法转让给 SPV(我国称为专项计划)实现破产隔离的问题,这就要求拟用于资产证券化的基础资产必须具有可转让性。按照《著作权法》的规定,著作人身权(署名权、发表权、修改权、保护作品完整权)不得与权利人相分离,不具有可转让性。在知识产权共有的情况下,其需要取得全体共有人的一致同意方可转让。一般情况下,知识产权被许可人未取得知识产权人同意,不得转让其许可使用权。

在可证券化的知识产权种类上,有学者将其分为四类,即知识产权应收账款;知识产权许可协议;知识产权经济权利;知识产权诉讼赔偿。[1] 也有观点认为,可证券化的知识产权可以分为:现有知识产权;现有知识产权衍生的债权、将来知识产权;将来知识产权衍生的债权。[2] 从国外知识产权证券化的实践看,知识产权许可使用费收益无疑是最基本和最重要的基础资产。许可使用费收益在性质上属于应收账款。知识产权许可使用费收益,以知识产权人和被许可人签订的许可使用协议为基础,对于知识产权人而言,意味着可以按照许可协议的约定向被许可人收取约定的许可使用费;对被许可人而言,应当承担按照许可协议的约定向权利人支付许可使用费的义务,这种可预期的、稳定的现金流的存在成为证券还本付息的基础。

知识产权的许可一般分为独占许可和非独占许可。独占许可,是知识产权在约定期间内只能由一个被许可人独占使用的许可。在此期间,知识产权人不得向其他人授权许可,甚至知识产权人也不得使用该知识产权。非独占许可,是同时存在多个被许可人的许可,在性质上几乎是免于被起诉侵权的契约,它既不禁止知识产权人向其他人发放新的许可或自己使用许可标的,也不禁止知识产权人在非独占许可人利益受到损害时保持沉默。[3] 尽管两类许可性质上具有较大差异,但就知识产权证券化而言,不论是独占许可还是非独占许可,只要可以产生稳定的收益,都不妨碍其成为证券化的基础资产。

知识产权作为多项权利的集合体,其授权的可分割性可能会产生多个权利主体对同一知识产品分享利益且各主体间的地位彼此独立、多种权利并行

---

① 焦方太:《知识产权证券化中适格资产的选择问题研究》,载《战略与决策》2014 年第 6 期。

② 孔令兵:《知识产权证券化中可证券化资产的选择及风险防控》,载《科技与法律》2017 年第 1 期。

③ [美]德雷特勒:《知识产权许可》,王春燕等译,清华大学出版社 2003 年版,第 692 页。

不悖的局面。例如,著作权中的发行权、表演权、广播权、摄制权、放映权、信息网络传播权等可以分别授权于不同的主体,各种权利分割行使的范围及方式完全由许可使用合同决定。在实践中,著作权的证券化交易基本上是通过这种权利分割的方式进行的。例如,在著名的 Chrysalis 音乐著作权证券化项目中,发行人就是将其所取得的著作权中发行权的未来收益进行证券化。在 Dream Works 电影著作权证券化一案中,发起人将其国内戏院与电视频道的使用收益权保留,对其他的著作财产权收益权实行证券化。①

知识产权产品或服务的销售收入(应收账款)也可以成为知识产权证券化的基础资产。例如,在 Tideline 知识产权证券化项目中,Tideline 公司帮助软件销售商与购买者谈判,然后向购买者贷款以购买软件。随后 Tideline 将对借款人的应收款项转让给其专门设立的 SPV,由其将该款项作为基础资产在证券市场发行证券。有观点认为,在商标资产证券化中,既存债权收益不应包含出售标有某一商标的产品而获得的收益,因为标有商标的产品属于企业的有形资产,销售有形资产所产生的应收账款属于企业生产经营活动的成果,不是无形资产,不属于商标本身的价值。② 此种观点对知识产权证券化的理解未免过于狭隘。包含知识产权的产品虽然是有形产品,但其销售收益与知识产权密不可分,只有凭借知识产权所赋予的垄断权,该产品才能获得更好的销售业绩。从经济意义上讲,产品中包含的知识产权为证券投资人的收益提供了更有利的保障,从经济价值看,知识产权人的产品销售收入甚至可能高于许可使用费收入,因此,将知识产权证券化的基础资产限定为许可使用费收益并不可取,这无疑会降低知识产权证券化成功的机会,同时有违知识产权证券化的实践做法。例如,我国武汉知识产权交易所进行的知识产权证券化项目中,就已经将知识产权产品或服务的销售收入纳入基础资产中。

在知识产权证券化实践中,知识产权所有权往往被排除在基础资产之外。其合理性在于,资产证券化制度的初衷,就是以知识产权背后蕴含的稳定的可预期的现金流作为担保,到金融市场上进行融资,以弥补企业资金不足的状况,优化资产结构,提高资金周转效率。如果以知识产权所有权作为证券化的基础资产,依照资产证券化的要求,就必须将知识产权所有权"真实销售"给 SPV,转让知识产权所有权的一次性收入,不但使发起人丧失了对知识产权的

---

① 钟瑞栋:《知识产权证券化风险防范的法律对策》,载《厦门大学学报》2010 年第 2 期。

② 王莲峰、吕红岑:《商标资产证券化中基础资产的选择探究》,载《电子知识产权》2019 年第 1 期。

控制,也无法形成可预见的稳定持续的现金流,另外知识产权作为一种财产权,并不能自动产生稳定的现金流。事实上,由于各种因素的影响,为数众多的专利权、商标权、著作权等知识产权处于闲置状态,没有发挥经济价值,没有产生相对稳定、持续的经济收益,缺乏证券化的基础和前提。尤其是对驰名商标而言,基于企业未来发展和品牌形象维护的考量,商标权人不可能放弃对商标的控制权,也不会轻易将驰名商标转让,更可能的选择是在保留商标所有权和使用权的基础上,将商标一定时期的"债权"剥离出来。①

与此相反,我国首个专利证券化项目采用转让专利所有权的形式,最终以失败告终。2000年10月,武汉国际信托投资公司在全国创新性地推出专利信托业务。其《专利信托业务章程》和《专利信托业务简介》将专利信托过程分为三个环节:首先,信托投资公司对受托专利的技术特性和市场价值进行适度包装和深度发掘,并通过多种手段向社会推出。其次,向社会投资人出售受托专利收益期权证券,或者吸纳风险投资,构建专利转化资本的市场平台,从而获取资金流。最后,受托专利许可或转让产生的收益,由专利权人、信托投资公司、社会投资者按约定的比例分成。武汉国际信托投资公司以一项1999年4月授权的无逆变器不间断电源实用新型专利权作为证券化基础资产,向社会公众发行了面值为6元的受益权证,共募集资金13200元。在历时两年后,由于该项专利权一直没有获得市场转化,无法产生收益,武汉国际信托投资公司正式终止了该业务。

有观点认为,知识产权诉讼赔偿金可以成为证券化的一种基础资产,其依据是,知识产权诉讼赔偿金类似消极的许可使用权费用,由于诉讼赔偿金是由法院判决的,因此,其偿付具有较大的可靠性和稳定性。对这类赔偿金进行证券化,在侵权人与知识产权人并非竞争对手的情况下更为可行。② 笔者认为此观点值得商榷,知识产权诉讼赔偿金虽然是金钱收益,但是并不适合作为证券化的基础资产。其一,侵权损害赔偿权是一种防御性权利,其作用是在知识产权遭到侵害之时,使知识产权人的利益恢复到未受侵害前的姿态,虽然权利人在胜诉之后可以获得损害赔偿金,甚至在侵权人故意的情况下可以获得惩罚性赔偿金。③ 但是总体而言,这种所谓的收益只是针对特定案件的一次性收入,具有补偿性、不稳定性和非常规性。其二,姑且不论诉讼周期和诉讼成

---

① 张华松、黎明:《知识产权证券化之基础资产探析》,载《法学论坛》2016年第9期。
② 董涛:《知识产权证券化制度研究》,清华大学出版社2009年版,第162页。
③ 2013年修订的《商标法》第63条首次规定了商标侵权的惩罚性赔偿,

本的问题,即使在权利人获得胜诉判决,其能否最终获得赔偿和赔偿额度的多少,也过度依赖于侵权人的财产状况、诉讼执行制度的效率以及诉讼各方的博弈。因此,知识产权诉讼赔偿金无法形成可预见的稳定现金流,难以成为知识产权证券化的基础资产。

(二)知识产权基础资产的风险隔离

在美国知识产权证券化的实践中,设立特殊目的机构(Special Purpose Vehicle,简称 SPV)是实现知识产权基础资产风险隔离的重要措施。SPV 基本上采取信托的形式,信托是英国衡平法的产物,其后逐渐流行于包括美国在内的英美法系国家。英美法系的信托制度有三个基本特征:第一,权利和利益相分离。信托一旦设立,委托人转移给受托人的财产就成为信托财产,受托人对信托财产享有"法律上的所有权",受益人则享有"衡平法上的所有权",受托人必须为受益人的利益管理和处分信托财产,并将所产生的收益交给受益人。① 第二,信托财产的独立性。信托一旦设立,信托财产即从委托人的自有财产中分离出来,成为一独立运作的财产,仅服从于信托目的。"信托一旦设立信托财产即自行封闭,与外界隔绝。"②第三,受益人权益有可靠保障。信托制度的设计就是为了受益人利益的实现。在信托存续期间,一方面,伴随信托财产所生的管理责任与风险负担皆归属于受托人,另一方面,伴随信托财产所生的利益皆归属于受益人,受益人处于只享有利益而免去责任的优越地位。

信托型 SPV 之所以受到青睐,首先,信托的设立和经营规则要求简单。根据美国法,普通法上的信托,除了表明信托设立的宣告之外,并没有特定的法律手续要求。其次,在美国税务实践中,采用信托形式可以达到免税或减税的目的,可以为当事人谋求更多的税收优惠。最为重要的是,信托财产与发起人的其他财产相剥离,不受发起人经营状况的影响,从而达到了风险隔离的效果。美国信托型 SPV 大多为专门性的、一次性的 SPV,但近年来也开始出现常设的 SPV。相比之下,前者专门为某一知识产权证券项目发行而设置,设立成本较高,主要满足大规模融资的需要;后者并不专门针对某一发起人提供服务,而是面向数量众多的发起人。这为众多的中小知识产权企业融资提供了空间。③

---

① 周小明:《信托制度比较法研究》,法律出版社 1996 年版,第 13 页。
② 方嘉麟:《信托法之理论与实务》,中国政法大学出版社 2004 年版,第 2 页。
③ 谢黎伟:《美国的知识产权融资机制及其启示》,载《科技进步与对策》2010 年第 24 期。

　　在资产证券化过程中,发起人需要将基础资产"真实出售"(True Sale 或
Clean Sale)给 SPV,使得 SPV 成为基础资产的真实权利人,从而实现将发起
人的其他财产与证券化基础资产区分开来,以达到风险隔离的目的。《美国统
一商法典》(Uniform Commercial Code,简称 UCC)对于证券化基础资产真实
销售的规范主要体现在 UCC 第 9 编中,该编对"账债"的定义进行了扩大化解
释,包括广义上有形和无形财产的转让所产生的支付权利。如产生于商业和
消费贷款(包括信用卡应收款)的销售、租赁、许可和转让;基于公共设施和旅
馆机构经营、保险和特许权支付、知识产权授权等产生的支付权利的转让,都
属于第 9 编"账债"的定义。① 该编还间接确定了真实销售的标准,即发起人
在所出售的证券化资产中不得保留任何普通法或衡平法上的权利。②

　　如前所述,知识产权证券化的基础资产通常为知识产权许可使用收益权,
基础资产的真实销售实质就是未来债权的转让。根据 UCC 第 9 编的规定,债
权转让的对抗要件是在登记机构履行简便的登记手续,并且以登记时间先后
确定优先顺序。特别是在多数债权集体让渡的情况下,债权转让登记时不要
求列举特定单个债权和特定债务人的姓名。对于将来发生的债权,则可通过
事前登记使让与具备对抗效力。这些规定简化了资产让与的手续,降低了证
券化的成本。我国台湾地区"金融资产证券化条例施行细则"也允许未来债权
成为证券化的资产,规定可证券化的资产包括"创始机构与债务人签订契约约
定,于该契约所定条件成就时,得向债务人请求金钱给付之将来债权"。③

　　在美国司法实践中,认定真实出售的判断标准是:(1)资产转移的形式和
当事人内心的真实意思为真实销售;(2)证券化资产的风险完全移转于特定目
的机构;(3)证券化资产的受益权完全移转于特定目的机构;(4)资产的移转是
不可撤销的;(5)资产转让的价格必须合理。另外,其还要综合考虑其他因素,
包括发起人的债权人和其他关系人是否收到资产出让的通知,发起人是否保
留了与资产有关的法律文件,特定目的机构是否有权审查这些文件,以及如果
将资产出售定性为担保融资的情况下,是否会违背相关的实体法律等。④

　　随着美国资产证券化的快速发展,已有成文法对真实销售法律保护的缺
陷逐渐显现出来。依据美国 1978 年的《破产法典》(Bankruptcy Code),证券

---

①　UCC § 9-102(a)2.2001.
②　UCC § 9-318(a).2001.
③　我国台湾地区"金融资产证券化条例实施细则"第 2 条。
④　谢永江:《资产证券化特定目的机构研究》,中国法制出版社 2007 年版,第 118 页。

化交易中已经转移给 SPV 的资产能否从发起人的破产资产中剥离具有不确定性。以 Octagon Gas Systems 案[①]为代表的法院判例更是严重地影响了对真实销售的法律保护。有鉴于此,2001 年提出的《破产法修正案》引入了安全港(safe harbor)制度,即在《破产法典》第 541 条(b)中增加了一个新的证券化条款。根据该条款,在与"资产证券化"有关的交易中,任何被转让给"合格实体"(eligible entity)的"合格资产"(eligible assets)将被排除在破产人的财产范围之外。不过,该条款未能在国会上通过生效。直到 2005 年 10 月生效实施的美国《防止破产滥用及消费者保护法》(Bankruptcy Abuse Prevention and Consumer Protection Act of 2005),也称《破产改革法》才确立并完善了安全港规则。该安全港制度将商品合约、远期合约、证券合约、回购协议、金融互换协议与净额结算主协议给予破产豁免待遇。其中,证券合约涉及"购买、出售或者借贷证券、存款单、按揭贷款或者其中任何利益、证券组合或者上述品种指数的合约"、"任何保证金贷款交易"、"伴有证券交易的任何贷款交易"、"任何预付性的证券交易"、"与前述合约相似的任何其他协议或交易"等。这些内容反映了对证券化资产真实销售的法律保护已经在新安全港制度下得到加强和完善。

美国财务会计准则委员会(Financial Accounting Standard Board,简称 FASB)针对资产证券化先后制订了第 77 号财务会计准则公报(Statement of Financial Accounting Standards No. 77,简称 FASB77)、125 号财务会计准则公报(FASB125)和 140 号财务会计准则公报(FASB140)。会计准则的意义在于从技术层面把握真实销售的实质,制定量化判断标准。2000 年的 FASB140 号对美国资产证券化会计准则具有重要意义,其创造性地提出,资产转移的真实销售系指创始机构转移资产让出控制权,以取得现金或其他收益,并且对"让出控制权"做了进一步规范。[②]

次贷危机暴露出金融监管的诸多缺陷,特别是在资产证券化方面的监管问题。因此,美国先后出台了《现代化监管架构蓝皮书》《多德-弗兰克法案》等金融监管法律。其中《多德-弗兰克法案》要求金融机构向 SPV 销售资产时必须留存至少 5% 的信用风险,且不得转让,不得对冲风险,避免类似安然事件的发生,防止资产证券化的过度滥用。

---

① Octagon Gas Systems,Inc. v. Rimmer,995 F. 2d 948,10th Circuit Court of Appeals,1993.

② 李玫、戴月:《资产真实销售的比较和借鉴》,载《证券市场导报》2015 年第 12 期。

（三）P2P网贷下知识产权证券化的模式选择

在采用债权拆分转让经营模式的P2P网贷平台中,在相关监管办法出台前,有的P2P网贷平台将自身享有的针对借款人的债权,以份额拆分的方式,出售给不同的投资人,而投资人依照债权转让协议所获得的收益,则源于该债权的利息。P2P平台的这一经营模式,在实质上已具资产证券化的基本框架。P2P平台通过将债权数额拆分的形式出售给投资人,一方面可以实现风险转移,将该债权违约风险分散转移给投资人;另一方面亦将该部分债权提前变现,改善自有资金的流动状况,以便开展其他的借款和拆分转让业务。可见,在这一模式下,平台实际上扮演着证券化中的原始权益人的角色。而针对投资协议和借款合同之间的时间差,平台继续为投资人寻找新债权的行为,则是典型的循环型资产证券化交易模式。

宜信最初是以此种模式运行,对于满足借款条件并符合评级要求的借款需求,首先由宜信的总裁唐宁用其自有的资金先行借出,并与借款人签订借款合同。然后宜信会从潜在投资者中选择合适的投资者(根据投资人期望的收益和投资期限),之后再依法转让唐宁持有的借款合同债权。这种P2P平台的经营模式的特殊之处在于,平台承担了发起人、管理人的角色,也没有设立特殊目的机构,而是直接通过债权转让的方式完成交易。有观点认为,投资人购买资产证券化产品并不是基于其对原始权益人经营状况的了解,而是源于其对基础资产收益情况的信赖。特殊目的机构在本质上仅是为了保护投资人的权益,降低投资人在原始权益人破产或基础资产无法清偿到期收益时的风险。失去这样的风险隔离机制,仅是弱化了对投资者权益的保护,并不能改变其发行证券化产品的本质属性。[①] 但是,在相关监管办法出台后,P2P网贷平台的性质被定为信息中介服务,自此,P2P平台以自身债权拆分让与的模式就不具有合法性。P2P网贷平台只能发售第三方合法发行的证券。如中国平安旗下的网络投融资平台"陆金所",主要将平安子公司的债权在平台上以理财产品的形式予以出售,平台本身不直接发行证券。

在美国P2P网贷平台中,LendingClub最初采用的是简单的本票模式。在这种模式下,当全部的借款额被投资者认购以后,首先由借款人向LendingClub平台签发贷款本票,同时LendingClub对借款人发放贷款资金,然后投资者向LendingClub购买借款人的贷款本票,购买的金额即是投资金额。

---

① 郑观:《P2P平台债权拆分转让行为的合法性之辨》,载《法学》2017年第6期。

由 LendingClub 作为起始时名义上的资金出借方向借款人发出贷款,意味着 LendingClub 必须具备每个州的借贷牌照,这给平台按照统一标准向各州扩展业务带来了很大的不便。为了规避申请各州借贷牌照的不便,2008 年 1 月,LendingClub 与犹他州特许银行 Web Bank 合作,开启了银行模式。在该模式下,全部的借款额被投资者认购之后,首先由借款人向 Web Bank 签发贷款本票,Web Bank 对借款人发放贷款,然后 Web Bank 再将贷款本票转让给 LendingClub,并向 LendingClub 即时收回贷款资金。LendingClub 从 Web Bank 取得贷款本票后,再转让给认购借款额的投资人,借款人的还款按月通过银行账户自动转给 LendingClub,LendingClub 再转给投资者。银行模式与本票模式的最大区别是,LendingClub 将直接向借款人放贷的职责转嫁给 Web Bank,不再充当资金的出借方。

2008 年 4 月,由于美国证券交易委员会(简称 SEC)认定 P2P 网贷平台出售的票据符合证券的定义,LendingClub 向 SEC 提出了注册申请,进入半年的静默期。2008 年 10 月,LendingClub 完成注册重新开业后,就进入了证券模式。证券模式与银行模式的区别在于,在证券模式下,LendingClub 是将贷款以收益权凭证的形式出售给投资者,投资者购买的是 LendingClub 发行的"会员偿付支持债券",投资者成为 LendingClub 的无担保债权人,投资人与借款人之间并没有直接的债权债务关系,但收益却与所投资贷款的状况相关。而此前的两种模式,投资者直接或间接地取得借款人签发的贷款本票,成为借款人的债权人。

2010 年 11 月,LendingClub 创办了全资子公司 LC Advisors,LC 这是一家 SEC 认可的投资咨询公司,专门负责管理 LendingClub 大型投资者的投资。LC Advisors 最初对投资于其旗下的两个基金的最低资金要求为 10 万美元,后来随着基金受欢迎程度的提高,最低投资要求提高到了 50 万美元。LC Advisors 为大型投资者投资于 LendingClub 的收益权凭证开发了一个流动性更高的投资渠道。

比较而言,美国 P2P 平台的收益权凭证发行模式显然更适合知识产权证券化产品的发行,这也符合 P2P 平台信息中介角色的定位。概括而言,在目前的监管规范下,P2P 平台不能充当知识产权证券的原始权益人和管理人,也不是证券发行的特设目的机构,其只能作为证券产品的发行渠道。

需要指出的是,我国目前尚未出台专门的法律法规对知识产权证券化进行规范和指引,对于知识产权证券化领域的调整主要依靠证监会于 2014 年制定的《证券公司及基金子公司资产证券化业务管理规定》①以及证券交易所对资产证券化的相关解释。针对知识产权证券化中证券的定义、真实出售的认定、税收安排、产品交易、信息披露以及 SPV 破产的法律规范基本上是一片空白。一旦在实际过程中出现纠纷和诉讼,只能参照目前证券法、公司法、合同法等相关法律进行处理,而这些法律与知识产权的一些特性又不相适应。知识产权证券化领域的法律空白给具体实践带来了困难。例如,我国《信托法》承认信托财产的独立性,但在实践中信托计划由银保监会负责。企业资产证券化由证监会负责,企业资产证券化只能发行专项计划。这种分业监管模式,导致信贷资产证券化可以设立信托型 SPV,企业资产证券化不能设立信托型 SPV。知识产权证券化基本上属于企业资产证券化,这种状况必然会对基础资产的风险隔离产生不利影响。

第四节　P2P 知识产权融资租赁

一、融资租赁概述

融资租赁于 20 世纪五六十年代在欧美西方国家兴起,由此掀起了一股新的金融模式发展浪潮。中国融资租赁业肇始于 20 世纪 80 年代初,自首家融资租赁公司——东方融资租赁有限公司成立开始,融资租赁业务的规模不断扩大,截至 2019 年 12 月底,中国融资租赁企业的总数约为 12130 家,较上年增加了 353 家,增长 2.91%。全国融资租赁合同的余额约为 66540 亿元人民币。业务总量占全球的 23.2%,仅次于美国,居全球第二位。②

依照现行法律,融资租赁公司分为金融租赁公司、内资租赁公司和外资租赁公司三种类型。金融租赁公司由银保监会监管,最低注册资本为 1 亿元,经营杠杆小于或等于 12.5 倍,资本充足率不低于 8%。外资租赁公司由商务部监管,最低注册资本 1000 万美元,经营杠杆小于或等于 10 倍。内资租赁公司

---

①　证监会公告(2014)49 号。

②　中国租赁联盟、联合租赁研发中心、天津滨海融资租赁研究院:《2019 年中国融资租赁业发展报告》,http://www.fllleasing.com/onews.asp? id=23203. 下载日期:2020 年 10 月 8 日。

亦由商务部监管,最低注册资本为 1.7 亿元,经营杠杆小于或等于 10 倍。

《国际融资租赁公约》将融资租赁定义为:"一方(出租人),(1)根据另一方(承租人)提供的规格,与第三方(供应商)订立一项协议(供应协议)。根据此协议,出租人按照承租人在与其利益有关的范围内所同意的条件取得工厂、资本货物或其他设备,并且:(2)与承租人订立一项协议(租赁协议),以承租人支付租金为条件授予承租人使用设备的权利。"①我国《合同法》规定,融资租赁合同是指出租人根据承租人对出卖人、租赁物的选择,向出卖人购买租赁物,提供给承租人使用,承租人支付租金的合同。②《民法典》第 735 条继续沿用了此定义。

从交易构造上看,融资租赁体现为"三方两约"的形式,"三方"即出租人、承租人与租赁物的出卖人,"两约"则是上述主体之间签订的租赁合同与供货合同。从交易形式上看,融资租赁具有多种形式,主要包括直接租赁、回租赁、转租赁、委托租赁等。

直接租赁是出租人基于承租人的选择,向出售方购买租赁物,并将其直接提供给承租人使用,从而获取承租人支付的租金的交易模式。在此模式下,融资租赁公司根据融资企业的要求,直接向企业所需设备的制造商购置相关设备,再将设备以租赁的形式提供给企业使用。在租赁期内,出租人的收入为承租人支付的租金,也是其盈利的来源。承租人通过支付租金来获取设备的使用权,其现金流的压力相对降低,但需要对设备的维保和保险承担一定的义务。当租赁期结束,其可以约定租赁物的所有权转移给承租人。这是融资租赁中最为传统的交易模式。

转租赁则是承租人在取得出租人购买的租赁物后,在租赁期内将租赁物出租给第三方的行为。转租至少涉及三方(出租人、原承租人和新承租人)和两份租约(原租约和新租约)。通常情况下,承租人转租需要出租人的同意。

回租赁又称售后回租,售后回租的模式是指承租人把自己原本拥有所有权的资产出售给融资租赁公司(融资租赁业务中的出租人),但同时由于承租人对该资产仍有使用的需求,于是通过支付租金的模式来继续使用该资产。这样,承租人就可以使自身的资产转变为可支配的资金,从而使企业的财务压力降低,提高其银行信用。在售后回租中,一方面,当事人高度重合——承租人和出卖人合二为一,实际只有两方主体,这与传统的融资租赁的形式有所不

---

① Unidroit convention on International financial leasing, Article 1.

② 《合同法》第 237 条。

同;另一方面,承租人在不改变对租赁物的占有和使用的前提下,将自身资产价值变现,实现了资产价值转移与实物转移相分离。最高人民法院颁布的《关于审理融资租赁合同纠纷案件适用法律问题的解释》(以下简称融资租赁司法解释)中指出,不应仅以承租人和出卖人系同一人为由而认定融资租赁法律关系不成立,间接认可了售后回租合同为融资租赁合同的属性。[①]

委托租赁是指出租人接受委托人的资金或租赁标的物,根据委托人的书面委托,向委托人指定的承租人办理融资租赁业务。委托租赁与传统的融资租赁相比,其法律关系更为复杂,从主体上看,除了出租人、出卖人、承租人之外,还有委托人的参与。从形式上看,除了租赁合同和供货合同之外,其还与委托合同。

在融资租赁关系的认定上,司法实践往往将租赁物的独立性作为区分融资租赁与企业借贷的关键。例如,在"中国外贸金融租赁有限公司与浙江经发实业集团有限公司等融资租赁合同纠纷案"中,外贸租赁公司作为出租人,与作为承租人的经发公司签订《融资租赁合同》,约定双方进行回租式融资租赁交易。法院认为《融资租赁合同》附件中的《设备清单》所记载的融资租赁物使用的是通用名称,且计量单位多为"批",其中所记载的装修设施,当事人亦无法说出具体指向是何动产,因此,外贸租赁公司根本无法取得租赁物的所有权,无法做到既"融资"又"融物"的要求,故名为融资租赁,实为企业借贷。[②]在"仲利国际租赁有限公司诉上海伊诺餐饮管理有限公司等融资租赁合同纠纷案"中,仲利公司应伊诺公司要求向强望公司购买"装修材料一批",并出租给伊诺公司,法院认为合同中约定融资租赁物为"装修材料一批",装修材料在装修完毕之后即与不动产附和,成为不动产的一部分,丧失了其独立性,因此,"装修材料一批"不能作为融资租赁物,所签订的合同并不构成融资租赁,而是构成企业借贷。[③]

在融资租赁的登记公示上,中国人民银行征信中心于 2009 年 7 月 20 日上线运行融资租赁登记公示系统,为当事人提供融资租赁登记服务。但由于当时法律法规并未对融资租赁登记作出规定,导致其登记效力在实践中发生争议,法院对其登记效力亦持否定态度。例如,在"上诉人马尼托瓦克(中国)租赁有限公司与上诉人中信银行股份有限公司大连分行、大连兆峰机电安装

[①]　最高人民法院《关于审理融资租赁合同纠纷案件适用法律问题的解释》第 2 条。

[②]　(2013)浙一中民初字第 5657 号判决。

[③]　(2014)沪一中民六(商)终字第 469 号判决。

工程有限公司、关兆丰第三人撤销之诉纠纷案"中,2012 年 3 月,中信银行与兆峰公司签订最高额抵押合同,将登记在兆峰公司名下的作业车一辆抵押给中信银行,双方办理了抵押登记。后因兆峰公司借款到期未还,中信银行诉至一审法院,一审法院判决中信银行享有抵押的作业车辆的抵押权。该判决发生法律效力后,马尼托瓦克租赁公司以涉案车辆为 2010 年该公司以融资租赁方式租给兆峰公司使用,兆峰公司并无车辆所有权为由,请求撤销中信银行对作业车辆享有抵押权的判决。一审法院认为,涉案车辆在机动车登记机关登记在兆峰公司名下,而且兆峰公司与中信银行对涉案车辆办理了抵押登记,即使车辆管理部门的登记不是车辆所有权登记,因车辆属于动产,占有为所有权的公示方式,兆峰公司占有涉案车辆抵押给中信银行并办理了抵押登记,中信银行善意取得涉案车辆的抵押权。虽然马尼托瓦克租赁公司在 2010 年 5 月将涉案车辆及《租赁协议》在人民银行征信系统办理了登记,但因人民银行征信系统并非法律、行政法规、行业或者地区主管部门规定的进行融资租赁交易查询的机构,不产生中信银行应当知道涉案车辆为融资租赁物的法律后果。二审法院支持了一审法院判决,认为上诉人并未举出规定证明中信银行负有查询涉案抵押物是否为融资租赁物的法定义务,因此,中信银行善意取得了抵押权。[①] 在"中航国际租赁有限公司、中国银行股份有限公司扬州生态科技支行与江苏五爱集团有限公司、杨兆金等金融借款合同纠纷案"中,法院认为,中行生态科技支行并不知道抵押设备为租赁物,动产占有具有权利推定效力,法律或行政法规并未对中国人民银行征信中心融资租赁登记公示系统作出定性,也未赋予其公示效力。中行生态科技支行在设立抵押权时,也无法律、行政法规、行业或者地区主管部门规定必须在该平台进行融资租赁交易查询。因此,中行生态科技支行善意取得了涉案设备的抵押权。[②]

有鉴于此,最高人民法院于 2014 年颁布的融资租赁司法解释规定,第三人在与承租人交易时,未按照法律、行政法规、行业或者地区主管部门的规定在相应机构进行融资租赁交易查询的,不能依据善意取得制度取得租赁物的所有权。[③] 与之相衔接,2014 年 3 月,中国人民银行发布了《中国人民银行关于使用融资租赁登记公示系统进行融资租赁交易查询的通知》,要求银行等机构作为资金融出方时,在办理资产抵押、质押和受让等业务时,应当登录融资

---

① (2014)辽民三终字第 212 号判决。

② (2015)扬执异字第 00014 号裁定。

③ 最高人民法院《关于审理融资租赁合同纠纷案件适用法律问题的解释》第 9 条。

租赁登记公示系统查询相关标的物的权属情况。[①] 商务部也在 2014 年 12 月发布了《关于利用全国融资租赁企业管理信息系统进行租赁物登记查询等有关问题的公告》,明确全国融资租赁企业管理信息系统是商务部建立的综合性融资租赁服务平台,可为内资融资租赁试点企业、外商投资融资租赁企业及相关企业、组织和个人提供租赁物登记公示、查询等项目。但商务部融资租赁登记查询公告中并未对交易各方是否"应当"登录系统查询租赁物权属状态作出明确要求。

2021 年 1 月 1 日生效的《民法典》规定,"出租人对租赁物享有的所有权,未经登记,不得对抗善意第三人"。[②] 其首次从国家法律的层面对融资租赁的登记及效力作出规定,明确了融资租赁登记的对抗效力。这对防范融资租赁交易风险、保护当事人合法权益具有积极意义。

二、知识产权融资租赁的理论争议与实践发展

传统融资租赁关系中以有形物为租赁物,但知识产权客体具有无形性,因此学界对知识产权能否成为融资租赁的标的颇有争议。一是否定说。由于知识产权客体的无形性使得承租人难以对其进行事实上的占有和支配,知识产权客体的非损耗性使得其不因承租人的使用而减损其价值,因此,知识产权这类无形资产不能作为融资租赁的标的物。[③] 根据我国会计准则的相关规定,知识产权不属于融资租赁交易中的固定资产,应当排除于融资租赁交易物的范围之外。[④] 还有观点认为,以知识产权作为租赁物的,实际上属于知识产权的许可使用,不能成立为融资租赁合同,但可按照权利质押、知识产权的许可使用合同加以认定。[⑤] 二是肯定说。其一,应对融资租赁物的"物"做广义的

---

① 该通知所指的银行机构包括:中国人民银行上海总部,各分行、营业管理部,省会城市中心支行,副省级城市中心支行,国家开发银行,各政策性银行,国有商业银行,股份制商业银行,中国邮政储蓄银行。

② 《民法典》第 745 条。

③ 高圣平、钱晓晨:《中国融资租赁现状与发展战略》,中信出版社 2012 年版,第 71 页。

④ 金建忠:《融资租赁中租赁物的范围》,载《法学》2012 年第 7 期。

⑤ 宋晓明、刘竹梅、原爽:《〈关于审理融资租赁合同纠纷案件适用法律问题的解释〉的理解与适用》,载《人民司法》2014 年第 7 期。

理解,只要符合融资租赁物的本质属性,都应可以作为融资租赁的标的物。[①] 其二,租赁物的范围大小亦有一个变迁过程,而非一成不变。从最初的有体物,到后来出现在各国租赁市场的无形物,及至目前有关物的权利,均得作为融资租赁的标的物。[②]

从发展的角度看,将知识产权等无形物纳入融资租赁交易的客体范围符合融资租赁的发展规律。随着融资租赁交易模式的创新以及交易需求的扩大,融资租赁交易物的范围呈现出不断扩张的趋势。与 1988 年的《国际融资租赁公约》相比,2008 年的《租赁示范法》对于"租赁物"的界定范围更为宽广与完备,适用于融资租赁的交易物甚至囊括了未来资产。[③] 我国澳门《商法典》第 890 条规定,"融资租赁合同之标的得为任何可作租赁之财产"。我国台湾地区 1999 年"民法债编"增订第 463 条,规定"民法债编第二章第五节的租赁规定适用于权利租赁"。将知识产权等无形物纳入融资租赁交易的租赁物范围能够进一步发挥融资租赁的融资效益,充分发挥融资租赁在盘活资产、提高资产利用效率方面的优势。

从融资租赁的实践看,知识产权售后回租已获得业界的认可和支持。知识产权售后回租是指知识产权的权利人将知识产权出售给出租人,然后又在一定时期内将该项知识产权从出租人手中租回,并定期支付一定的租赁费。在租赁期满,承租人通常还拥有从出租人手中购回知识产权的优先权。美国最早以知识产权为客体的融资租赁交易可以追溯到 1993 年。该交易的出租方是美国的爱波特公司,承租方则为兰姆公司,根据双方合同的约定,爱波特公司以 400 万美元的价格从兰姆公司手中购买了一项价值 500 万美元的生物技术专利。随后,爱波特公司以权利人的身份将这一专利租赁给兰姆公司使用。在 3 年的租赁期间,爱波特公司是合法的专利权人,依法享有专利的所有权,兰姆公司作为承租人享有专利使用权,负有按期缴纳租赁费用的义务。值得一提的是,在这笔交易中双方还约定了回购条款,约定租赁期满后,兰姆公

[①] 史艳平:《租赁及融资租赁的理论探讨》,载李鲁阳主编:《融资租赁若干问题研究和借鉴》,当代中国出版社 2007 年版,第 154 页。

[②] 曾大鹏:《融资租赁法制创新的体系化思考》,载《法学》2014 年第 9 期。

[③] 国际统一私法制定的《租赁示范法》第 2 条规定,"租赁物"可以是"所有承租人用于生产、贸易及经营活动的财产,包括不动产、资本资产、设备、未来资产、特制资产、植物和活的以及未出生的动物"。

司以 1 美元的名义价款回购这一专利,重新成为专利权人。[①]

2006 年,美国 Columbus 公司先以 200 万美元购买 Kern 公司的一项专利,再以独占许可的形式以总共 400 万美元的价款回租给 Kern 公司。在交易期间,Kern 公司享有该项专利的使用权,Columbus 公司则是该项专利的持有人。6 年的租赁期满后,Kern 公司以 1 美元的象征性价格购买该专利,重新成为专利权人。值得一提的是,该笔交易得到了俄亥俄州发展部(Ohio Department of Development,简称 ODOD)的支持。为了促成该笔交易,ODOD 向 Columbus 公司提供了 200 万美元的贷款。[②]

知识产权售后回租在我国也获得了发展空间,2014 年成立了首家以文化科技无形资产融资租赁为业务的企业——北京市文化科技融资租赁股份有限公司。截至 2020 年 6 月底,该公司已为 450 余家文化企业提供了以影视版权、著作权、专利权等为租赁物的售后回租服务,融资额超过 90 亿元。2015 年 4 月,北京华夏乐章文化传播有限公司以《纳斯尔丁·阿凡提》和《冰川奇缘》两部音乐剧版权为标的物,向北京市文化科技融资租赁股份有限公司成功融资 500 万元,这是国内首个以版权为标的物开展融资租赁业务的案例。获得资金支持后,华夏乐章后续又推出了 4 部原创音乐剧新作。2016 年,北京市大业传媒集团将其持有的"洛宝贝"系列标识形象的著作权作为租赁物出售给文化租赁公司,然后该集团再从文化租赁公司回租使用"洛宝贝"系列标识形象。通过融资租赁,大业传媒从文化租赁公司获得 2 亿元的融资,并将这些资金投入到《奔跑吧兄弟》《闪亮的爸爸》等项目,集团收入实现了大幅攀升。四达时代集团以 2016 年至 2018 年欧洲五大足球联赛、2016 年欧锦赛及 2018 年世界杯预选赛等赛事在非洲地区的电视转播权作为标的物出售给文化融资租赁公司,文化融资租赁公司再将转播权回租给四达时代集团,四达时代集团向文化融资租赁公司融资 1.068 亿元。

上述成功案例说明知识产权售后回租这种融资租赁交易模式的运用,使得文化科技型中小企业以较低的成本获得资金,又能提高企业运用知识产权的效率。在政府政策层面上,我国不少省市出台的政策性文件表现出了对知

[①]　蔡灿:《论知识产权融资租赁的概念与法律特征》,载《辽宁经济职业技术学院·辽宁经济管理干部学院学报》2008 年第 4 期。

[②]　金正宇:《知识产权融资性售后许可法律分析》,载《中华商标》2011 年第 11 期。

识产权融资租赁交易的支持与扶植。[1]

除了售后回租外,知识产权融资租赁也可以采用直接租赁的形式,在直接租赁中,出租人根据承租人的指定,与相应的知识产权所有人进行交易后,再将购得的知识产权以授权许可的形式提供给承租人使用。虽然这类交易也体现为"三方两约"的形式,出租人与承租人之间的法律关系实质上与传统意义上的有体物租赁关系类似,但从知识产权界的观点看,此种法律关系应当被视为一种知识产权运用上的许可使用关系。不过,在有体物租赁的情况下,租赁物只能供一个承租人使用,但知识产权则可以同时授权多个被许可人使用,因此有观点认为"许可"不等于"租赁",许可越多则竞争对手就越多,"垄断利润"则越薄,这对承租人而言是不利的,故知识产权融资租赁中当事人的许可方式应以"独占许可"为原则,排他许可为例外,禁止普通许可。[2]

在著作权融资租赁领域,还普遍存在另一种知识产权融资租赁交易模式。日本的计算机软件融资租赁的交易形式大多是,出租人先取得软件的使用许可,再将这种使用许可出租给承租人使用。这类交易无论是在程序上还是在其他方面都与硬件融资租赁的操作类似。[3] 从法律关系看,此类交易中,出租人与知识产权人是许可使用关系,出租人与承租人是再许可使用关系。美国《统一计算机信息交易法》(简称 CITA)允许构建这种计算机信息融资租赁关系,在这一交易中,资金供给者在成为与融资合同有关的被许可人后,可以转让许可合同利益,或对被许可的信息财产或知识产权进行再许可。[4]

美国学者 Weise 也提出了以《美国统一商法典》2A 条款中融资租赁交易

---

① 《北京市服务业扩大开放综合试点实施方案》指出试点著作权、专利权、商标权等无形文化资产的融资租赁。《山西省人民政府关于新形势下推进知识产权强省建设的实施意见》指出推动知识产权金融服务创新的背景下试点专利权、商标权、著作权等知识产权的融资租赁。《福建省人民政府办公厅关于促进融资租赁业发展的意见》提出支持以工厂厂房、仓储用房、商业地产等生产用不动产和软件、技术等无形资产作为租赁物的融资租赁。广州市人民政府发布《关于广州市构建现代金融服务体系三年行动计划》提出,"推动文化融资担保、文化融资租赁"等集聚发展。

② 刘汉霞:《我国知识产权融资租赁的现实困惑与法律规制》,载《知识产权》2017 第8 期。

③ 张雪松:《日本融资租赁及其立法情况》,载李鲁阳:《融资租赁若干问题研究和借鉴》,当代中国出版社 2007 年版,第 298 页。

④ 杨千雨:《论我国知识产权融资许可制度之构建——以美国 UCITA 法的融资许可为借鉴》,载《法律科学》2014 年第 3 期。

模式为参照的计算机软件交易模式。该交易也涉及三方主体,分别为软件许可人、资金提供者和最终用户,其主要步骤如下:(1)软件许可人与资金提供者签订软件非独家许可协议;(2)资金提供者全额支付许可人的许可费用;(3)资金提供者将最终用户以分许可的形式引入到软件的非独占许可中;(4)最终用户(分被许可人)向资金提供者定期支付许可资金;(5)如果最终用户(从属授权人)没有付款,则资金提供者有权终止分许可。[①]

三、P2P 知识产权融资租赁的模式构造

互联网融资租赁是互联网技术与融资租赁的集合体,从主要业务模式上看,是指融资租赁模式下融资端的互联网化,即融资租赁公司购买租赁物的资金来源于互联网平台上的投资者。因此,互联网融资租赁常被称为 P2L(Person to Leasing)或 A2P(Asset to Peer)。互联网融资租赁模式与传统融资租赁模式最主要的区别在于融资端的不同,传统模式下融资租赁公司的项目资金主要来源于银行贷款和自有资金,而互联网模式下融资租赁公司的项目资金则主要来源于通过 P2P 网贷平台获得的投资款。在此模式下,对于融资租赁公司而言,其扩大了资金来源和范围,在一定程度上突破了资本约束。对于个人投资者而言,其增加了一个具备新的具有租赁物担保性质的投资渠道。对社会效益而言,由于互联网具有开放性、不受地域限制的特性,使得互联网平台可以扩大融资租赁的业务覆盖范围。尤其是在我国大部分融资租赁企业集中于东部沿海地区的情况下,互联网平台与融资租赁的对接有助于提高融资租赁向我国中西部地区的渗透,发挥融资租赁的资产投资作用,促进经济增长。此外,互联网平台还有助于提高融资租赁业务开发、业务受理的效率,提升租赁资产风险管理能力。[②]

自 2013 年 8 月国内首家专注于融资租赁的网贷平台——普资华企上线后,出现了一批融资租赁网贷平台,这些平台中,有些直接和外部多家融资租赁公司合作,有些则对接单一的融资租赁行业合作伙伴。就知识产权领域的互联网融资租赁而言,主要有以下三种可供使用的操作模式,分别是纯网络贷款模式、债权转让模式和收益权转让模式。

纯网络贷款模式是对传统融资租赁模式在融资渠道上的简单扩充,就是

---

① Steven O. Weise, The Financing of Intellectual Property under Revised UCC Article9,74*Chi.-Kent.L.Rev*,1999(3):1077.

② 周凯、史燕平、李虹含:《论互联网融资租赁:发展、机理与模式创新》,载《现代管理科学》2016 年第 7 期。

将知识产权融资租赁公司的项目资金通过互联网平台触及普通的个人投资者。投资者通过 P2P 网贷平台将资金拆借给融资租赁公司,融资租赁公司按照承租人的要求,用获得的资金购买知识产权或知识产权许可权,然后再以许可或分许可的形式授权承租人使用。在租赁期内,承租人获得知识产权的许可使用权,并向融资租赁公司支付租金(许可使用费),融资租赁公司将部分租金收益按照贷款合同约定的利率支付给个人投资者。其中,P2P 网络贷款平台起到了项目推荐和信息撮合的作用,商业银行履行资金托管职能,个人投资者则为整个融资项目的资金提供者。

纯网络贷款模式的具体业务流程包括:(1)融资租赁公司与承租人签订融资租赁合同,购买知识产权或知识产权许可使用权并授权承租人使用;(2)融资租赁公司将该租赁项目的详细信息在网贷平台上进行展示,并发起借款标;(3)网贷平台与商业银行签署该项目资金往来的资金托管协议,商业银行全程负责该项目资金各阶段的划拨;(4)个人投资者在符合网贷平台要求的前提下对借款标进行投标,并向商业银行支付中标投资资金;(5)商业银行根据网贷平台指令向融资租赁公司发放贷款资金;(6)承租人按照合同约定按期向融资租赁公司支付租金(许可使用费);(7)借款到期后,融资租赁公司通过商业银行向投资人按约定利率偿还贷款本息。为增加投资的安全性,该模式有时会要求融资租赁公司寻找独立的担保公司对项目进行担保,或将租金应收款进行质押担保。

债权转让模式是在纯网络借贷模式的基础上,增加了债权转让环节,即融资租赁公司与投资人签署转让协议,将知识产权融资租赁合同所形成的许可使用费债权部分或全部转让给个人投资者。在此模式下,若承租人不能支付到期租金,则由个人投资者作为债权所有人委托融资租赁公司终止知识产权许可使用协议,并追究承租人的违约责任以弥补投资人的损失。具体业务流程包括:(1)融资租赁公司与承租人签订融资租赁合同,购买知识产权或知识产权许可使用权并授权承租人使用,取得对承租人的租金(许可使用费)债权;(2)P2P 网贷平台将融资租赁项目的债权转让信息在网站公开,供投资者认购;(3)网贷平台与商业银行签署该项目资金往来的资金托管协议,商业银行全程负责该项目资金各阶段的划拨;(4)投资人认购后成为新的债权人,融资租赁公司退出与承租企业的债权债务关系;(5)商业银行根据网贷平台指令向融资租赁公司划拨债权转让资金;(6)在融资租赁期内,承租人通过商业银行向投资人按约定利率偿还债权本息。为保障投资安全,在承租人不能按时如约支付租金(许可使用费)时或融资租赁项目到期后,融资租赁公司需向投资人按约定价格回购债权。

该模式中,由融资租赁公司将融资租赁项目所获得的租金债权委托 P2P 网贷平台发布债权转让信息,个人投资人通过认购受让该笔债权,网络平台只是作为一个信息中介的角色出现。债权转让模式是目前较为流行的互联网融资租赁模式。在具体的债权转让操作实践中,部分融资租赁公司在进行债权转让时并不直接转给个体投资人,而是先转让给第三方机构(资产管理公司或保理公司等),再由第三方机构委托 P2P 网贷平台发布债权转让信息,由投资人认购债权,最终实现将该笔债权拆分。引入第三方机构的原因在于,部分融资租赁项目具有期限长、金额大的特点,但 P2P 网贷平台投资人普遍可接受的期限较短,单笔投资金额也较小,因此由第三方机构先行承接债权,可以直接满足融资租赁公司在期限和金额上的要求,提高资金融通能力。

债权转让模式往往涉及债权拆分转让和债权期限错配。债权拆分转让是指出租人将对承租人的单一债权根据投资者人数拆分多个债权,使债权份数与投资人数匹配。其本质是出租人通过 P2P 网贷平台将对债权进行拆分和重组,然后将其转让给个体投资者。债权期限错配是指出租人的债权期限与投资者的投资期限不匹配时,出租人通过 P2P 网贷平台将债权期限拆解为几个时间段的债权,使之与个体投资者的投资期限相匹配的行为。其解决方法有二:一是出租人尽量选择 1～2 年的短期项目上线;二是通过分拆,将一个长朋项目拆分成多个短期项目。

收益权转让模式是融资租赁公司将该笔知识产权融资租赁项目的应收租金账款的收益权通过 P2P 网贷平台向普通投资者转让,并按照合同约定按期将收到的租金给付投资者。与债权转让模式的不同之处在于,收益权转让后,融资租赁公司并未退出融资租赁法律关系,仍与承租人维持债权债务关系,投资人在主张租金收益权时需要向融资租赁公司提出,融资租赁公司有义务向投资人支付。在承租人未按照融资租赁合同支付许可使用费时,由融资租赁公司向其追偿。在此模式下,融资租赁公司对项目的风险承担责任,应履行对承租人的尽职调查职责,而租金(许可使用费)差价为其收益来源。

为了保障投资人的收益,一些采用收益权转让模式的 P2P 网贷平台引入优先受益权,即融资租赁公司将全部或部分收益权转让给投资人,投资人享有融资租赁项目的优先受益权,承租人需先还清投资人款项,偿付完毕后剩余款项再向融资租赁公司还款。除直接向投资者转让收益权以外,还有间接向投资者转让收益权的模式,即融资租赁公司先将收益权转让给其他关联或授权的第三方机构投资者(资产管理公司等),再由第三方机构投资者将融资租赁收益权转让给个人投资者。

第三章　众筹模式下的知识产权融资机制

第一节　众筹融资发展概述

一、互联网背景下众筹的兴起

众筹现象早已有之,主要应用于音乐家或艺术家等创意工作者,为了完成艺术作品,他们会向粉丝筹资,粉丝则自愿向自己钟爱的艺术家无偿提供资金。[1] 现代意义上的众筹则与互联网的兴起与发达息息相关。2006 年 8 月,迈克尔·萨利文首次使用了"众筹(crowdfunding)"一词。当时他正致力于建立一个名为 Fundavlog 的融资平台,项目发起人可通过在平台上播放视频进行项目融资。迈克尔·萨利文在博客中持续报道工作进度,并用 crowdfunding 一词解释 Fundavlog 的核心思想。迈克尔·萨利文将其定义为:众筹描述的是群体性的合作,人们通过互联网汇集资金,以支持由他人或组织发起的项目。2011 年 11 月,crowdfunding 作为新兴金融术语被收录于《牛津词典》,即"通过互联网向众人筹集小额资金为某个项目或企业融资的做法"。世界银行在 2013 年《发展中国家众筹发展潜力报告》中,将众筹表述为:依托于科技,借助网络社区等大众媒体出售创意,筹集资金,为大众提供创业融资平台。[2]

迈克尔·萨利文发起的融资平台将众筹带入了人们的视线。虽然该项目最终失败,众筹的概念和模式却流传开来。2009 年 4 月,以产品众筹为运作模式的专门网站——Kickstarter 在美国正式上线。网站建立之初便为若干创意项目募资成功,使得众筹这种新兴融资模式开始受到业界的高度关注。例如,著名摇滚歌手 Amanda Palmer 就通过众筹为自己的新专辑、新书等募集了 100 多万

---

① 　赵典:《众筹相关法律问题与操作实践》,法律出版社 2018 年版,第 1～4 页。

② 　World Bank,Crowdfunding's Potential for the Developing World. 2013.

美元的资金,约有 2000 多名粉丝提供了资助。随着众筹影响力的扩散及项目的不断成功,越来越多的网站加入这个行列,项目范围也从最初带有慈善性质的募捐向商业化和多领域扩展。由于众筹平台数量的增多,行业细分现象开始出现,如网站 SellanApp 和 Appsplit 主要为 App 项目开发融资,国内的淘梦网主要为微电影项目融资等。

Angelist 则是典型的股权众筹平台,通过采取领投人制度,在项目资金募集完成之后,由领投人与发起人共同监管资金的运用,参与项目运营工作。这种模式可以充分利用领投入的知识和经验协助企业发展,实现互利共赢。在该平台上,项目发起人的融资额一般是 5～100 万美元。

2012 年 4 月 5 日,美国总统奥巴马签署了《初创企业振兴法案》(Jump start Our Business Start-ups Act,简称"JOBS 法案"),旨在通过放松金融监管要求鼓励新兴成长型企业融资,以实现加快经济复苏、创造更多就业机会的目标。该法案第三部分将"众筹(crowdfunding)"这种具有显著互联网时代特征的新型融资模式正式纳入合法范畴,对以股权众筹形式开展的网络融资活动,包括豁免权利、投资者身份、融资准入规则等方面都做出了具体的规定。此后,英国、加拿大、法国、意大利、日本等国也相继出台了有关股权众筹的专门立法,[①]以促进和规范众筹的发展。

二、众筹的运作机制和类型

在整个众筹融资过程中,主要包括三方参与主体,即项目发起人(融资者、筹资人)、众筹平台和项目投资者(支持者)。项目发起人,指在众筹平台上发起项目以融资的个人或企业,他们的项目通常富有创意,但缺少资金将其付诸实施。众筹平台是指审核并展示发起人申请的众筹项目。同时为发起人向投资者筹集资金提供中介服务的互联网平台,项目投资者又称支持者,指通过众筹平台支持项目,向发起人提供资金支持的社会大众投资人。

众筹模式的核心逻辑是一个价值发现(筹资人和投资人的投融资需求)、价

---

①　意大利于 2012 年通过了《创新创业企业法案》(又称为《成长法案 2.0》),2013 年通过了《创新创业企业通过网络门户进行风险资本融资的监管规则》;英国于 2014 年通过了《互联网众筹以及通过其他媒介发行不易变现证券监管规则》;法国于 2014 年通过了《参与性融资法令》;日本 2014 年通过了《金融商品交易法等部分修正案》;加拿大六省证监机构于 2014 年宣布了两项全新的众筹豁免议案——《创业企业豁免条例》和《众筹豁免条例》。

值匹配(与商业伙伴的合作)、价值获取(投资人与筹资人分成获利)的过程。[①]众筹融资的通常模式是:项目发起人在众筹平台展示项目并发起众筹,并为项目筹资设定一个目标金额与筹资期限,投资人选择中意的项目投资,众筹平台对筹资期限内完成融资目标的项目收取一定比例的费用。众筹项目完成后,投资人可以获得发起人承诺的产品、服务或其他权益。

具体而言,众筹融资的流程通常包括以下阶段:(1)提出项目申请。项目发起人向众筹平台提交项目策划或者商业计划书,主要内容包括发起人信息、项目名称、项目团队介绍、以文字、图片或视频形式展示的项目描述、筹资额度与期限、项目当前进展与风险、项目承诺与回报。(2)项目审核。众筹平台在收到项目策划或者商业计划书后,通过平台建立的审核筛选机制对申请融资的项目进行审核,评估申请信息的完备性、真实性及项目可行性。(3)项目发布。对于通过审核的项目,众筹平台在其网站上公开发布,供投资者浏览项目内容和做出投资选择。(4)投资者认投。投资者发现中意的项目后,通过众筹平台对项目进行投资。到筹资截止期限为止,如果投资数额达到或超过发起人预定的目标额度,则众筹成功,反之则众筹失败。(5)项目实施。发起人获得资金后,开始运营项目。投资者监督项目的实施并提出建议。除了捐赠众筹外,发起人应该根据经营状况和投资协议向投资者支付承诺的回报。

概括而言,众筹具有与传统融资方式不同的特点和作用:

第一,借助互联网的优势开展融资。依托互联网拥有庞大的用户群,信息传播更为方便、快捷且成本低廉,发起人与投资人可进行高效的交流互动,有利于抑制信息不对称。通过互联网平台的无界性,发起人在短时间内聚集数量庞大的参与者对项目进行融资,提高融资效率的同时降低融资成本。

第二,为初创企业提供融资途径。众筹不仅大大降低了筹资人初期募集资金的门槛,还给他们提供了获得后续资金的机会,例如,在项目完成后开展第二轮众筹,或凭借众筹的成功转向传统的天使投资及风险投资等融资渠道;

第三,为产品进行宣传营销。产品投放市场前,发起人通过众筹发布相关信息进行市场推广,以得到潜在顾客的关注和支持,起到以刺激需求、提振未来消费的作用。许多众筹发起人还将众筹作为市场评估工具,借助它评价产品和创意潜力,完善企业的商业模式。

第四,为资源整合提供便利,与顾客共创价值。众筹可以帮助企业整合公众的知识和技能,在技术和管理上获得更多的帮助,提高市场竞争力。众筹可以

[①] 范家琛:《众筹商业模式研究》,载《企业经济》2013 年第 8 期。

帮助企业在产品投放市场前进行小范围市场测试,不但使产品更符合市场需求,还能节省后续生产和销售的成本投入。众筹可以帮助企业找到对其价值主张感兴趣的顾客,顾客则通过众筹选择中意的项目,与企业建立合作关系,参与产品的设计与开发,甚至共同完成整个价值创造。

对众筹类型的划分有广义和狭义之分。广义的众筹类型包括捐赠众筹(Donation Crowdfunding)、预付款或奖励众筹(pre-payment/rewards crowdfunding)、P2P借贷(peer-to-peer lending)和股权众筹(equity crowdfunding)四类。[①]我国学界多采用狭义的众筹类型划分,即将 P2P 借贷列为一种单独的互联网金融类型与其他众筹类型相区分,将众筹的类型分为捐赠众筹(公益众筹)、产品众筹(奖励众筹、回报众筹)、股权众筹三种类型。本书所指的众筹指的是狭义的众筹。

捐赠众筹是指出于公益或慈善目的,通过互联网而发起的资金支持活动。捐赠式众筹具有极强的公益性和慈善性,投资人对众筹项目进行出资并不以获得物质回报和经济利益为目的,而主要出于对他人和社会整体的关切。因此,项目发起人如实披露众筹项目的相关信息,且在筹资过程中以及成功筹资后,对筹集资金的使用情况、被捐助对象的进展状况以及是否需要后续资金等事宜进行持续性的披露,将在很大程度上增强投资人的参与意愿和忠诚度。

捐赠众筹模式下,由于投资人无法获得实质性回报或收益,吸引的投资人范围较为狭窄,主要为具有一定经济实力且具有帮助他人愿望的企业、组织或个人,与其他众筹形式相比,捐赠众筹的发展较为平稳但相对缓慢,且主要集中于具有慈善捐助传统的西方国家。目前世界上具有较大影响力的捐赠众筹平台主要有 GoFundMe、GiveForward 和 Watsi,我国目前尚未诞生具有较大社会影响力的捐赠众筹平台。

产品众筹亦称奖励众筹、回报众筹、商品预售众筹,是指项目发起人通过众筹平台发布产品项目,承诺运用众筹资金进行产品的开发和生产,投资者(亦称

---

①　Eleaner Kirby, Shane Worner, Crowd-funding: An Infant Industry Growing Fast, Staff Working Paper of the IOSCO Research Department, February2014, p. 8. https://www. finextra. com/finextra-downloads/newsdocs/crowd-funding-an-infant-industry-growing-fast. pdf. 也有学者表述为,基于捐赠的众筹(donation-based)、基于奖励或事前销售的众筹(reward-based or pre-sales)、基于股权的众筹(equity—based)、基于贷款或债务的众筹(lending or debt—based)。李雪静:《众筹融资模式的发展探析》,载《上海金融学院学报》2013 年第 6 期。

支持者)在约定的期限内获得产品或其他非财务性的收益。① 它也被看作是一种预售的形式。② 产品众筹通常应用于技术产品、电影、音乐领域创意产品的融资,产品众筹的回报形式灵活且丰富,可以为实物形式(如高科技产品、书籍、门票或唱片等),也可以为非实物形式(如参加与导演和演员的见面会或获得游戏虚拟道具等)。由于产品众筹与其他众筹形式相比,法律关系较为简单,操作方式也比较清晰,因此受到较少的监管和限制,因此产品众筹在众筹模式中发展较充分并占有较高的市场份额。产品众筹以产品预售为核心,筹资人参与产品众筹的目的包括筹集资金并进行特定产品的研发和生产活动,预估和了解市场对其所研发产品的反应与需求,并通过与投资人的交流不断调整产品研发和生产的策略,因此该模式在一定程度上可以替代传统的市场调研和市场需求分析。投资人参与产品众筹的目的则是为了支持自己喜爱的产品的开发和生产,并以较低的价格尽快获得产品或与产品具有密切联系的非实物回报。

全球范围内最大的两家产品众筹平台为美国的 Kickstarter 和 Indiegogo,虽然同为产品众筹平台,但两者在地域限制、筹资机制、佣金收取方式和项目要求等方面存在较大的差异性。在筹资地域上,Kickstarter 在上线之初仅允许在美国设立的公司或美国公民在平台上发布项目,且投资人需以美元作为投资货币,后来允许在澳大利亚和英国设立的公司和其公民通过 Kickstarter 进行筹资,并接纳澳元和英镑作为投资货币。Indiegogo 则更具有全球视野,在其设立之初便允许全球范围内的公司和个人通过平台参与奖励众筹活动。在筹资机制上,Kickstarter 规定,只有产品项目在筹资期内募集资金数额达到预期目标额或超过预期目标额时,筹资项目才被视为成功,筹资人才有权获得投资人支付的相关投资款项。如果筹资项目在筹资期结束时募集的资金数额未达到筹资预期目标额,则众筹项目宣告失败,投资人已支付的所有投资款项将会返还给投资人,筹资人无权获得任何众筹资金(all-or-nothing 模式)。而 Indiegogo 平台上的筹资人即使筹资项目在筹资期内募集资金金额未达到筹资预期目标,也可以选择接受已募集到的资金(all-and-more 模式)。在佣金收取上,Kickstarter 采用定额

---

① Terri Baumgardner, Clifford Neufeld, Peter Chien-Tarng Huang, Tarun Sondhi, Fernando Carlos and Mursalin Ahmad Talha. Crowdfunding as a Fast-Expanding Market for the Creation of Capital and Shared Value. *Thunderbird International Business Review*. Version of Record Online, 2015(59):115~126.

② Nir Kshetri. Success of Crowd-Based Online Technology in Fundraising: An Institutional Perspective. , *Journal of International Management*, 2015(21):100~116.

制,即对于成功完成募集的众筹项目一律收取相当于募集资金总额 5% 的金额作为佣金。但是 Indiegogo 则采用灵活收取佣金方式,即对于达到或超过筹资预期目标的众筹项目,收取相当于募集资金总额 4% 的金额作为佣金,但是如果筹资项目在筹资期内筹集资金的数额未达到预期目标额,但筹资人选择接受已筹集资金的,Indiegogo 将收取相当于实际募集资金总额 9% 的金额作为佣金。在项目选择上,Kickstarter 将筹资项目限定在 13 个大类中,[①]若筹资人提交的项目申请无法被上述 13 个大类涵盖,Kickstarter 有权以不符合项目上线要求为由拒绝筹资人的申请。但是 Indiegogo 并未对众筹项目类别设定限制,筹资人可以在众筹平台上发布各类筹资项目,投资人自主选择是否愿意为该等项目投资。

股权众筹亦称权益众筹,是指发起人通过股权众筹平台进行募资活动,并向投资人出让其企业股权的互联网融资方式。股权众筹融资常用于急需资金的初创企业,尤其在软件、网络公司、计算机和通讯、消费产品、媒体等企业中应用比较广泛。据此,澳大利亚公司和市场咨询委员会(Australia Corporation and Markets Advisory Committee,简称 ACMAC)将股权众筹定义为:拟融资的公司(发行人)通过在线互联网络平台(众筹中介)向潜在的众多投资者出售证券,从而筹集小额资金的一种公司融资形式,主要满足初创企业(start-up companies)尤其是知识创新型(innovative knowledgen-based)初创企业早期的融资需求。[②]

股权众筹具有投资人广泛、发起人普遍规模较小、高风险高收益的特点。首先,由于通过互联网开展股权融资,股权众筹具有小额大众的性质,虽然出于降低大众投资风险的考虑,各国大多对大众投资人参与股权众筹的投资额设定限制,但其参与人数与地域分布要远超传统融资方式。其次,股权众筹的发起人往往为规模较小的初创企业,不具有雄厚的资金实力和完善的内部管理制度。其核心竞争力为兼具商业创意和市场成长性的业务与产品,投资人通过较低的投入便可获得发起人一定比例的股权,通过对发起人的投资分享发起人成长过程中所带来的高额收益。再次,由于作为股权众筹发起人的初创型中小微企业,其经营理念、模式、产品一般尚未得到市场的有效检验,因此其经营失败率大多保持在较高的水平。另外,投资人退出股权众筹的渠道较为有限,一旦发起人经营不善,投资人难以及时止损。因此,投资人参与股权众筹存在无法获得预期收

---

① 这 13 类项目包括艺术、漫画、舞蹈、设计、时尚、影视、食物、音乐、游戏、摄影、出版、技术和戏剧。

② ACMAC,Crowd Sourced Equity Funding,Discussion Paper of Australia Corporation and Markets Advisory Committee,September,2013,p. 8.

益甚至损失所有投资本金的高度风险。最后,股权众筹活动中发起人、投资人和众筹平台的关系较为复杂,融资过程繁复,容易滋生争议、引发纠纷。正是意识到股权众筹蕴含的高风险特性,各国在针对众筹活动制定相关法律时均将股权众筹作为重点加以规制。

就互联网知识产权融资而言,产品众筹与股权众筹是两种可供选择的众筹模式,本章以下内容将围绕这两种众筹模式下的知识产权融资问题展开分析和探讨。

第二节　产品众筹下的知识产权融资

一、产品众筹下知识产权融资的发展状况

2011 年 7 月,"点名时间"的上线成为我国产品众筹行业起步的标志,产品众筹正式进入公众视野,随后产品众筹获得长足发展。仅 2018 年上半年,产品众筹项目有 12171 个,成功项目 7169 个,成功项目融资额达 53.14 亿元,占 2018 年上半年众筹行业成功项目总融资额的 40％,成功项目投资人次占比更是达到了近 50％。据人创咨询统计,以我国较大的 5 家产品众筹平台(小米众筹、苏宁众筹、淘宝众筹、京东众筹、摩点网)数据计算,2019 年 11 月,这 5 个平台共成功 439 个项目,成功项目总融资额 3.3 亿元,总支持人达 118.9 万人次。

在产品众筹中,科技型企业或创业团队作为项目发起人,利用互联网和社交网络传播的特性,依靠网络众筹平台效率高、成本低的优势,采用"团购＋预售"的模式,把对该项目产品有兴趣或有需求的普通消费者转化为项目投资人,依靠大众力量获得融资,最终以产品回报投资者。产品众筹获得蓬勃发展主要有以下原因:

第一,产品众筹为我国众多科技型中小企业解决融资难问题提供了新的思路和途径。科技成果的产业化和市场化离不开资金的投入。然而,传统的融资途径却难以满足创意产品转化的资金需求。首先,对银行等金融机构而言,尚未投入产业化的创意产品的预期收益难以确定,融资者能否按时偿还贷款存在很大风险,处于初创阶段的融资者也缺乏适格的担保财产,这令强调资金安全的金融机构望而却步。其次,对资本市场而言,发行股票和债券的法定门槛较高,初创阶段的融资者不具备发行条件。而且发行股票和债券的漫长周期和高昂成

本也非初创阶段的融资者所能承受。再次,风险投资和天使投资虽然也专注于科技成果的孵化和培育,但毕竟数量有限,而且更青睐于高增长、高回报的高科技项目,对众多创意产品转化的资金需求难以兼顾。产品众筹的出现,以其特有的优势,为创意产品转化提供了便捷高效的融资途径。

第二,创意产品转化的难题之一就是缺乏专业化的技术转化和经营管理人才。众筹平台大多设立了"领投＋跟投"模式,在领投人对项目进行一定的投资后,其他投资人再对该项目跟进投资。领投人是由平台认定的经验丰富的专业投资人,其在某个领域有丰富的经验,良好的判断力,广泛的行业资源和影响力,能够专业地协助项目完善、确定估值、投资条款和融资额,协助项目路演,完成本轮跟投融资。[①] 由于领投人角色的设立,通过众筹融资,有利于从外部引入相关的专业人士,为项目的实施出谋划策,提供技术指导和管理经验,从而为项目的成功提供智力支持。

第三,创意产品的开发者往往专注于技术研发,对产品的营销者不甚了了,由此产生的后果就是:有的产品从技术上看可能无懈可击,但是却不符合市场需求。例如,在我国现行的高校科研活动基本决策依据中,只进行文献调查的项目高达69％,而做过前期市场调查的项目仅有34％。[②] 产品开发与市场实际需求脱节已成为影响创意产品市场化的主要症结。产品众筹的开放性,可以使得潜在消费者在产品研发的过程中就可以介入,通过对新产品的使用体验,及时提出改进建议,使得产品开发者更加准确地把握市场需求,设计出受消费者欢迎的产品。

第四,产品众筹除了能达到吸引大众资金的目的,还可以提前为相关产品进行广告性的宣传,通过众筹平台信息传播不受地域限制、受众广泛的优势,在实现融资目的的同时,作为众筹标的物的产品也能够获得良好的宣传推广机会。因此,产品众筹具有通过预售来达到对产品进行广告宣传的目的。

第五,与股权众筹相比,虽然股权众筹受到的关注度更高,但股权众筹法律关系涉及面广,运作程序复杂,风险度高,各国对其发展持审慎态度,往往通过专门的立法对其进行规制。与此相反,产品众筹法律关系相对简单,融资程序简单易于操作,并且具有利用大众资本鼓励科技产品创新的特点,可以使众筹参与者获得更加直接的利益(产品),风险较低而可信度更高。各国对产品众筹基本持允许和支持的立场,因而成为众筹市场占有率最高的类型。

---

① 　《中国天使众筹领投人规则》对领投人的资格要求。
② 　康晓梅:《高校科技成果转化的制约因素与对策》,载《中国高校科技》2014年第8期。

虽然有观点认为,产品众筹平台均通过网站等媒体向社会公开宣传融资项目;众筹平台均承诺在一定期限内以实物等方式给付回报;众筹平台均向不特定对象吸收资金。根据 2010 年最高人民法院《关于审理非法集资刑事案件具体应用法律若干问题的解释》的规定,[①]产品众筹在涉嫌违法方面基本同时具备非法集资的要件。[②] 但主流观点认为,产品众筹没有非法集资的风险。因为产品众筹的项目发起人不以股权、债权或是资金作为对支持者的回报,而且不管是项目发起人还是作为平台方都不能向支持者许诺任何资金上的收益,回报必须是实物(如产品、出版物)或者媒体内容(如提供视频或者音乐的流媒体播放或者下载)。因此,从本质上讲,产品众筹不存在非法目的,不属于非法集资。

二、产品众筹融资中的知识产权风险与防范

(一)知识产权侵权风险

这里的知识产权侵权风险包含两方面的含义:一是被他人侵犯知识产权的风险。即在产品众筹阶段中,由于发起人过度展示产品细节,导致其产品被他人抄袭和模仿。二是侵犯他人知识产权的风险。即在产品众筹阶段中,由于发起人的不当行为而侵犯他人的知识产权,导致承担侵权责任的情形。

在产品众筹中,令人耳目一新的产品创意固然是众筹成功的关键因素,但众筹模式要求产品项目的发起人必须将自己的创意通过文字、图片、产品模型、视频等简洁直观、易于理解等方式向公众展示出来,这样才能够通过众筹平台的审核并获得投资者的青睐。产品众筹项目在众筹平台展示的内容可能涉及产品的结构、材质、工作原理、使用方法,甚至是零部件图纸加工或装配方法,等等。由于众筹产品大多具有结构简单但创意十足的特性,众筹阶段详尽的产品细节展示为他人的模仿和剽窃提供了可乘之机。

---

① 该司法解释规定,违反国家金融管理法律规定,向社会公众(包括单位和个人)吸收资金的行为,同时具备下列四个条件的,除刑法另有规定的以外,应当认定为刑法规定的"非法吸收公众存款或者变相吸收公众存款":(一)未经有关部门依法批准或者借用合法经营的形式吸收资金;(二)通过媒体、推介会、传单、手机短信等途径向社会公开宣传;(三)承诺在一定期限内以货币、实物、股权等方式还本付息或者给付回报;(四)向社会公众即社会不特定对象吸收资金。

② 邓建鹏:《互联网金融时代众筹模式的法律风险分析》,载《江苏行政学院学报》2014 年第 3 期。

例如,美国创意配件企业 NITEIZE 公司于 2012 年 4 月至 6 月期间在国外知名众筹平台 Kickstarter 上发起了一款名为"STEELIE"的众筹产品项目。该项目所展示的产品包括一系列电子设备支架,通过粘贴于手机、平板电脑等电子设备背面的磁环与固定的球体实现电子设备的万向转动,用较为简单的结构实现了电子设备在多种应用环境中的可调固定。在众筹阶段,众筹发起人通过大量图片和视频详细地公开了该系列产品的结构、材质、制造方法以及使用方法。然而,在随后的 2012 年 11 月,中国申请人向国家知识产权局提交了三项实用新型专利申请并获得授权。这三项实用新型专利中所记载的产品结构、材质、使用方法等技术特征与 NITEIZE 公司在众筹阶段所展示的"STEELIE"系列的三款产品一致。[①] 2016 年,点名时间新上线的一款智能体重秤,在外观设计、内在应用方面都与之前成功筹资的 PICOOC 非常相似,经PICOOC 申诉之后,点名时间才将此抄袭产品下架。

"Pressy"项目则是另一个典型案例。"Pressy"是一款由以色列工程师开发的可安装在安卓手机耳机孔内的按键产品,配合应用软件设置可使手机用户便捷地实现如开关闪光灯等功能。2013 年 8 月至 10 月期间,该产品在Kickstarter 众筹成功,获得 70 万美元的融资,并定于 2014 年 6 月发货。但在2014 年 3 月,中国市场上就先后出现了具有类似功能的产品"智键"和"米键","Press"尚未上市发行,其市场即已被类似产品所占据。[②]

如果众筹产品项目中使用的技术是在他人的专利基础上研发的,虽然可以获得专利授权,但由于该专利构成他人专利(基本专利)的从属专利,即使该技术已经获得专利授权,其实施必须取得基本专利权人的许可,以从属专利进行众筹融资,应当事先获得基本专利权人的授权,取得许可使用权,否则将构成侵权。例如,美国众筹网站 Kickstarter 上额度最高的一个退款案就是因技术授权问题导致项目失败。该项目是 Junior Edison 公司开发的适用于苹果公司产品的便携充电设备,在通过众筹成功筹集到近 14 万美元后,由于苹果公司不愿授权 lightening 接口,导致他们的项目无法实施,由此而引发最大规模的众筹退款事件。

在著作权领域,如果融资项目是在他人作品的基础上再创作而成,同样需要获得原作著作权人的授权许可,否则即侵犯著作改编权。英国有两位插画师试图在 Kickstarter 上众筹出版畅销书《野兽出没的地方》续集,他们在网站

---

① 梁磊、靳红蕾:《众筹模式的知识产权风险研究》,载《中国发明与专利》2019 年第 8 期。

② 张星:《众筹项目中知识产权问题小议》,载《现代出版》2015 第 6 期。

上展示了续集故事的一些插画样稿。但该书的原出版方哈珀·柯林斯公司认为这一行为使用了原作的人物、场景和一些基本元素，侵犯了该公司的版权。[①]

(二)丧失知识产权的风险

相对于传统融资模式，众筹模式门槛较低，对项目发起人资信方面的限制不多，比较适合处于产品研发阶段或创业初期的创业者和资金实力有限的小微企业。但这类群体在知识产权保护方面的意识、经验和能力方面往往比较薄弱，一方面容易出现在众筹融资中侵犯他人知识产权的情形，另一方面也会出现疏于采取适当的措施保护自身的智力成果，导致其丧失知识产权的情形。

我国创客刘培超团队开发了一款名为"Dobot"的桌面机器人产品，于2015年9月至11月登陆 Kickstarter 平台并众筹成功，然而，这款颇具创意的众筹产品，在众筹发起之前，发起人仅申请过一项实用新型专利(CN204868855U，一种多自由度的桌面型机器人系统)。此后，直到2016年2月2日，该团队才陆续开始以"深圳市越疆科技有限公司"的名义进行产品相关的专利申请，其中不乏含金量较高的 PCT 申请。但是由于这些专利申请的申请日均晚于众筹项目的公开日，众筹阶段所公开展示的产品信息构成了这些在后专利申请的现有技术，破坏了在后专利申请的新颖性，从而导致这些在后专利申请无法获得授权或缩小了其保护范围。

(三)产品众筹知识产权风险的防范

第一，在众筹前做好知识产权调查工作。为预防和减少因知识产权纠纷导致的融资失败，在开展众筹融资之前，融资者和众筹平台应当对项目的知识产权状况进行调查，尤其是涉及通信、医药、互联网等专利密集度高的产业的高校科技成果，在项目发布前应进行充分的专利检索和分析，及时发现可能的专利侵权风险，应根据不同的检索分析结果，采取相应的措施，防患于未然。其一，如果检索分析结果可以确定项目构成专利侵权，应当及时终止融资；其二，如果检索分析结果表明项目可能构成专利侵权，应当暂缓融资，同时对原有技术方案进行修改，规避现有专利技术，避免落入现有专利的保护范围，在规避设计完成后，再进行融资；其三，如果检索分析结果显示，项目技术方案的实施必须依赖于现有专利技术，同时发现难以规避该专利的保护范围，则应事

---

① 张星：《众筹项目中知识产权问题小议》，载《现代出版》2015年第6期。

先取得专利权人的许可,方可进行融资。

需要注意的是,众筹产品如果符合专利授权的"三性"要件,权利人应当在众筹项目发布前,向国家知识产权局提出专利申请。这样即使产品的技术方案在众筹融资中公开,也不会破坏技术方案的新颖性,仍然可以获得专利保护。一旦专利申请获得授权,可使权利人在专利保护期内取得垄断权,从而增强项目的市场地位和竞争力,吸引更多的投资者参与众筹。另一方面,科技成果的权利人如果希望以技术秘密的形式加以保护其核心技术,则在众筹融资过程中,应注意采取适当的措施避免其核心技术被公开。例如,权利人与可能接触到技术秘密的人员签署保密协议,明确其保守秘密的义务和法律责任;采用线下约谈投资人的方式,缩小接触该技术秘密人员的范围等保护其技术秘密。①

第二,众筹阶段注意保护技术细节。与专利申请的充分公开不同,众筹阶段展示创意的目的是引起投资者的兴趣,使受众能够充分感受到产品的独创性,了解其技术效果、应用价值、商业前景,等等,而非使其能够从技术上再现该产品。因此,在众筹阶段,发起人对创意的描述和介绍应详略得当,侧重于展示整体创意、具体的应用场合、效果以及商业价值等,避免事无巨细地全面公开产品的技术信息。例如,对于工作原理、内部结构、具体尺寸、材质等技术细节,应有所保留,谨慎披露,避免同行能轻易地再现众筹创意。

有论者提出,我国可以借鉴美国的"临时专利"制度保护众筹项目的知识产权。根据美国专利商标局在 1995 年出台的临时专利申请制度,申请人可以先提出临时专利申请并且在 12 个月内拥有优先权,在该期限内只有临时专利的申请人可以提出相关专利的正式专利申请及实施相关的专利行为。临时专利申请文件只需要书面的发明详述以及必要的图示,并且不需要经过实审。临时专利申请提出后的 12 个月内,申请人可以对发明创造进行进一步完善改进,并将临时专利申请转为正式的美国发明专利申请。笔者对此持不同的看法,其理由在于:其一,我国采取先申请原则,从专利申请到授予专利期间确实要经历一个较长的时期,但是一旦提出申请,他人便不得再以同样的发明创造提出专利申请,已保障了众筹项目产品的新颖性。其二,美国的"临时专利"制度与我国的"本国优先权"并无太大实质意义上的差别。根据我国《专利法》有关规定,该产品众筹项目享有 12 个月的本国申请优先权,这就意味着该产品众筹的项目发起人可以在申请之后的众筹过程中根据市场需求状况选择优化其产品的功能。从产生的法律后果看也大同小异——权利人均是在 12 个月

①　谢黎伟:《众筹融资视角下的高校科技成果转化》,载《中国高校科技》2018 年第 1 期。

内对其先申请的专利享有一定的排他性权利。其三,"临时专利"制度是美国为弥补原来采取的"先发明制"的缺陷的一种补救措施,在 2011 年美国专利法采用"先申请制"之后,其已无多大实际意义。因此该制度的引进不仅对众筹项目的知识产权维护难以起到更进一步的促进作用,也不利于我国法律体系的衔接性和完整性。

三、产品众筹融资中的法律风险与规制

(一)产品众筹发起人不履行和未按时履行义务

在实际众筹过程中,首先由产品众筹发起人进行材料申报,也就是说众筹平台上所有与产品众筹发起人以及众筹项目相关的信息都是由产品众筹发起人自行填写的,支持者在众筹平台所看到的项目信息实际上是发起人进行包装后的项目展示,也就是说由发起人决定大众可以看到哪些信息,如果发起人所填信息与实际情况不符,发起人与支持者之间信息的不对称就会使支持者受到欺骗。2014 年,Kickstarter 上曾有一个"神户红牛肉干"的众筹项目,发起人承诺向支持者运送一款来自日本的超优级牛肉干。项目上线后,筹得了来自 3239 个支持者的 120309 美元。而就在目标达成前的一个小时,这一项目被 Kickst arter 紧急叫停,原因是一个纪录片公司在自己的网站上曝光了该项目发起人的诈骗行为。当时,该公司致力于制作一部有关 Kickstarter 的纪录片,于是找到"神户红牛肉干"项目的发起人,想做一期项目的访谈节目,而在对项目进行深入了解的过程中,他们发现这个项目的发起人所提供的信息与事实有多处不符,于是公开发表了自己的调查结果。①

支持者看到的项目介绍可能仅是一个想法或者是一个试用产品,发起人如何将想法变成实物或者将样品规模化生产仍是一个需要不断实验的过程,这一阶段或许由于资金、技术、人员等问题导致原本的创意项目无法变现或者不适合大规模量产,最终所承诺的回报无法按时到达支持者手里或者其实根本无法生产出产品。2015 年奇酷手机项目在京东众筹平台上线,计划 30 天内筹集 500 万元人民币,最终从 2 万多人中筹集到 566 万元。该项目于 9 月25 日完成众筹,按照约定应于 11 月 25 日发货,然而,这款手机的尊享版机型迟迟未发货,在支持者已经议论纷纷的时候,奇酷科技于 12 月 25 日发出公告

---

① [美]斯蒂芬·德森纳:《众筹:互联网融资权威指南》,陈艳译,中国人民大学出版社 2015 年版,第 69 页。

说"很遗憾尊享版无法通过奇酷用户体验团队的省电和发热测试标准",这也就意味着尊享版手机根本无法投入生产,支持者也就不可能收到自己支持的产品,而被迫承担该项目发起人违约的风险。

(二)发起人履行产品交付义务不符合约定

这种违约原因主要表现为两种:一是夸大宣传,甚至虚假宣传。在众筹时有些项目为了制造噱头或者吸引眼球,发起人在进行项目宣传时,夸大自己产品的功能,以期更快更多地获得资金支持。或是在众筹融资成功后,私自改变产品性能指标、规格,导致支持者在收到回报产品后,出现心理落差。2014年12月,京东众筹发起了一个手机众筹的项目,该项目发起人大可乐手机公司希望能在30天筹集到100万元的资金,承诺支持者都可以在30天后收到其研发的第三代大可乐手机。但是最终支持者所收到的成品却出现了问题,具体包括:宣传时手机的GPU是16核,实际却是2核;宣传时说"全金属机身",实际却是"塑料+金属机身";宣传时是"坚硬的蓝宝石屏幕",实际却大量出现屏幕破损、自动裂屏的状况。支持者怨声载道,在大可乐手机的官方社区和百度贴吧不断发表帖子抵制大可乐公司。[①]

(三)售后服务缺失的风险

产品众筹合同属于买卖合同的一种,因此应当提供作为买卖合同随附义务的售后服务。但存在的问题是,当前的产品众筹运营模式下,众筹项目只要在规定的时间内达到筹款目标,发起人在约定的时间内发送回报产品,那么整个产品众筹流程就是成功的,发起人似乎到此便与支持者划清了界限,对所承诺产品的后续用户体验并不关注;而发起人本身所代表的品牌和所发起的众筹项目往往都是新兴事物,公众缺少了解,所以只要众筹项目在众筹平台下架,它就会逐渐消失,直至被人们所忘记,这就为众筹产品售后服务缺失创造了空间。

(四)产品支持者的维权风险

根据《民事诉讼法》的举证规则,谁主张谁举证。产品众筹的发起人为了获得资金支持,在项目描述时可能会出现误导性宣传,而多数支持者往往缺乏

---

① 汤珂、张博然、钟伟强:《众筹的价值与风险》,清华大学出版社2017年版,第95页。

事前留证的意识,忽略对众筹网站上最初显示的页面进行截图、拍照或摄像,在这样的情况下,如果发生发起人违约的现象,支持者维权将面临举证不能的不利局面。另外,对大众支持者来说,如果对所支持项目的回报产生异议,选择诉讼途径的成本也较高。例如,京东众筹平台的《发起人协议》约定,在发起人与支持者出现纠纷时,首先应当协商解决,"如协商不成,任何一方均应向京东住所地有管辖权的人民法院起诉。"即一旦出现争议,按照协议管辖,支持者必须去北京进行诉讼,此外,根据《民事诉讼法》关于共同诉讼和诉讼代表人制度的规定,法院在受理多数人诉讼时,对于一方当事人人数未确定的,需要发出公告,说明案件情况和诉讼请求,通知权利人在一定期间内向人民法院登记。而诉讼代表人只能由向人民法院登记了权利的那部分当事人推选出。这样的程序规定无疑延长了权益受损当事人维权的过程,增加了诉讼成本。

(五)产品众筹法律风险的规制

一是明确产品众筹各方的法律关系性质和责任。我国现行的法律法规没有明确规定产品众筹发起人和支持者的法律关系性质,也没有对产品众筹平台的法律义务和责任的专门规定。因此,一旦发生纠纷,难免会在法律适用上产生模糊和争议,例如,在沈志强与奇酷互联网络科技(深圳)有限公司、北京京东叁佰陆拾度电子商务有限公司产品销售者责任纠纷案中,原告沈志强以在京东众筹平台受到了奇酷公司的欺诈为由,请求法院依据《消费者权益保护法》第 55 条判令奇酷公司、京东公司承担 10791 元的惩罚性赔偿。该案焦点之一是原告是否有消费者的资格,一审法院认为,产品众筹与产品消费存在不同,支持人对产品众筹项目的投资是为了研发没有量产的商品,该商品能否顺利产出本来就具有风险。而平时的消费行为一旦支付价款就能获得商品,没有项目失败的风险。所以,众筹的投资人不能被认定为消费者。既然原告没有消费者资格,自然没有权利依据《消费者权益保护法》提出惩罚性赔偿。最终一审法院驳回原告沈志强的诉讼请求。在二审中,上诉法院直接默认了原告的消费者身份,分析了欺诈的构成要件,主观故意和客观行为的构成要件,以及"诱使对方当事人作出错误意思表示的"条件。认为被告奇酷公司已经告知风险,且产品众筹本身就具有融资活动的风险性特点,在运营失败没有发放回报的情况下,被告奇酷公司并不符合欺诈的构成要件。况且奇酷公司返还了原告支付的价款,原告的损失已经补平,因此,法院驳回了原告的诉讼请求。

笔者认为,众筹产品支持者应该属于消费者。发起人与支持者之间的法律关系是产品众筹法律关系的核心,主流观点认为,二者之间是"预售+团购"

的一种合同关系。[①] 从客观形式上看,产品众筹项目发起人在众筹平台之上投放欲筹资的项目信息的行为,可以视为一种向不特定多数人发出的订立合同之要约;项目支持者浏览平台上的项目信息,并选择做出资金支持的行为,可以视为同意发起人要约的意思表示,即承诺;发起人即将进行生产的产品或推出的服务可视为合同之标的物,支持者所投入的资金则为标的物之对价。因此,产品众筹项目发起人与支持者的行为符合买卖合同的特征,二者之间形成了买卖合同关系。但是,这种产品众筹关系下的合同,较之普通的买卖合同又有很大的不同,其有别于一般买卖合同的"等价交换"原则,产品众筹合同中的标的物在支持者做出承诺时尚不存在,同时支持者付出的资金也有双重含义——既是标的物的价款,又是标的物的生产资金。因此,产品众筹在买卖关系上还有预付消费的特性,产品众筹的支持者也兼具产品消费者和金融消费者的双重属性。

对于产品众筹平台而言,其往往将自身定位于居间人的身份。[②] 例如,《京东众筹平台发起人协议》声明:"京东仅为发起人和支持者之间的众筹行为提供平台网络空间、技术服务和支持等服务。京东作为平台方,并不是发起人或支持者中的任何一方,众筹仅存在于发起人和支持者之间,使用京东众筹平台产生的法律后果由发起人与支持者自行承担。"在 2015 年北京诺米多餐饮管理有限责任公司与北京飞度网络科技有限公司一案的二审判决中,法院也认定诺米多公司与飞度网络平台间的合同为居间合同性质。

从大陆法系国家的立法看,居间人的义务分为三个层次:如实报告、合理审查、积极调查。除如实报告外,各国大多规定居间人应负有合理审查或积极调查的义务。我国《合同法》仅规定居间人承担就所知事项如实报告的义务,未规定其负有审核信息的义务。学界对居间人是否负有信息审核义务有不同的观点:一种观点认为,依据《合同法》规定,居间人不负信息审核义务,仅在故意隐瞒事实或提供虚假情况时承担法律责任。持这种观点的学者主要是基于居间人的运行成本和效率考量。[③] 另一种观点认为,居间人不仅有如实报告义务,还应对交易承担必要的调查、核实义务。持此种观点的学者主要是基于民法的公平和诚实信用原则,认为居间人应当尽到合理审查的义务,这里的合

---

① 罗明雄、唐颖、刘勇:《互联网金融》,中国财政经济出版社 2013 年版,第 186 页。

② 《民法典》将《合同法》规定的"居间合同"改为"中介合同",相应地,"居间人"改称为"中介人"。

③ 刘学生:《如实告知义务研究》,载《合同法评论》2004 年第 1 辑。

理审查应当以审慎从业者的判断能力和行业惯例为依据。[①] 还有观点认为，众筹平台作为新兴的互联网融资平台，涉及的法律关系和法律规则比较复杂，并非单一的居间人可以概括。从金融法的角度分析，众筹平台不仅是撮合交易的居间人，也是引导资源配置、防范金融风险和保护投资者的看门人。将众筹平台确定为居间人，其主体权利、义务、责任的配置不利于其发挥防范金融风险和保护投资者的功能，很可能会产生反向激励，引发众筹平台的逆向选择和道德风险行为。[②]

从产品众筹平台的实际运作看，其与典型的居间人(中介人)的不同之处在于，众筹平台除了提供和发布交易信息外，还参与了对项目的审核工作。在上述案例中，原告据此要求京东众筹与奇酷公司承担连带责任。在国外，Kickstarter 也曾被主张权利的原告试图作为共同被告上法庭。在 3D System，Inc v. Formlabs inc 一案中，3D System 诉 Formats 在 Kickstarter 上的众筹产品侵犯了 3D System 所拥有的专利，并认为 Kickstarter 在这一过程中充当了侵权产品的销售商，在第一次起诉中将 Kickstarter 列为共同被告，但在变更了法院之后放弃了对 Kick starter 的诉讼。[③]

笔者认为，不应对众筹平台施加过于严苛的责任。作为产品众筹发起人和支持者的中介和桥梁，平台对产品项目的审核应限于形式审查，而不应是实质审查，否则不但超出平台的实际审核能力，也将严重抑制产品众筹的发展。在众筹平台的责任承担上，我们仍应坚持过错责任原则，除非众筹平台与项目发起人恶意串通、故意误导或疏于履行形式审查义务，众筹平台不应与项目发起人承担连带责任。

二是建立有效的信息披露制度。首先，发起人应当及时履行信息披露义务。发起人应当依法向监管机构、众筹平台、支持者披露企业的财务情况；董事、监事、高级管理人员情况；有关产品项目的运行情况；筹集的资金使用情况以及法律规定的其他应该公开的信息，公布的信息必须真实、准确、完整，不得有虚假的记载和误导性陈述或重大遗漏，若存在上述情况，导致支持者利益受损，发起人应当承担相应的民事责任。其次，众筹平台作为产品众筹的核心机构，应当制定完善的信息披露制度。平台应当明确列明产品众筹审核所需

---

① 王娟：《房地产居间人之调查核实义务》，载《人民司法》2014 年第 12 期。

② 岳彩申、朱琳：《股权众筹平台的法律性质与功能》，载《人民司法》2018 年第 4 期。

③ 3D Sys，Inc. v. Formlabs，Inc，13CIV. 7973，2014WL1904365(S. D. N. Y.，May12，2014)。

要的材料和需要披露的相关信息,并按照确定的标准予以审核;在发布产品项目时,众筹平台应当完整、及时地披露发起人和产品项目的相关信息,以供潜在投资人准确了解并做出判断;在产品项目运行过程中,众筹平台应当要求发起人及时报告项目进展情况并及时向支持者发布;在出现发起人因经营不善而破产倒闭或其他发起人无法按照约定提供众筹产品或服务的情况下,众筹平台应当及时告知支持者,并对先前产品众筹计划的后续事项做出合理安排。

三是建立网上投诉处理机制,更好地发挥众筹平台和相关机构的监管职能。由于产品众筹在网络上进行,电子数据易删改且不易察觉,而众筹平台作为技术支持平台,不仅掌握了原始数据,还有专业的技术人员,众筹平台在纠纷处理中具有重要的地位和优势,因此众筹平台应建立投诉和纠纷处理机制,及时快捷地解决发起人和支持者之间的纠纷,并为当事人的举证和维权提供证据上的支持。

在产品众筹纠纷非诉讼解决机制方面,英国的做法可资借鉴。根据《2000年金融服务与市场法》和《2006年消费者信用法》,英国成立了金融申诉专员服务公司(FOS),由金融行为监管局(FCA)管理。它作为独立的第三方非诉解决机构,主要职责是公平、合理、有效地处理消费者与金融服务机构间的争议。FOS在组织形态上属于有限责任公司,不隶属于政府部门,以中立者的身份处理金融服务机构与金融消费者之间的纠纷。在管辖上,FOS有强制性管辖和自愿性管辖两种方式,强制性管辖的对象是只能从事英国《受监管活动法令》列明的金融活动的公司。自愿性管辖的对象则包括了更为多元的愿意接受管辖的从事金融活动的公司。因此,当支持者与发起人之间产生纠纷时,寻求FOS的调解是一种高效的解决途径。为了防止FOS调解程序的滥用,在纠纷解决程序上设有前置程序,若支持者已向项目发起人进行投诉,寻求发起人内部的解决方式,而发起人的书面回复并不能让支持者满意时;或项目发起人收到支持者的投诉,在8周后仍没有进行最终回复,支持者才可以在收到回复后的6个月内或在8周后未收到回复的情况下进入FOS争端解决程序。[①]

四是引入公益诉讼机制。由于产品众筹通过互联网平台进行,众筹项目的支持者具有跨地域性的特征,侵害行为一旦发生,往往涉及不同地域的支持者,如果由个人提起诉讼,在权衡自己受损的权益和需要付出的诉讼成本后,支持者通常会因为维权成本过高而放弃对损害自己合法权益的侵害方提起诉

[①]　中国人民银行、银监会、证监会、保监会联合调研组:《英国金融申诉专员制度》,载《中国金融》2013年第8期。

讼,长此以往,不仅难以有效保护产品众筹支持者的合法权益及投资热情,还会助长项目发起人的违约行为,损害产品众筹行业的长远发展潜力。《民事诉讼法》第 55 条及相关司法解释关于公益诉讼的规定,提供了一种纠纷解决的可能途径。因此,在现行有关公益诉讼规定的基础上,允许法律规定的有关机关或组织针对产品众筹的相关纠纷提起公益诉讼,可以极大地节约众多受侵害的支持者的维权成本以及诉讼费用,高效便捷地处理纠纷,使其合法权益得到应有的保护。同时,由于公益诉讼能够将基于同一案件事实的众多诉讼请求合并审理,既有利于减轻法院诉讼的压力,节约司法资源,又能够避免同类案件由不同法院审理可能出现的裁判冲突,从而维护法律适用的权威性和一致性。

第三节　股权众筹下的知识产权融资

一、股权众筹平台的法律性质

股权众筹平台是连接发起人和投资者的中介和桥梁。从国内外股权众筹的融资实践看,众筹平台的运作模式各不相同,一些平台只是给发起人和投资者提供信息中介服务,另一些平台则更多地介入到融资活动当中。因众筹平台运作模式的不同和法治环境的差异,各国对股权众筹平台的法律地位和性质认识不一,可以归纳为以下几种观点:[①]

第一,股权众筹平台为经纪—交易商或交易商。采取此观点的主要有美国和加拿大。在美国,股权众筹平台需要在证券交易委员会(SEC)注册为经纪—交易商或专门的"集资门户"(funding patrol),才能从事股权众筹交易。按照 SEC 的观点,股权众筹属于证券发行,因此发行证券的众筹平台具有类似于经纪—交易商的特征和地位。在加拿大,除安大略省以外的地方目前均允许注册的交易商通过互联网向公众出售证券时免于提交招股说明书,从事股权众筹活动的主要是注册交易商中的"豁免型市场交易商"(简称 EMD)。安大略省要求股权众筹平台注册为"受限交易商"(restricted dealer)。

第二,股权众筹平台为投资咨询机构(adviser)。法国的《参与性融资条

---

① 樊云慧:《股权众筹平台监管的国际比较》,载《法学》2015 年第 4 期。

例》将股权众筹平台作为一种新的咨询机构——参与性投资咨询机构(简称CIP)来注册,并受金融市场监管局(简称AMF)的监督,法律性质类似于金融投资咨询机构。其对此类机构没有资本要求,但不能从事投资咨询之外的其他活动。

第三,股权众筹平台类似于"交易所"。按照此观点,在股权众筹中,众筹平台控制着提供给发行人的融资机会以及提供给投资者的投资机会,因而,众筹平台可被视作一种"交易所"。根据澳大利亚现行的公司法,常规发行金融产品(股票或债券或计划份额)的股权众筹网站运营商可能处于类似于"交易所"这样的金融市场中,因此需要获得澳大利亚市场许可(简称AML)。

第四,股权众筹平台为特殊的专门机构。按照美国《初创企业促进法案》(简称JOBS法案),除了证券经纪—交易商可以从事股权众筹业务。另外还专门创造了一种新的组织"融资门户"(funding patrol)作为股权众筹中介机构。新西兰的众筹立法要求中介机构应被许可从事"众筹服务"(crowdfunding service),其定义的"众筹服务"就是对公司的股票要约提供设施,该设施的主要目的是为希望筹资的公司与寻求投资的投资者之间进行匹配提供便利。

我国还未出台股权众筹的相关法律法规,在《证券法》《公司法》和《刑法》的限制下,股权众筹的发展空间被极大地压缩,并游走于法律的灰色地带。我国的股权众筹都通过"线上+线下"两段式完成投融资过程,众筹平台承担线上创业项目的审核、展示和披露职责,平台必须确保项目真实存在,否则就脚踩"非法集资"的红线。

二、股权众筹的主体构造

(一)发起人

在股权众筹的发起人资格方面,多数国家都要求是在本国设立的公司。例如,美国JOBS法案规定的众筹条款仅适用在美国设立的发起人,且不包括投资基金公司。SEC还建议排除那些没有特定营业计划或其营业计划仅是并购其他组织的公司。在澳大利亚,能进行股权众筹的限于在澳大利亚成立的发起人,也必须是公开公司。加拿大安大略省要求合格的股权众筹发起人必须在加拿大设立,其总部在加拿大,大多数董事必须是加拿大居民。有的国家还要求为公开公司。例如,虽然英国的封闭公司没有股东人数的限制,但是英国禁止封闭公司公开发行股票,故英国的股权众筹实际上只限于公开公司。

对发起人资格要求比较特殊的是意大利立法,意大利的股权众筹仅限于

"创新性初创企业"(innovative startups)。创新性初创企业必须投资研发活动或雇佣研究人员,公司目的应当明确包括"高技术附加值产品或服务的开发和商业化"。初创企业要求其成立不超过 48 个月,并得到意大利商业部的认可。

为了避免引发系统性金融风险,大多数国家通常会采取限制发起人一年内通过股权众筹募集的资金数额的方法。但是对是否需要限制发起人的筹资额以及筹资最高限额的问题,各国的规定并不相同。英国对股权众筹发起人的筹资额没有限制。然而,发起人必须根据筹集的资金数额来公布招股说明书或其他披露文件。美国的立法规定,公司通过股权众筹 12 个月筹集的资金额不能超过 100 万美金。加拿大的立法规定,12 个月内"发行人集团"通过股权众筹募集的资金限额为 150 万加元,发行人集团包括发行人、发行人的附属公司以及与发行人或发行人的任何附属公司从事共同事业的发行人。意大利创新性初创企业通过股权众筹一年内可筹集的最大资金额为 500 万欧元。澳大利亚的立法规定,一年内发起人募集的资金总额不超过 200 万澳元。法国的立法规定,单个发起人 12 个月的总发行额不能超过 100 万欧元。

(二)众筹平台

众筹平台在股权众筹活动中扮演了不可或缺的角色,也是各国对股权众筹监管的重点,因此各国对从事股权众筹业务的平台都要求在有关金融监管或证券监管机构注册或许可。

实行注册制的国家有美国、加拿大和意大利。在美国从事股权众筹的平台必须在 SEC 注册为经纪—交易商或"融资门户",加拿大股权众筹必须通过注册为证券交易商的在线平台进行,意大利股权众筹门户的经营机构(portal manager)可以是在 CONSOB 注册的为创新性初创企业筹集资金提供服务的投资公司和银行,也可以是在 CONSOB 注册的符合一定条件的其他公司。

实行许可制的国家有英国、新西兰等国。英国股权众筹平台必须获得FCA 的许可才能向合格的投资者销售非变现证券,不论是通过互联网还是其他方式。新西兰的立法规定,如果提供"众筹服务"必须向金融市场局(FMA)申请获得许可,无论是注册还是许可,股权众筹平台普遍被要求具备一定的条件,这些条件通常包括适当性、能力、运营基础设施、注册资本、治理结构以及赔偿保险等方面的要求。例如,在适当性和运营基础设施方面,新西兰的立法规定,平台必须拥有提供服务所需的公平、有序和透明的制度和程序,必须规定反欺诈政策和公平交易政策并有实施这些政策的制度和程序,要有充分的信息披露安排以保证投资者能及时获得信息;在注册资本以及保险赔偿方面,加拿大安大略省要求平台最低要有5万加元的净资本,并至少投保5万加元的忠诚保证保险以预防可能发生的投资者资金损失。在治理结构和能力方面,意大利要求众筹门户经营机构的控制股东(如果控制股东是公司组织,则指的是该组织中的董事、总经理以及控制公司的自然人)必须是正直的,①平台中履行经营管理和监督职能的人除了有此要求外,还有职业要求。②

对于股权众筹平台的经营方面,各国也规定了信息披露、尽职调查、投资者警示和教育、保密、记录保存、禁止利益冲突等方面的义务或行为要求。例如,在信息披露方面,意大利要求众筹门户的运营机构要提供有关门户经营管理、创新性初创企业的投资以及每次发行的信息;在尽职调查方面,加拿大安大略省要求众筹平台对证券发行人及其董事、高管、发起人和控制人进行背景调查以确认他们的资质、荣誉和经营业绩,并对发行人在门户网站提交的信息进行审查以确保信息充分公开证券的一般特征和结构、发行人的特殊风险、涉及的当事人以及可识别的利益冲突和资金的用途;在投资者警示和教育方面,新西兰要求众筹平台网站的主页或者投资者申请或购买金融产品之前的页面上要显示出警示投资者的声明并使投资者注意到该警示,了解其中风险的确认,还要求平台与投资者签署客户协议并对客户协议的必备条款作出规定。在交易文件的保管期限方面,各国规定的时间长短不一,意大利规定保存5年,加拿大安大略省建议保存7年;在禁止利益冲突方面,各国基本均要求股权众筹平台不得持有或处理投资者资金或证券,不得投资发行人或在发行人处拥有利益等。

(三)投资者

英国规定股权众筹只限于成熟投资者和特定的几类普通投资者。其他国

---

①　正直性表现为:(1)没有被禁止或取消担任公职或受到禁止担任公职的处罚。(2)没有被司法机构采取强制性的措施。(3)没有因触犯银行、金融、证券和保险或证券市场和证券或支付工具方面的立法被判处刑罚,没有因公共管理、公共信任、公共遗产、公共秩序或公共经济或税收方面的犯罪而被判处不少于1年的刑罚,没有因任何故意犯罪被判处不少于2年的刑罚。

②　职业要求包括在下列行业具有至少2年的经验:(1)担任公司的董事、监事会成员或高级经理。(2)从事与信贷、金融证券或保险有关的专业活动。(3)高校的法律或经济学科的教师。(4)在与信贷、金融、证券或保险有关的公共或私人组织或政府部门担任行政管理或经营管理职能,或者在公共组织或政府部门从事与这些方面无关的但却涉及经济金融资源管理的职能。

家的股权众筹大多对大众投资者开放,但是为了限制大众投资者在股权众筹中可能遭受的损失,通常会对大众投资者参与股权众筹采取以下限制措施:其一,限制投资者一年内能投资的股权众筹发行人数量;其二,限制投资者一年内能投资每一个股权众筹发行人的资金数额;其三,限制投资者总计能投资于一个股权众筹发行人的全部资金数额;其四,限制投资者投资于每一个股权众筹发行人每一次发行的资金数额;其五,限制投资者一年内能投资所有的股权众筹发行人的总金额,而不论投资者的收入或净资产;其六,根据投资者的收入或净资产限制投资者一年内能投资的所有股权众筹发行人的总金额;其七,限制投资者能投资的所有股权众筹发行人的投资总额,而不论时间。美国采纳的是第六种方式,即年收入或净资产低于 10 万美金,投资者对股权众筹的年度总投资额不超过 2000 美金或年收入或净资产的 5%(取两者中较大者);年收入或净资产高于 10 万美金,投资者对股权众筹的年度总投资额不超过年收入的 10%,最高额为 10 万美金。英国采纳的是第七种方式来确定可以投资股权众筹的一类普通投资者,即自我证明不超过其净投资组合(不包括基本生活、养老金和人身保险)的 10%。加拿大的建议混合使用了第四种和第五种方式,即一个投资者投资每一个发行人的每一次资金金额不超过 2500 加元,一年内对所有的股权众筹发行人的总投资不超过 1 万加元。澳大利亚的 CAMAC 则建议混合适用第二种和第五种方式,即一个公众投资者 12 个月内只能对每一个发行人投资 2500 澳元,对所有发行人的投资不得超过 1 万澳元。

三、股权众筹中的知识产权出资问题分析

在股权众筹活动中,作为项目发起人的科技型初创企业的股权出资往往包含了创始人的知识产权出资。我国最早对知识产权出资作出规定的规范性文件是 1990 年颁布的《外资企业法实施细则》。该实施细则第 27 条允许以工业产权、专有技术出资,但出资比例不得超过企业注册资本的 20%。1993 年的《公司法》第 24 条沿用了这一规定。1997 年,由国家科委和工商行政管理局联合颁布的《关于以高新技术成果出资入股若干问题的规定》明确规定,以高新技术成果出资入股,作价金额可以超过注册资本总金额的 20%,但是一般不得超过 35%。[①] 该文件突破了《公司法》关于知识产权出资比例不得超过 20%的限制,但强调作价出资的知识产权必须属于该通知第 5 条所认定的高

---

① 《关于以高新技术成果出资入股若干问题的规定》第 3 条。

新技术范围。[①] 1999 年,我国对《公司法》进行修订时吸收了上述文件的精神,将《公司法》第 24 条第 2 款修订为:"以工业产权、非专利技术作价出资的金额不得超过有限责任公司注册资本的百分之十,国家对采用高新技术成果有特别规定的除外。"2005 年再次修订《公司法》时,我国将工业产权和非专利技术合称为"知识产权",并通过反向规定货币出资不得少于公司注册资本的 30% 而将包括知识产权在内的非货币出资比例扩大到 70%。2013 年第三次修订《公司法》时,我国不再设非货币财产出资比例的限制,从而为知识产权出资扫清了障碍。[②]

在《公司法》制定和修改的过程中,之所以强调必须有一定比例的货币出资,限制知识产权的出资比例,其理由在于,公司经营不仅涉及股东的利益,而且还与债权人利益保护密切相关。第一,知识产权的价值具有不易确定性,容易被高估而稀释资本对债权人的担保功能;第二,知识产权流动性差,不易变现,注册资本作为对债权人利益的担保,知识产权的作用显然无法与货币资本相比;第三,确保拥有充足的流动资金对公司经营而言具有重要意义。因为"知识产权不是公司经营的唯一要素,它只有与货币、实物等有形资本有机结合、合理配置,才能充分发挥其效能。"[③]最后,知识产权的价值受法律政策、经济发展、技术进步、市场竞争等外部因素和企业管理水平等内部因素的影响,容易快速贬值。实质上,法律对知识产权出资比例的管制是强调资本信用、强调资本对债务清偿和债权担保功能的表现。如马克斯·韦伯所言,法律限制契约自由的理由在于"在某种意义和程度上,当事人之间的任何法律交易,只要是涉及对法律上得到保障的控制权的处置,都会影响到其他人。而且,契约自由的行使也影响到第三人的利益"。[④]

然而,对知识产权出资比例的限制并不能很好地达到保护债权人利益之

---

① 《关于以高新技术成果出资入股若干问题的规定》第 5 条规定了认定高新技术的范围,具体有:(1)微电子科学和电子信息技术;(2)空间科学和航空航天技术;(3)光电科学和光机电一体化技术;(4)生命科学和生物工程技术;(5)材料科学和新材料技术;(6)能源科学和新能源、高效节能技术;(7)生态科学和环境保护技术;(8)地球科学和海洋工程技术;(9)基本物质科学和辐射技术;(10)医药科学和生物医学工程;(11)其他在传统产业基础上应用的新工艺、新技术。

② 2013 年修订的《公司法》第 27 条。

③ 刘春霖:《知识产权出资主体的适格性研究》,载《河北法学》2007 年第 3 期。

④ [德]马克斯·韦伯:《论经济与社会中的法律》,张乃根译,中国大百科全书出版社1998 年版,第 116 页。

目的。首先，从实际效果看，公司实际拥有的资产会因为公司的持续经营行为而处于不断的变动状态中，而这正是其发挥资本增值功能所必需的。"公司资本不过是公司成立时注册登记的一个抽象的数额，而绝不是公司任何时候都实际拥有的资产。"①换言之，公司注册资本的高低和货币出资的多少对公司债务清偿能力和债券担保的实现并无关联，公司债权人和利害关系人的利益无法依赖注册资本获得保障。其次，从比较法的角度看，日本公司法、韩国商法、美国标准公司法、英国公司法、德国公司法、法国商事公司法等的相关规定，"几乎没有国家对无形资产的出资比例予以限制"。② 最后，知识产权出资虽然具有一定的交易风险，但在知识经济时代，知识产权的经济价值和在企业竞争中的作用日益凸显，限制知识产权出资不但阻碍了其充分实现经济价值，削弱了公司业务增长能力，还难以实现维护公司债权人和利害关系人利益的目标，反而会对其利益造成损害。

在知识产权评估方面，各国公司法的规定不尽相同。《加拿大商业公司法》第25条规定，股份发行应收对价，由董事会决定，公司发行的股份不估价，持有人不因其所持股份而对公司和债权人承担责任。在决定知识产权是否构成现款对价时，董事会应当考虑公司组建、重组费用及依合理预期确定使公司受益的知识产权应当支付的价款。《美国标准公司法》也不要求对股东出资作出评估，而是在公司发行股票之前，董事会必须确定该股票已经收到的或将会收到的价金是否足够。《特拉华州公司法》授权董事会首先决定用于出资的财产的价金。只要交易没有实质性的欺诈，由董事会确定的价金就是股票的最终定价。我国《公司法》规定，对作为"出资的非货币财产应当评估作价"，但是并没有规定进行评估作价的主体。对此有学者认为，应该由设立公司的股东或者发起人来评估作价。③ 但《公司法》还规定："法律、行政法规对评估作价有规定的，从其规定。"④根据《公司登记管理条例》《公司注册资本登记管理规定》的规定，作为股东或者发起人出资的非货币财产，应当由具有评估资格的资产评估机构评估作价后由验资机构进行验资。另外，对于知识产权出资，财政部、国家知识产权局发布的《关于加强知识产权资产评估管理工作若干问题的通知》第2条规定："知识产权评估应当依法委托经财政部门批准设立的资

---

① 赵旭东：《企业与公司法纵论》，法律出版社2003年版，第220页。

② 张穹：《新公司法修订研究报告（中册）》，中国法制出版社2005年版，第104页。

③ 施天涛：《公司法论》，法律出版社2006版，第176页。

④ 《公司法》第27条。

产评估机构进行评估。"可见,出于保证评估结果的客观性的考虑,相关行政机关要求知识产权出资由专门的评估机构进行评估。然而,知识产权价值评估本是世界性难题,由于知识产权的特殊性,现有的重置成本法、市场价格法、收益现值法等主要评估法对知识产权价值评估并不能有效适用,评估价值往往难以反映知识产权的真实价值。另外,对评估的强制性要求也增加了公司的设立成本和程序的复杂性,不利于迅速筹资和公司的快速设立。尤其是对科技小微公司的设立,这可能得不偿失。因此,基于上述理由,对于采用有限责任公司形式设立的科技初创企业,建议借鉴国外的做法,放弃机构评估的强制性要求,直接由股东或发起人评估作价。

我国《公司法》第 28 条规定:有限责任公司"股东应当按期足额缴纳公司章程中规定的各自所认缴的出资额。股东以货币出资的,应当将货币出资足额存入有限责任公司在银行开设的账户;以非货币财产出资的,应当依法办理其财产权的转移手续"。根据《公司法》第 29 条规定,在有限责任公司设立时,"股东缴纳出资后,必须经法定的验资机构验资并出具证明"。第 30 条规定:"股东的首次出资经依法设立的验资机构验资后,由全体股东指定的代表或者共同委托的代理人向公司登记机关报送公司登记申请书、公司章程、验资证明等文件,申请设立登记"。从以上的规定可以看出,出资人应该在公司设立登记之前将知识产权转移给公司,以保证公司顺利设立。但问题在于,既然此时公司尚未成立,作为出资的知识产权应当如何转移? 或者说,由谁作为接受主体? 特别是专利权、商标权等工业产权,其权利主体的改变,以登记为要件,由于受让公司还不存在,如何办理权属的转移登记? 为了解决这个问题,有人建议先成立公司,再进行权属的转移。这样的建议虽有一定的合理性,但是这样做与公司法的规定相悖,容易形成虚假出资。从公司法理论看,发起人着手设立公司至进行公司设立登记时止,此段期间存在一个准实体,即"设立中的公司","设立中的公司"是后来成立的公司的前身,尽管不具有法人资格,但在与设立公司相关事务的范围内,它具有权利能力和行为能力,与之后正式设立的公司具有继承性和同一性。在公司设立过程中,"设立中的公司"取得的权利义务都应归属于成立后的公司。可见,在理论上,知识产权出资者缴纳出资的对象是"设立中的公司"。而发起人作为设立中的机关,对外代表设立中的公司,对内履行设立义务。[①]

根据《专利法》的规定,"转让专利申请权或者专利权的,当事人应当订立书

---

① 王保树、崔勤之:《中国公司法原理》,社会科学文献出版社 1998 年版,第 165 页。

面合同,并向国务院专利行政部门登记,由国务院专利行政部门予以公告。专利申请权或者专利权的转让自登记之日起生效"。① 可见,专利权的转让属于要式行为,股东之间除了应当就专利权转让出资签订书面合同外,还应当按照专利法的规定向国家知识产权局提出专利权转让申请,并经登记公告。从登记公告之日起,专利权的转让行为生效,该专利权即归公司所有,出资人在法律上完成将专利权转移给公司的出资义务。

按照《商标法》的规定,注册商标的转让人和受让人应当签订转让协议,并共同向商标局提出申请。转让注册商标经核准后予以公告。受让人自公告之日起享有商标专用权。② 故以商标权出资,需要办理的财产权转移手续包括:第一,出资者就商标权转让出资签订转让合同,对转让出资相关的权利、义务及相关问题作出明确约定;第二,到商标局申请变更商标权主体,经商标主管机关核准后公告,公告后公司取得商标权。

与专利权、商标权转让相比,著作权转让有其特殊之处。其一,著作权的取得采取自动保护原则,自作品创作完成时取得著作权,取得著作权不需履行任何手续。相应地,法律对著作权的转让也未规定行政机关的核准或登记手续,因此,著作权的转让自当事人签订书面合同时生效。③ 虽然《著作权法实施条例》第 25 条规定:"与著作权人订立专有许可使用合同、转让合同的,可以向著作权行政管理部门备案。"从该条的性质看,这属于任意性规范,对著作权转让合同的备案并非强制性要求,并且备案与否也不会对著作权转让的效力产生影响。其二,与专利权、商标权属于财产权不同,著作权是人身权和财产权的集合体,由于著作人身权专属于作者,不具有可转让性。因此,著作权转让的仅是著作财产权,著作权人享有的人身权不受影响。

知识产权许可使用也是知识产权利用的主要方式,对于知识产权许可使用权是否可以出资,《公司法》对此未作明确规定。知识产权许可使用权出资是指知识产权人保留知识产权的所有权,而仅将该知识产权中一定期限和范围的使用权"让渡"给接受出资的公司。④ 从许可使用的类型上,它可以分为独占许可、排他许可和普通许可。独占许可是指在知识产权人授权一个被许可人在一定期限和范围内使用其知识产权,并且在此期限和范围内知识产权人自己也不得

---

① 《专利法》第 10 条第 2 款。

② 《商标法》第 39 条。

③ 《著作权法》第 25 条。

④ 刘春霖:《论股东知识产权出资中的若干法律问题》,载《法学》2008 年第 5 期。

使用。排他许可是指知识产权人授权一个被许可人在一定期限和范围内使用其知识产权,并且在此期限和范围内知识产权人自己也可以使用。普通许可是指知识产权人授权多个被许可人在一定期限和范围内使用其知识产权,并且在此期限和范围内知识产权人自己也可以使用。相对而言,独占许可权在授权的期限和范围内具有相当于知识产权人的地位,知识产权人也不可与之对抗,作为出资标的应无疑义。排他许可权的效力稍弱于独占许可,但在授权期限和范围内也可以对抗除知识产权人之外的第三人,亦应可以成为公司出资标的。至于普通许可使用权,由于不具有对抗第三人的效力,发生侵权行为也不能以自己的名义起诉,其经济价值难以保障,一般不适合作为公司出资标的。

以专利许可使用权出资,按照《专利法》第 12 条的规定,当事人应当订立书面实施许可合同。由于专利许可使用权出资并不改变专利权的主体,只是将专利使用权按照约定的期限和范围许可给公司使用,故并不需要像专利权转让出资那样办理转让登记才能生效。虽然《专利法实施细则》第 15 条第 2 款规定:"专利权人与他人订立的专利实施许可合同,应当自合同生效之日起 3 个月内向国务院专利行政部门备案。"虽然使用了"应当"一词,但由于该条没有规定未备案的法律后果,属于管理性强制性规定,因此,专利使用权许可合同备案不是许可合同的生效要件,也不影响出资的效力。备案的意义在于,方便行政主管机关对专利权利变动信息的掌握与管理,同时也起到公示的作用,使市场主体及时地了解特定专利权的许可使用情况,以作出正确的交易决定。

以商标许可使用权出资,根据《商标法》第 40 条的规定,当事人应签订书面商标许可使用合同,并报商标局备案。《商标法实施条例》第 43 条规定:"许可他人使用其注册商标的,许可人应当自商标使用许可合同签订之日起 3 个月内将合同副本报送商标局备案。"值得注意的是,与专利权许可使用备案的效力不同,最高人民法院发布的相关司法解释规定,"商标使用许可合同未在商标局备案的,不得对抗善意第三人。"①该规定赋予了商标使用许可合同以明确的法律效力,也就是说,商标权使用许可合同如果没有办理备案,虽然可以在当事人之间发生法律效力,但没有对抗善意第三人的效力。

以著作权许可使用权出资,按照《著作权法实施条例》第 25 条的规定,当事人在签订书面许可使用合同后,可以自愿选择是否备案。由于没有规定备案的法律效力,因此,与专利许可使用合同备案一样,备案仅具有方便行政机关管理和提醒公众注意的作用。尽管从现行法律看,著作权转让合同和许可

---

① 《最高人民法院关于审理商标民事纠纷案件适用法律若干问题的解释》第 19 条。

使用合同备案均不具有强制性,并且备案也不具有对抗第三人的效力。但在以著作权和著作许可使用权出资的情况下,备案仍然不乏积极意义,这是因为备案可以成为权利存在的初步证据,除非有相反证据,可以推定备案内容真实有效,一旦发生纠纷,可以免除相应的举证责任,故而在签订转让和许可使用合同后,应及时办理相关备案为宜。

四、股权众筹投资人的权利持有及行使问题分析

(一)股权众筹投资人持有股权的三种模式

根据股权众筹活动中投资人持有融资企业股权方式的不同,其可分为投资人直接持有融资企业股权和间接持有融资企业股权两种方式。实践中,间接持有融资企业股权的方式主要包括通过有限合伙企业①或通过股权代持协议安排持有融资企业股权。

在投资人直接持有融资企业股权的模式下,投资人在股权众筹平台上浏览众筹项目后,根据融资企业创始人的背景、融资企业发展前景、主要商业创意和产品的情况作出相关的投资决策,对融资企业所出让的股权予以认购,并支付投资认购款项。在筹资期结束后,若融资企业实际的筹集资金数额达到预定数额,则众筹项目得以成功完成,投资人将收到出资证明书和投资协议书,证明投资人对于融资企业具有合法的股东身份,并有权基于股东身份行使股东权利并获得相关的股东收益。同时,投资人配合融资企业至企业登记机关办理股东登记手续,并记载于公司股东名册。

直接持股的方式无论对投资人还是融资企业,法律关系均较为明晰和确定,投资人所享有的股东权利与融资企业原有股东无异,有利于其股东权利的实现并最终获得预期投资回报。但是由于参与股权众筹活动的投资人一般不具有丰富的投资经验,也不熟悉公司的管理和运作,并且由于单个的众筹投资人在融资企业中的持股比例较低,难以参与公司的实际经营管理,掌握公司经营的实际状况并在股东会会议中作出具有关键意义的投票,因此投资人直接持有融资企业股权看似是投资人获得融资企业权益最为稳妥和直接的方式,

---

① 我国主要采用有限合伙企业形式,国外多采用风投基金模式,由风投基金把项目投资者的资金注入到项目公司,投资者是基金持有者,基金的面值和项目公司的股票的价值等值。投资者是项目公司的间接股东,美国著名股权众筹平台 Fundersclub 采用了此模式。

但是在实践操作中易使投资人的股东身份徒具虚名,并不能有效地参与融资企业的控制和管理。

在投资人通过有限合伙企业间接持有融资企业股权的模式下,一般先由具有丰富投资经验的投资人作为领投人对股权众筹项目进行浏览和挑选,并与融资企业的创始人或主要管理人员进行接触和沟通,以进一步了解融资企业的基本情况、盈利能力和发展方向,在认为融资企业具有较强的投资价值后,则会作出投资决策并在股权众筹平台上对项目进行推荐,以吸引公众投资人对融资企业予以关注和了解并参与对融资企业的出资。筹资期结束后,若实际筹资金额达到或超过预计筹资金额,则所有投资人首先作为合伙人发起设立有限合伙企业,并由具有丰富投资经验的投资人作为有限合伙企业的普通合伙人,其他投资人作为有限合伙企业的有限合伙人,再由有限合伙企业作为投资主体,并以投资人的所有投资资金对融资企业进行出资,该有限合伙企业成为融资企业股东。在此模式下,投资人不直接持有融资企业股权,其持有的是有限合伙企业的财产份额,并依照该财产份额获得对融资企业的投资收益。

由于有限合伙企业集合了投资人的全部投资资金,加之融资企业一般为初创中小微企业,注册资本额不高,因此有限合伙企业作为股东一般在融资企业中持有较高比例的股权,具有向融资企业委派董事和/或监事的权利,委派的董事和/或监事通常是执行有限合伙企业事务的普通合伙人(领投人)。因为他们具有较为丰富的投资经验行业知识。并且融资企业的运营状况与委派的董事、监事的个人利益具有密切的联系,他们有能力也有动力深度参与融资企业的发展方向和经营管理,在促进融资企业的发展的同时获得投资回报。一旦发现有限合伙企业的利益受到损害,他们也可及时通知和协调其他合伙人采取相应的措施,以充分维护有限合伙企业在融资企业中的正当权益。

然而,如果具有丰富投资经验的投资人(领投人)与融资企业恶意串通,在股权众筹项目推荐阶段进行虚假推荐或隐瞒融资企业的重大不利信息,抑或有限合伙企业委派担任董事或监事职务的投资人未尽到参与融资企业控制与管理的职责,甚至与融资企业创始人或其他股东串通,损害有限合伙企业的利益,则可能会对众多投资人间接持有的融资企业权益造成巨大损害。

在投资人通过股权代持协议持有融资企业股权的模式下,其持有融资企业股权还可再分为以下方式:一是股权众筹活动的投资人将其对于融资企业的实际权益交由融资企业创始人或控股股东予以代持。二是在众多投资人中选举一名具有丰富投资经验和行业知识的代持投资人,所有其他投资人本应获得的融资企业股权均由其代持。三是由众筹平台代持。根据"人人投"的

《委托管理协议（投资人-管理方）》范本规定,投资人要委托融资平台管理其在融资项目中的出资份额及相对应的权益,授权平台代为履行出资人职责,享有股东/合伙人权利,承担股东/合伙人义务。在此模式下,该代持股权投资人被称为"名义股东"或"显名股东",其他投资人被称为"实际投资人"或"隐名股东"。

股权代持协议安排通常具有较高的风险,即股权代持人可能未根据其与被代持人签订的股权代持协议行使权利或承担其应负担的义务,例如,未将相关股权收益及时足额地支付给被代持人;或者未按照被代持人的指示在股东会中就相关事宜进行表决或投票;或者在未获得被代持人授权或指示的情况下,擅自向第三人转让代持股权。一旦出现上述情况,必然会对实际投资人的利益造成损害,同时由于实际投资人未登记在公司股东名册,也会让其权利救济形成诸多法律障碍。

(二)不同持股模式下投资人权益的比较分析

按照公司法的规定,股东权利主要包括收益权、转让权、管理权、知情权以及诉权等。在股权众筹的不同持股模式下,投资人的权益也存在明显的差异。

就股东收益权而言,直接持有融资企业股权的众筹投资人由于具有法律上直接的股东身份,有权直接获得公司法和章程规定的收益分配。通过股权代持方式间接持有融资企业权益的投资人并不具有融资企业形式上的股东身份,也未被记载于股东名册,一般无权直接获得相关的股利,仅可根据其与名义股东的约定,由名义股东作为资金通道将公司分配的股利交付于投资人。通过成为有限合伙企业合伙人的方式间接持有融资企业权益的投资人获得相关股利分配则更为复杂,需要通过融资企业和有限合伙企业的二次利润分配才可最终获得相应的股利,且在合伙企业层面的分配需由具有普通合伙人身份的投资人作出分配决定,否则股利难以下沉至参与股权众筹的全部投资人。

如果出现融资企业董事会滥用商业判断原则长时间不制定股利分配方案或股东会长期拒不作出股利分配决议的情形,在符合法律规定的情形下,直接持有融资企业股权的投资人可通过主张反向股东收购等方式维护获得股利的正当权利。[①] 通过股权代持和作为有限合伙企业合伙人的投资人难以直接主张股利分配并且上述情形的发生常见于融资企业董事会或大股东(创始人)出于企业经营发展的需要拒绝通过股利分配摊薄运营资金的情形,因此对于由融资企业大股东(创始人)代持享有融资企业权益的投资人,其要求名义股东

---

① 《公司法》第74条。

向融资企业主张股利分配的请求更难以实现。

就股权转让而言,通过名义股东代持股权的投资人,由于不具有股东的外貌特征,其与融资企业的其他股东或第三方就股权转让事宜进行协商时,需耗费大量的时间成本说服第三方相信其对标的股权具有相应的处分权,并且当其决定将持有的融资企业相关权益转让时,需要得到名义股东的配合,否则无法办理登记机关的股东变更登记手续,也无法对股东名册中的股东信息进行相应的调整。同时,若名义股东利用其对融资企业股权形式上的占有,在未征得投资人同意的情况下,将代持股权擅自出让给善意第三方并办理完毕登记机关的变更登记手续,则实际投资人一般仅可追究名义股东的违约责任,但其股权转让无效和将股权关系还原的主张将很难得到支持。

对于通过持有有限合伙企业份额而间接持有融资企业股权的投资人而言,其无法直接转让融资企业的股权,仅有权通过转让其持有的有限合伙企业份额的方式间接转让相对应的融资企业权益,从而间接实现从融资企业中退出或减少投资额的目的。相较于普通合伙人,有限合伙人的退出更为容易。与公司股东对外转让股权需获得公司其他过半数股东同意不同,由于有限合伙人并不执行有限合伙企业事务,也不承担无限连带责任,其退出不会对有限合伙企业及其他合伙人的运营和利益造成实质性重大影响,因此其对外转让持有的有限合伙企业份额的行为只需提前 30 日向其他合伙人履行通知义务即可,无须取得其同意,只是其他合伙人对拟对外转让的份额拥有优先购买权。[1] 但是具有普通合伙人身份的投资人退出有限合伙企业需要得到所有具有有限合伙企业合伙人身份的投资人同意。[2] 这显然具有极大的困难。

就剩余财产分配而言,当融资企业面临无法存续的情况时,直接持股的投资人有权基于其股东身份参与融资企业剩余财产的分配。但是通过股权代持协议和作为有限合伙企业合伙人间接持有融资企业权益的投资人无法直接就筹资企业的剩余资产主张财产权。

就股东管理权而言,直接持有融资企业股权的投资人有权以自己名义参加股东会,并根据自身的意志对股东会的相关表决事项进行投票,并有权以股东会决议具有瑕疵为由,要求法院撤销融资企业作出的股东会决议。通过股权代持方式持有融资企业权益的投资人无法直接参加股东会并在股东会中行使表决权,但是可根据其与名义股东的约定,要求名义股东根据其要求和指示

---

① 《合伙企业法》第 73 条。

② 《合伙企业法》第 45 条。

参加股东会并作出相应投票或由名义股东申请撤销股东会决议。在有限合伙企业融资模式下,作为有限合伙企业普通合伙人的投资人有权对外代表有限合伙企业并执行有限合伙企业相关事务,有权代表有限合伙企业出席筹资企业的股东会并为有限合伙企业的利益作出相关投票。但是具有有限合伙企业有限合伙人身份的众多投资人并不决定和执行有限合伙企业的对外事务,无法直接参与融资企业的股东会并做出相关投票,仅可通过有限合伙企业在融资企业中集中体现其意志,因此,其对于融资企业股东会相关表决事项的意愿和意见很难得到完整和全面的反映。

就股东知情权而言,直接持有融资企业股权的投资人有权基于股东身份查阅、复制股东会和董事会决议,要求融资企业提供相关的财务会计报告和会计账簿,以便对融资企业的业务经营情况有直观明确的了解。但对于通过股权代持或有限合伙企业持有融资企业权益的投资人而言,其只能通过名义股东或代持人行使其本应直接享有的股东知情权。

就股东诉权的行使而言,根据《公司法》的规定,股东享有直接诉权和派生诉权。[①] 前者是指当股东认为股东会或董事会作出的相关决议在程序上或内容上违反法律或章程的规定,侵犯其合法权益时,有权向法院提起诉讼要求撤销该股东会或董事会决议的权利。后者是指当公司合法利益被侵害时,特别是侵害人为公司的控股股东、董事或高级管理人员,公司怠于对侵害人提起诉讼时,符合条件的股东有权以自身名义代替公司向上述侵权人提起诉讼,并要求追究其相应法律责任的权利。参与股权众筹活动并直接持有融资企业股权的投资人有权基于其股东身份提起直接诉讼和派生诉讼以维护其权益不受非法侵害。对于通过股权代持或有限合伙企业持有融资企业权益的投资人而言,由于其不具有法律认可的融资企业股东身份,无权直接提起股东诉讼,需要通过名义股东或有限合伙企业行使此类诉权。

(三)股权代持效力的认定与纠纷处理

对于股权代持协议的法律效力,《公司法》并无直接规定。最高人民法院颁布的《公司法司法解释三》第24条第1款规定:"有限责任公司的实际出资人与名义出资人订立合同,约定由实际出资人出资并享有投资权益,以名义出资人为名义股东,实际出资人与名义股东对该合同效力发生争议的,如无法律规定的无效情形,人民法院应当认定该合同有效。"它首次以司法解释的形式

---

① 《公司法》第149条和第151条。

间接承认了股权代持协议的合法性,即如果股权代持协议无法律规定的无效情形,该协议具有法律拘束力。

在我国,股权代持的最主要原因是规避《公司法》对有限责任公司股东人数不得超过 50 人的限制。法律规避通常是指国际私法中的一种常见现象,即"涉外民事法律关系的当事人为利用某一冲突规范,故意制造某种连结点,以避开本应适用的法律,从而使对自己有利的法律得以适用的一种逃法或脱法的行为。"①对于法律规避的效力,学者们一直存在争议,英美法系学者一般认为,既然冲突规范给予当事人选择法律的可能,则当事人为了达到自己的某种目的而选择某一国家的法律时,就不应归咎于当事人。如果要防止冲突规范被人利用,就应该由立法者在冲突规范中有所规定,因此应承认法律规避行为有效。②

法律规避的现象同样也普遍存在于国内法领域。因为此类行为处于合法与非法之间,因而对其效力的判断同样属于模糊的灰色地带。③ 法律规避的对象是强制性规范,我国《合同法》第 52 条第 5 项规定"违反法律、行政法规的强制性规定"的合同无效,最高人民法院《关于适用〈中华人民共和国合同法〉若干问题的解释二》将强制性规定限定解释为"效力性强制性规定"。之后在《关于当前形势下审理民商事合同纠纷案件若干问题的指导意见》中又明确指出:"人民法院应当注意区分效力性强制规定和管理性强制规定,违反效力性强制规定的,人民法院应当认定合同无效;违反管理性强制规定的,人民法院应当根据具体情形认定其效力。""人民法院应当综合法律、法规的意旨,权衡相互冲突的权益,诸如权益的种类、交易安全以及其所规制的对象等,综合认定强制性规定的类型"。④《民法典》第 153 条在借鉴上述规定精神的基础上规定:"违反法律、行政法规的强制性规定无效。但是,该强制性规定不导致该民事法律行为无效的除外。"可见,对于直接违反强制性法律规范的合同尚且不能一概判定无效,需要区分是违反效力性强制规范还是管理性强制规范才能做出判断。举重以明轻,对于法律规避行为,我们自然更需要慎重处理。就众筹模式下的股权代持而言,由于众筹本身以筹资扩大生产经营为目的,不包

① 韩德培主编:《国际私法新论》,武汉大学出版社 1997 年版,第 194 页。
② 何冬明:《对法律规避效力的中性认识》,载《辽宁师范大学学报》2008 年第 5 期。
③ 董淳锷:《在合法与违法之间:国内法领域法律规避现象的实证研究》,中国政法大学出版社 2015 版,第 24 页。
④ 最高人民法院《关于当前形势下审理民商事合同纠纷案件若干问题的指导意见》第 16 条。

含非法目的,不损害公序良俗,应认可其法律效力。

从司法实践看,并非所有规避法律规定的代持协议都是无效的。在判断是否有效时,法院需要结合协议主体、内容及形式,以及是否违反公序良俗等因素,综合加以判断。① 即使是法律严格限制股东资格的金融类公司,也不轻易否定股权代持协议的效力。例如,在广西全州农村合作银行与蒋正军等确认合同效力纠纷上诉案中,②溶江公司持有全州农合行法人股600万股,其中蒋正军实际出资认购200万元股份。蒋正军与溶江公司签订《股权代持协议》,约定溶江公司作为蒋正军对全州农合行股权200万股的名义持有人。法院认为,该协议主体合格,内容未违反强制性法律规定,双方的意思表示真实一致,应认定为有效合同。蒋正军作为实际出资人,依法享有该200万股的投资权益。对于上市公司的发行人,根据《证券法》《上市公司信息披露管理办法》《首次公开发行股票并上市管理办法》的规定,不允许上市公司发行过程中隐匿真实股东,否则公司股票不得上市发行。在杉浦立身与龚茵股权转让纠纷案中,③法院区分了代持协议的效力以及系争股权及投资权益的归属,认为上市公司发行人的股权代持协议因违反公序良俗而无效,股权代持产生的投资收益应根据公平原则,考虑对投资收益的贡献程度以及对投资风险的承受程度等进行合理分配。可见,即使是在股权代持被判定无效的情形下,股权代持所产生的投资收益也应依法予以保护。众筹融资企业大多是规模有限的初创企业,行业分布虽然广泛,但基本属于科技文化创意产业,法律对股东资格并无限制,承认股权代持协议的效力应不存在法律障碍。

在股权代持的情形下,由于股权由名义股东持有,实际出资人未记载在股东名册,一旦名义股东违约转让股权,此类纠纷不仅涉及实际投资人的利益,也会对交易安全产生影响。根据最高人民法院《公司法解释三》第25条的规定,如名义股东将登记于其名下的股权转让给第三人,实际出资人以其对股权享有实际权利为由,请求人民法院认定转让行为无效的,法院可参照《物权法》第106条关于善意取得的规定处理。即受让人可善意取得股权,实际出资人可就转让行为对其造成的损失向名义股东索赔。有学者认为,善意取得制度适用的前提条件是,处分人对他人财产无处分之权限却为处分之行为。而股权代持关系中,在实际出资人经法定程序取得股权之前,名义股东具备合法的

---

① 葛伟军:《股权代持的司法裁判与规范理念》,载《华东政法大学学报》2020年第6期。
② 广西壮族自治区桂林市中级人民法院(2017)桂03民终2898号民事判决。
③ 上海金融法院(2018)沪74民初585号民事判决。

股东身份,有权以合法方式转让其合法持有的股权,不存在效力瑕疵。第 25 条的规定实质上是对善意取得制度服务于无权处分之规范意旨的偏离。[①] 此种说法有失偏颇,首先,名义股东并非出资义务的实际履行者,其擅自处分股权的行为虽无形式上的瑕疵,却在实质上以自己的名义处分了他人的财产权利,损害了实际出资人的利益,与无权处分的法律后果极为相似。其次,参照适用善意取得制度既维护了交易安全,亦可给予利益受损的实际出资人以适当的倾斜保护,体现了法益平衡的要求。

当名义股东无力清偿债务时,债权人向法院申请强制执行名义股东代持的股份时,实际出资人能否对此提出执行异议?对此问题,学界主要有四种不同的观点。第一,基于股权权属的实质判断,应保护实际出资人,实际出资人可以提出执行异议。第二,概括参照善意取得制度,应保护申请执行人,实际出资人不得提出执行异议。第三,基于商业外观主义对第三人所具有的信赖利益,保护申请执行人。实际出资人不得提出执行异议。第四,严格按照善意取得制度保护交易安全,有区分地保护具有处分请求权的申请执行人。司法实务主要采用第三种观点,即结合合同的相对性、公示对抗效力、利益平衡理论、商事外观主义原则、司法政策价值等因素,实际出资人不能排除法院的强制执行。[②] 例如,在"中信银行股份有限公司济南分行、海航集团有限公司执行异议之诉再审案"中,最高法院认为,股权代持法律关系应受合同相对性原则约束,实际出资人不得向合同以外的第三人主张权利;且依据商事外观主义原则,应将当事人行为的外在表征作为商事交易行为法律后果的主要参照,保护债权人作为善意第三人的信赖利益;因此本案中的实际出资人无权就法院对涉案股权的强制执行主张抗辩。[③]

当实际出资人对融资公司提出显名要求,要求将其登记为公司股东,融资公司能否予以拒绝?结合《公司法司法解释三》第 24 条和 2019 年《全国法院民商事审判工作会议纪要》第 28 条,实际出资人的显名化需要满足以下条件:(1)经公司其他股东半数以上同意;或(2)公司过半数的股东明知实际出资人已实际出资的事实且对实际出资人实际行使股东权利未提出异议。在满足上述两项条件之一的情况下,实际出资人可以从公司的隐名股东转化为显名股东。

---

① 姚明斌:《有限公司股权善意取得的法律构成》,载《政治与法律》2012 年第 8 期。

② 张元等:《隐名权利能否阻却法院执行:权利性质与对抗效力的法理证成》,载《人民司法(应用)》2017 年第 31 期。

③ 最高人民法院(2016)最高法民再 360 号民事判决。

第四章 互联网供应链下的知识产权融资机制

第一节 互联网供应链融资的兴起与发展

一、供应链生产模式与供应链融资

供应链是指围绕核心企业,通过对信息流、物流、资金流的控制,从采购原材料开始,到制成中间产品以及最终产品,最后通过销售网络把产品送到消费者手中,从而通过供需关系将原料供应商、制造商、分销商、零售商、物流商、服务提供商等企业乃至最终用户连成一个整体的功能网链结构。[1] 供应链融资与供应链生产模式的兴起密不可分,传统上,受市场交易成本的制约,产品链的绝大部分环节是在一个独立的企业内完成的,除了原材料需要从市场采购之外,大部分中间产品的生产、加工、储存、运输,乃至最终产品的组装和销售,都是通过企业内部的集中管理来加以控制。这种情形通常被称为"纵向一体化"。[2] 20世纪70年代以来,生产的分工模式开始发生显著变化,越来越多的分工从企业内转向企业间。过去,企业间的分工往往以产业或产品为界,而最近三四十年来,一个产品的不同生产工序在多个企业间进行分工协作已经成为分工的新潮流。企业间分工使得行业内核心企业放弃大而全的生产模式,而是集中资源,专注于自身最有优势的领域,并将其他环节通过生产外包或全球化采购渠道,交由外围的中小企业完成。这种模式不但有利于发展各个企业的核心竞争力,而且可以通过不同生产环节的空间再分布来利用不同地区和国家的比较优势,尽可能降低整个产品链的生产成本。

然而,供应链模式的发展在降低生产成本的同时也可能会大大提高供应

---

① 马士华、林勇:《供应链管理》,高等教育出版社2003年版,第3页。
② 卢锋:《产品内分工》,载《经济学季刊》2004年第1期。

链整个生产过程的财务成本。一方面,由于更多的生产工序需要通过市场来协调,因此在原材料采购、中间产品生产以及最终产品消费的过程中,贸易总量和交易频率都提高了,企业为了满足市场交易的需要,就必须准备更多的现金,从而带来了运营成本的上升。另一方面,更为重要的是,当前赊销模式已经成为供应链贸易中主要的交易模式,该模式通过延缓买家的付款时间,表面上固然降低了作为核心大企业的财务成本,但是,却将资金压力推给了上游的众多中小企业,而按照传统的银行信贷实践,这些资金需求迫切的中小企业被认为属于高风险的贷款人,因此需要支付更高的融资成本,甚至可能因为银行的信贷配给而无法得到贷款,从而带来整个供应链资金成本的上升。[①]

供应链融资的发展正是适应了供应链内中小企业融资的需要。供应链融资是银行根据特定产品或产业供应链的真实贸易背景和供应链主导企业的信用水平,以企业贸易行为所产生的未来预期现金流为直接还款来源,配合银行的短期金融产品和封闭贷款操作所进行的单笔或额度授信方式的融资业务。借助供应链融资方式,尽管买家的付款期限不变,但供应商可以在买家开票后几天内便从金融机构得到大部分货款,则供应链供需双方的资金矛盾就能得到有效缓解。

总体而言,供应链融资具有以下特征:

一是自偿性。供应链融资重视融资背景的真实性,真实贸易背景才能保证有稳定的现金流偿还融资款。供应链融资通过控制企业间的信息流、物流、资金流信息,确保在控制风险的前提下提供融资授信,融资只能用于限定的贸易活动,因而具有自偿性的特点。自偿性贸易融资以供应链企业间的应收账款为授信的还款来源,不片面强调融资主体的财务信息,而是在充分了解供应链上的资金流、信息流、物流信息,结合贸易的真实性的基础上做授信决定。自偿性保证了银行资金的稳定性,有助于中小企业跳出传统信贷标准的限制,通过与核心企业建立合作伙伴关系,提升自己的信用水平,解决生产经营中的资金问题,最终促使中小企业实现稳步发展和健康成长。[②]

二是封闭性。供应链融资中银行可以通过对资金流及物流进行控制以更好地防范风险。在资金流方面,下游融资企业通过销售获得的货款、上游融资企业收到核心企业支付的欠款,都会汇入银行事先指定的专门账户,防止了融资企业挪用资金的可能性。在物流方面,融资企业会将质押货物交于第三方物流公

---

① 胡跃飞、黄少卿:《供应链金融:背景、创新与概念界定》,载《金融研究》2009年第8期。
② 陈晓红:《中小企业供应链融资》,经济科学出版社2008年版,第43页。

司进行储存保管,物流公司凭借专业的信息平台及管理经验,对质押物的出入库进行管理,定期向银行报告质押物状况。因此,资金的流出收回、货物的出入库情况都在银行能控制的封闭的回路中流动,从而保证了贷款的安全。

三是稳定性。供应链融资的交易活动发生在整条产业链上,因此只要整个行业不出现系统性风险,交易活动就会持续地、周而复始地发展下去,使得供应链融资具有长期稳定性的特征。随着供应链上的交易活动长期、反复地进行,银行积累起大量关于供应链的运营信息,从而改善与融资中小企业间信息不对称的问题,同时,银行对供应链掌握的信息越多,就越容易判断贸易活动是否合理、真实,融资企业伪造贸易活动、贸易合同的成本就越高,从而抑制融资企业的逆向选择和道德风险。

通常,企业的经营过程主要包括采购、运营和销售三个阶段,根据中小企业自身的资金流特点,结合整个供应链的结构特点,由此产生出供应链融资的几种传统模式:(1)采购阶段的保兑仓融资模式;(2)运营阶段的融通仓融资模式;(3)销售阶段的应收账款融资模式。[①]

保兑仓融资模式即预付款融资模式,其主要流程如下:首先,急需资金的中小企业向上游核心企业购买原料或产品时,可以以该批货物作为担保品向金融机构申请信贷支持;其次,金融机构若通过对中小企业的审核,提供信贷资金帮助企业支付货款,就能相应地取得该批货物的担保权;最后,中小企业分期向金融机构归还贷款,分期取得货物的所有权。

融通仓融资模式是指融资企业以存货作为担保品向金融机构申请信贷支持,并且以存货的销售收益偿还信贷资金的一种融资模式。它是金融、物流和仓储三者的优化和整合。传统上,金融机构发放信贷资金时,往往要求以机器设备、厂房等不动产作为担保品。对于资信实力薄弱的中小企业来说,它们由于不具备这些条件而备受金融机构的冷落。融通仓融资模式则突破了传统的担保界限,将企业流动资产中占很大比重的原料、半成品、成品等存货作为担保品,并且借助物流企业的实时监管、价值评估等帮助,实现了金融机构对信贷风险的防控。其主要流程为:(1)中小企业以存货为担保向金融机构申请动产质押贷款;(2)物流企业对中小企业的货物进行监管和评估,得出评估结果;(3)存货若符合评估标准,金融机构向中小企业发放贷款。

应收账款融资模式主要分为应收账款质押和应收账款保理两种模式,应

---

① 祝文峰,韩克勇:《供应链融资——解决中小企业融资难的新型信贷模式》,载《生产力研究》2010 年第 7 期。

收账款质押融资模式下,融资企业将应收账款质押给金融机构以寻求金融支持,如果融资企业无法按时偿还信贷资金,金融机构可就应收账款优先受偿。应收账款保理融资模式下,融资企业将其对核心企业的应收账款转让给金融机构的形式来寻求信贷支持,如果核心企业未能按时偿付应收账款,金融机构可以向融资企业追偿。

随着供应链金融的发展,在保兑仓融资模式、融通仓融资模式、应收账款融资模式三类基本模式的基础上还出现了组合模式。例如,订单融资模式就是三种模式的结合。该模式分为发货前和发货后两个阶段:发货前,融资企业凭借所持有的核心企业的购货订单向银行申请融资,融资企业在收到银行贷款后组织备货,这时融资模式自动转为现货质押,银行要求以保证金赎货,融资企业继续以销售货物的应收账款替代赎货保证金,直至融资企业还清贷款。

二、互联网背景下的供应链融资

我国供应链融资的发展历史虽然不长,但是发展较为迅速,并得到了政府政策层面的大力支持。国务院办公厅 2017 年 10 月印发的《关于积极推进供应链创新与应用的指导意见》中提出,广大中小微企业的融资渠道的拓展有赖于供应链金融的规范发展,其能确保资金流向中小微企业聚集的实体经济;要鼓励供应链核心企业建立供应链金融服务平台,为上下游企业提供更高效、便捷的融资渠道。商务部、中国人民银行等中央八部委于 2018 年 4 月联合发布《关于开展供应链创新与应用试点的通知》,提出要在全国范围内开展供应链金融的创新与服务试点。

随着互联网技术和平台的发展,国内供应链融资也从传统模式向互联网供应链融资模式转化,互联网供应链融资主要有两种类型:一是银行等金融机构建立线上电子银行,通过对供应链融资企业开展线上金融服务而展开,可以称之为传统供应链融资模式的互联网化。二是以电子商务平台为核心,以电子商务平台上的商家作为融资对象,依托电子商务交易而开展融资服务,其以京东供应链金融为典型代表。

京东供应链金融将电商平台、金融机构、物流服务集于一身,实现了供应链融资全方位管理的要求,掌握了信息流、物流、资金流三大数据。它以交易平台的采购、销售、交易、服务、融资等庞大的数据信息作为企业融资的前提和基础,然后将交易信息分级评估之后,将筛选后的数据提供给京东金融,京东金融再根据系统评级为融资企业发放不同额度的融资贷款。以动产质押类融资为例,前端的数据评估仍然由电商平台提供,京东物流的职责是负责管理货物并向金融机构反馈保管信息,同时,借助电商平台上的交易数据可以精准地掌握质押物的市场价格走势,精确地反馈质押物市场信息。

京东开展供应链金融可分为三个阶段。第一阶段(2012—2013 年):京东借助商业银行合作逐步推出供应链金融服务。京东于 2012 年 1 月推出供应链金融业务时选择与各个商业银行合作,开展传统的供应链金融——以京东商城平台为核心企业,整合供应商与会员企业的征信情况、财务状况和交易现状,并提供给银行,商业银行审核后,及时将资金发放给电商平台供应链上的中小企业,缓解中小企业资金短缺的压力。其中,"应收账款融资"是银行质押授信的重要产品,当供应商提供的货物通过京东物流运输到指定存放地点,双方查验账目、核对货物无误后,京东向银行发出可提前结清货款的指令;在还款日,京东将货款足额地存入银行的对应账户,还清贷款,银行向供应商收取利息,京东从中提一定比例(1%~2%)的服务费。

第二阶段(2013—2016 年):京东金融推出首款供应链金融产品——"京保贝",运用自有资金开展供应链金融服务。主要客户群体是京东商城的供应商,此阶段"京保贝"的资金来源于京东旗下的小额贷款公司。后台系统利用云计算、机器学习等先进技术搜集整理供应商的交易、资金往来等数据信息,打造一个数据池,供应商通过"京保贝"申请京东的供应链金融融资,流程包括:在线申请,后台系统自动审核、评估是否授信;确定授信额度;发放贷款。三分钟内即可完成从申请到放款的全过程。

第三阶段(2016 年至今):京东金融开展保理合同债权支持资产证券化,引入外部资金,补充"京保贝"资金来源。京东金融——华泰资管保理合同债权资产支持专项计划(简称京东金融保理债权 ABS)于 2016 年开始推出,是国内首单互联网保理业务 ABS,发行规模 20 亿元。截至 2019 年 3 月,京东金融保理债权 ABS 已经成功发行 15 期产品,募集金额 173 亿元。

我国供应链金融在"互联网+"浪潮的带动下呈现出新的发展特点与发展模式。首先,银行不再是供应链金融产品与服务提供的绝对主体。在"互联网+"浪潮的冲击下,更多的企业有机会利用自身的信息优势、交易资源优势以及客户资源优势,转型成为供应链金融产品与服务提供主体。其次,在供应链金融的链条架构上,原来的供应链金融主要是采用"1+1+N"的架构模式来发展,其中"1"是银行以及核心企业,"N"是上下游多个企业。伴随着互联网平台和技术发展,更多的上下游融资企业已经可以直接与核心企业进行接触,由核心企业对上下游融资企业进行授信。而核心企业既可以利用自身资金,也可以通过外部融资补充资金,这样就使得链条构架变为"N+1+N",更加凸显核心企业的作用。再次,提供供应链金融产品和服务的方式从线下向线上迁徙。互联网供应链金融的提供方式可以有效地降低交易和融资的成本,提高融资以及整个供应链交易的效率并能够更加精准地提供融资服务。从次,通过区块链技术的运用,实现供应链交易数据和交易信息在各交易主体之间的共享。区块中的交易信息具有可溯源、可追踪和不可篡改性,会大大增强整个交易中的信任度,降低欺诈风险,产业链的融资过程会由于交易信息真实性的增加而变得更加通畅。最后,"互联网+"下的供应链金融能够很好地将以前供应链金融无法覆盖的企业涵盖进来,能够很好地利用"长尾效应",扩大自身的市场份额。因而"互联网+"下的供应链金融产品和服务的对象更加多样化。

第二节　互联网供应链下的知识产权财团抵押和浮动担保

随着知识经济的蓬勃发展,以知识产权为代表的无形财产日益成为重要的企业资产,借助互联网技术的飞速进步,供应链融资的内涵和方式也在不断深化,互联网背景下的供应链知识产权融资由此应运而生。在三者的结合中,互联网技术和平台在融资过程中提供平台支撑和技术保障,企业的知识产权成为重要的融资标的,供应链上下游企业的紧密合作业务关系则是融资运作的核心基础。基于此,理论界提出了知识产权质押供应链融资模式。所谓知识产权质押供应链融资,是指知识产权质押担保下的供应链融资模式,即在供应链管理框架下,银行等资金提供者以融资企业知识产权为质押担保财产,以供应链核心企业信用为基础,以融资企业与核心企业间的供应链合作项目未来收益为还款来源,为供应链中小企业开展融资的业务。以中小物料供应企业与核心企业合作的知识产权质押供应链融资运作为例,其操作方式为:第一,形成两套三方框架协议。第一套协议方分别是甲方(供应链中小企业)、乙方(供应链核心企业)和丙方银行;第一套框架协议包括,供应链中小企业与核心企业间的项目合作意向性协议;融资企业向银行提出知识产权质押融资意向申请;银行委托评估机构对供应链项目以及企业知识产权价值进行专业评估;第二套框架协议包括,担保公司与中小企业签订的知识产权质押担保合约;中小融资企业与银行签订的知识产权质押贷款合约。第二,要形成知识产权质押担保供应链融资合约。该合约中要明确融资企业知识产权质押财产价值、担保企业追索责任、借款额度、利率、借款期限等。①也有学者提出了另一种基于供应链的知识产权质押融资模式：（1）供应链上游融资企业（科技型中小企业）研发出新产品，与核心企业签订知识产权许可使用合同；（2）融资企业向商业银行提出质押贷款申请；（3）商业银行对融资企业的贷款申请进行评估并拨款；（4）核心企业应用该知识产权（专利）进行产品生产，取得收益后，按照合同支付给科技型中小企业所得款项；（5）科技型中小企业向商业银行还款。② 不过，上述知识产权质押供应链融资模式基本属于理论设计，在实践运作中甚少采用。在供应链融资实践中，为了更好地保障债权人利益，往往将知识产权与供应链企业的其他财产结合作为担保财产，由此产生了知识产权财团抵押、浮动担保等供应链融资形式。

一、财团抵押

财团抵押，出自大陆法系，起源于德国的铁路财团抵押制度，并先后为日本、荷兰、瑞士、卢森堡、韩国等国所采用。③ 其制度核心在于将企业的财产视为一个整体，将其组成一个财团，并在其上设立抵押权，从而为企业融资提供担保。财团抵押的特征主要表现在以下几个方面：（1）抵押担保的标的物只限于设立抵押时企业所有的财产，而不包括设定抵押后企业新取得的财产及随企业的经营而不断变化的财产；（2）抵押担保的标的物在抵押权设定时就需确定，固定在具体的财产上，通常在抵押权设定时应就企业的抵押财产制作清单，并经登记加以确定；（3）担保一经设立，抵押人在抵押权实现前，对其企业的处分受到严格的限制，"抵押标的于设定时即已确定，原则上非经抵押权人同意，不得将属于财团之物件与财团分离，其分离之物仍受抵押权之约束"。④

日本法仿效德国设立了财团抵押制度，在其发展过程中形成了 9 种类型的财团抵押，包括工厂财团抵押、矿业财团抵押、铁路财团抵押、轨道财团抵押、运河财团抵押、渔业财团抵押、港湾运输事业财团抵押、道路交通事业财团抵押、旅游设施财团抵押，并分别以专门立法的形式予以规范。这 9 种财团抵

---

① 白少布：《知识产权质押担保供应链融资运作模式研究》，载《经济问题探索》2010年第 7 期。

② 徐迪、李冰：《知识产权质押融资模式演化博弈分析——基于供应链金融视角》，载《北京邮电大学学报（社会科学版）》2018 年第 4 期。

③ Philip R Wood, *Comparative Law of Security and Guarantees*, Sweet and Maxwell, 1995, p. 17.

④ 梁慧星：《制定中国物权法的若干问题》，载《法学研究》2000 年第 4 期。

押可以分为两大类:一是不动产财团抵押。其以工厂财团抵押为主,也包括矿业财团抵押、渔业财团抵押、港湾运输事业财团抵押、道路交通事业财团抵押、旅游设施财团抵押。之所以称之为不动产财团,是因为此类财团按照"不动产"来处理,因此其抵押权的设立和效力适用民法中关于不动产抵押的规定。二是物的财团抵押。其以铁路财团抵押为主,还包括轨道财团抵押、运河财团抵押。之所以称之为物的财团,是因为此类财团按照"物"来处理,由于日本民法不承认一般"物"的抵押权,因此需要对抵押权的设立和效力专门作出规定。^① 此外,这两类财团的重要区别还在于,不动产财团抵押的财团范围采用任意选择主义,可以由当事人选择设立,财团不一定包括企业的全部财产。物的财团抵押采用当然归属主义,财团范围不能由当事人任意选择,而是必须包括企业的全部财产。^②

按照日本《工厂抵押法》的规定,工厂财团的范围包括:(1)企业的土地和建筑物;(2)机械、器具、电线、各种配置管、轨道及其他附属物;(3)地上权;(4)获得出租人同意的物品的租赁权;(5)工业产权;(6)水库使用权。^③ 当事人可以选择上述财产的全部或部分组成工厂财团进行抵押。若非法律规定的上述财产,即使该财产被记录在财产目录上,也不能成为财团的组成物。^④ 由此可见,日本法将发明专利权、实用新型权、外观设计权、商标权等企业的工业产权纳入工厂财团范围,成为财团抵押的适格标的。但企业的原材料、半成品、应收账款债权等不易特定化的财产不能列入财团,无法设立财团抵押权。

工厂财团抵押以登记为公示方法。当事人可以将上述财团构成物的全部或部分组成财团,制作财团目录,将其提交给登记机关,并在工厂财团登记册上进行财团所有权保存登记。在财团所有权保存登记后六个月内应进行抵押权设立登记。否则,所有权保存登记失效。^⑤ 财团所有权保存登记是财团成立的必要条件,未经登记,即使达成了组成财团和设立财团抵押的协议,该协议也不发生法律效力。财团抵押权登记是财团抵押权的对抗要件,未经登记,

---

① ［日］我妻荣:《新订担保物权法》,申政武、封涛、郑芙蓉译,中国法制出版社 2008年版,第 504～507 页。

② ［日］近江幸治:《担保物权法》,祝娅、王卫军、房兆融译,法律出版社 2000 年版,第215 页。

③ 《日本工厂抵押法》第 11 条。

④ ［日］我妻荣:《新订担保物权法》,申政武、封涛、郑芙蓉译,中国法制出版社 2008年版,第 512 页。

⑤ 《日本工厂抵押法》第 10 条。

其抵押权不得对抗第三人。[①]在财团抵押设立后，除非工厂财团整体转让，抵押人不能转让财团内的财产。除非得到抵押权人同意，抵押人不能分离财团内的财产，否则分离的财产仍然受抵押权的约束。在抵押期间，财团的部分财产发生变更时，需进行变更登记，否则抵押权不及于变更后的财产。当一般债权人对财团财产进行查封、扣押时，抵押权人和抵押人有权提出执行异议。

财团抵押具有其独特的优势。首先，将企业财产视为一个整体，更能发挥物的担保价值，从而增强企业的担保能力，有利于企业获得更多的融资。因为企业的各项财产是一个有机的整体，只有在相互结合、相互配合的情况下才能发挥最大的经济效用。其次，财团抵押将企业的整体财产视为一个财团，进行一次抵押登记，而无须针对不同类型的财产到不同的机关分别办理登记手续。这不仅避免了登记手续上的烦琐和不便，而且有利于减少登记费用和成本。另外，财团抵押也存在明显的不足。其一，设立财团抵押要求财产特定化，虽然有利于确定抵押物的价值，但却极大地限制了抵押人对企业财产的处分，对企业的生产经营活动造成了消极影响。其二，财团抵押虽然只需要在一个机关进行一次抵押登记即可设立，但其所有权保留登记需要制作财团目录，这需要耗费相当的人力物力，而且随着企业规模的扩大和财产的增加，财团目录制作成本也将水涨船高，这又明显增加了抵押成本。

值得注意的是，我国学界对财团抵押的概念存在不同的理解。有学者认为，财团抵押应作广义的理解，包括英美法系的浮动担保和大陆法系的固定式财团抵押。[②] 此种观点并不妥当。财团抵押源于大陆法系，浮动担保源于英美法系，尽管两种制度都可以在企业的整体财产上设定担保，但两者在设立条件、设立程序、标的物范围、担保权效力、担保权实行等方面存在显著差异，如果强行将两者并入到财团抵押的概念下，显然无法揭示出两种制度间的本质区别，容易造成概念理解和运用上的混乱。因此，多数学者认为财团抵押是专指源于大陆法系的财团抵押，是同英美法系的浮动担保并列的两种制度。

我国《物权法》第180条第1款规定了可以设定抵押的范围，第2款接着规定："抵押人可以将前款所列财产一并抵押。"《民法典》第395条第2款继续沿用了上述规定。对于该款规定的"一并抵押"应如何理解，可否将其理解为大陆法系的财团抵押？学界对此存在意见分歧。一种观点认为该款规定的是

---

① ［日］我妻荣：《新订担保物权法》，申政武、封涛、郑芙蓉译，中国法制出版社 2008年版，第 508、512 页。

② 张美荣、黄岩生：《企业财团抵押制度论》，载《福建论坛》1998 年第 2 期，

财团抵押。从该款的文义解释来看,规定"一并抵押"的立法本意在于避免共同抵押中设立多个抵押权时遭遇到设立手续上的麻烦,进而为担保融资提供便利。如果将"一并抵押"理解为"共同抵押",则有违立法之本意。[①] 另一种观点则持相反的看法,认为该款规定的是共同抵押,而非财团抵押。共同抵押的特点即在于抵押权标的为数项财产,而非一项财产。从《物权法》之规定来看,无论是动产、不动产还是权利之上,均可以设定抵押权,因此该款的实际含义就是指数项财产为担保同一债权而设立的共同抵押。[②] 还有学者持折中的观点,认为该款规定的"一并抵押"用语含糊不明,既可以理解为财团抵押,也可以理解为共同抵押。[③]

　　笔者认为,该款规定的是共同抵押。第一,从文义解释的角度看,此处的"一并抵押"虽然既可以解释为将前款所列的建筑物及其他土地附着物、建设用地使用权、生产设备、原材料、产品、交通运输工具等财产合并在一起设定单一抵押权,也可以解释为将上述所列财产分别设定抵押权,前者属于财团抵押,后者属于共同抵押。但无论是《物权法》还是《民法典》以及其他相关法律法规,均未见关于财团抵押相配套的制度设计,财团抵押制度涉及的企业财团目录的制作要求、财团抵押的登记程序、财团抵押权的效力等重要内容如果未予规定,则所谓的财团抵押将无法运作,徒具空文。第二,从《物权法》第180条和《民法典》第395条所列的可以抵押的财产范围看,其包括原材料、半成品、正在建造的建筑物、船舶和航空器,这些财产均处于在建或者流动状态,难以特定化,有违财团抵押的特定化要求。第三,从司法实践看,早在1994年3月,最高人民法院在给山东省高级人民法院的相关批复中就明确指出:"债务人有多个债权人的情况下,债务人将其全部资产抵押给其中一个债权人,因而使债务人丧失了履行其他债务的能力,侵害了其他债权人的利益,根据《中华人民共和国民法通则》第4条、第5条的规定,应当认定为无效。"可见,司法实务部门对财团抵押也持否定态度。

　　综上所述,我国法律目前缺乏财团抵押的制度基础和规则设计,财团抵押尚不具备实践可行性。但财团抵押可以为当事人提供更多的融资手段,有助于拓宽中小企业融资渠道。财团抵押权人可以借助于财团目录估算企业担保物的价值,实现对企业财产的支配和控制,突破了传统物权客体必须为有体物

---

① 江平、李永军:《物权法》,法律出版社2009年版,第334页。

② 王利明:《物权法研究(下卷)》,中国人民大学出版社2007年版,第492页。

③ 程啸:《中国担保法的理论与实践》,法律出版社2002年版,第438页。

的观念束缚,扩张了物权客体的范围,尤其是知识产权和不动产、动产的结合,可以充分发挥供应链企业的财产价值,为抵押权实现提供更多的保障。可见,财团抵押作为一种发展了百余年的融资担保方式,有其独特的制度功能,因此,我国有必要在立法上确立财团抵押的合法地位,并辅以具体的制度规则,以发挥其担保融资的功能,满足中小企业的融资需求。

二、浮动担保

英国法在长期的历史发展中产生了众多的担保融资形式,例如质押(pledge)、留置(lien)、按揭(mortage)、财产负担(charge)等,其设立的条件和程序各不相同。由于 pledge 和 lien 以实际占有为特征,不适用于无形的知识产权。因此,使用知识产权作为担保标的时,主要有四种形式:普通法上的按揭(legal mortgage);衡平法上的按揭(equitable mortagage);固定担保(fixed charge);浮动担保(floating charge)。[①]

财产负担(charge)是一种衡平法上的担保,它的创设无需特别形式,主要由债务人拨出财产以担保债务的履行,财产负担即已成立。实务中通常由债务人作成证书,表明在标的物上设定财产负担来担保债务的履行。债权人取得标的物的衡平法上的权利,但不占有标的物,亦不享有标的物的所有权,只要担保债务得到清偿,债权人的权利就自动消灭。财产负担几乎可以在所有的财产上设立,它为债权人提供了一个在债务人现有的和未来的财产上设立担保权的灵活方式。但相对而言,财产负担的担保效力要弱于按揭。"每一个财产负担都不是一个衡平法上的按揭,但每一个按揭都必然是一个衡平法上的财产负担"。[②]

浮动担保(floating charge,亦译为浮动抵押)是英国衡平法最为精妙的创造之一,尽管有很多研究他的著作和相关判例,但要准确定义它仍很困难。这是因为关于浮动担保的概念多散见于法官的不同判决之中。关于浮动担保的概念,英国的法官们或通过描述比喻的方法对浮动担保下定义,如 Macnaghten 法官在 1897 年的判决中所言:"浮动担保是在运营企业的财产上设定的

---

① D. M. R. Townend,*Using Intellectual Property as Security in the U.K.：Current Practice，Difficulities and Issues*，In Security Interests in Intellectual Property，ed. Howeard P. Knopf，Thomson Canada ltd. 2002，p.426.

② 许明月:《英美担保法要论》,重庆出版社 1998 年版,第 188 页。

一项衡平法上的担保,它随担保标的物的变动而不断变动。"①"它的实质在于,它保持休眠状态直到设立担保的企业停止运营或直到担保权人介入。"②或者是通过提示其主要特征等方法来揭示浮动担保的概念,如 Romer 法官说:"如果一个担保具有了以下三个特征,我会认为它是浮动担保:(1)以公司现在及将来的某一类资产或全部资产设立担保;(2)这些资产的形态在公司正常业务过程中会不断变化;(3)担保权人或其授权之人采取某些法律步骤前,公司在正常经营过程中可自由处分担保财产。"③

浮动担保从 19 世纪后半期开始在英国流行。它有别于先前存在的"固定财产负担(fixed charge)",固定财产负担设定在债务人的特定财产上。债务人在没有取得债权人的同意之前不得处分担保财产。浮动担保的创设克服了上述弊端,其旨在不影响企业正常经营的情况下设定财产负担,对债务人而言,无须取得债权人的同意即可在正常经营活动中处分标的物。对债权人而言,浮动担保的创设使其担保权及于债务人现有和将来取得的财产,有利于保障债权安全。在担保实务中,固定财产负担和浮动财产负担可以结合运用,例如担保债权人可以在债务人所有的不能在正常经营活动中被处分的财产上设定固定财产负担,而在债务人所有的其他财产上设定浮动财产负担。④

浮动担保与财团抵押相比,两者各有利弊。浮动担保的设定仅需当事人的合意即可,登记的意义只在于构成对外界的通知。其不仅不需要制成财团清单,而且也无须就构成企业的各个财产为个别的公示。尤其是企业新取得的财产,将自动成为担保权的标的,而无须办理变更登记手续。这对于规模庞大的企业,无疑会提高生产和经营效益,降低担保成本。相反,财团抵押必须首先制作详细的财团目录,然后再进行登记,因而设立担保的成本较高。例如,日本八幡制铁股份有限公司设定财团抵押,为了制成目录,使用 5 万人次,花费 1.7 亿日元,耗时一年半时间。⑤ 但财团抵押的效力较强,按照顺序在先者优于顺序在后者的规则确定受偿优先次序。而浮动担保的效力较弱,顺位

---

① Government Stock and Other Securities Investment Co. Ltd V. Msnila Railway Co. Ltd [1897]A. C. p. 81

② 李政辉:《论浮动抵押》,载梁慧星主编:《民商法论丛(第 14 卷)》,法律出版社 2000 年版,第 699 页。

③ Re Yorksbire Woolcombers Association Ltd [1903]2Ch284,p. 295.

④ 高圣平:《动产担保交易制度比较研究》,中国人民大学出版社 2008 年版,第 53 页。

⑤ [日]近江幸治:《担保物权法》,祝娅、王卫军、房兆融译,法律出版社 2000 年版,第 217 页。

靠后,确定优先次序规则复杂,而且债务人容易滥用处分权,非法处分财产。①因此,在英国,浮动担保的当事人常常通过约定来增强担保的效力,常用的方法有:约定禁止担保人未经担保权人的同意对财产进行处分;对于有形财产,约定将其交付给担保权人来管理,将财产存于担保权人或第三人的仓库等;对于有特定权利证书覆盖的财产,如提单,将权利证书缴存担保权人;要求担保人在处分财产时应根据商业上合理的条件和要求进行。②

设立浮动担保后,在企业的生产经营过程中,获得的财产自动成为担保财产,分离的财产自动脱离担保权的束缚。因此,其存在与浮动担保密切相关的两条规则:一是"购置款担保权"(purchase money security interests,简称PMSI);二是"正常经营活动买受人规则"(buyers in the ordinary course of business,简称 BIOCOB)。前者处理的是浮动担保财产"流入物"上担保权的受偿次序问题,后者处理浮动担保权对浮动担保财产的"流出物"的效力问题。③购置款担保权源于英美法。不动产和动产上都可设定购置款担保权,其正当性源于自然正义观:购置款债权人通过向债务人提供资金使其责任财产得以增加,而债务人并未为此支付任何费用,其他债权人若从该购置物中受偿尤其是优先受偿,将使购置款债权全部或部分受损,这显然不符合公平正义和收益风险分配的原则。购置款担保权最重要的功能是:改变设立浮动担保的债权人对债务人财产的担保垄断地位,使购置款担保权即使设立在后亦可优先受偿。在债务人的财产上设定浮动担保后,债务人未来获得的全部财产均将成为浮动担保的担保物,这就使得其他债权人不愿意向债务人提供融资。若赋予购置款债权人以优先于在先浮动担保权人的权利,债权人才有动力为债务人提供融资。④

按照非占有型担保权的一般规则,例如在设立抵押后,除非当事人另外有约定,抵押人仍然可以转让抵押财产,但抵押权人可向受让人主张权利,此为抵押权的追及效力。浮动担保设立后,担保人仍然可以根据生产经营的需要处分其财产,如购买原材料、销售存货等。如果买受人在取得抵押物所有权时,还必须负担他人的抵押权,这不但损害了第三人的交易安全,而且危及正常的交易秩序。鉴于此,"正常经营活动买受人规则"由此应运而生。根据《美

① 费安玲主编:《比较担保法》,中国政法大学出版社 2004 年版,第 251 页。
② 许明月:《英美担保法要论》,重庆出版社 1998 年版,第 214 页。
③ 董学立:《浮动抵押的财产变动和效力限制》,载《法学研究》2010 年第 1 期。
④ 谢鸿飞:《价款债权抵押权的运行机理与规则构造》,载《清华法学》2020 年第 3 期。

国统一商法典》第 9 编的规定,依正常经营活动购买产品的购买人不受其直接出售人所设定之担保权的拘束,即使该担保权已经公示且购买人也知晓其已经公示的,亦同。① 所谓"正常经营活动",从主体看,是指出售人(担保人)而非买受人的正常经营活动。且此"出售人"须是"从事那一种物品销售的出售人"。虽然从企业的经营范围来判断是否属于正常经营活动最为便捷简单,但这并不妥当。首先,买受人在合法公开市场上购买产品时,一般并不知晓出售人的经营范围。即使课以买受人查询义务,买受人也往往难以准确判断经营范围的边界。何况,除非有法律的特别限制,企业还可以根据实际需要变更其经营范围。其次,根据现行法律规定,企业超越经营范围开展经营活动并非属于无效的法律行为。例如《民法典》第 505 条规定,不得仅以超越经营范围确认合同无效。故而买受人不应承担判断出卖人经营范围的义务。因此,是否属于正常经营活动,应以出售人的实际日常经营业务活动为判断依据。

根据《美国统一商法典》第 1 编第 201(b)9 条和第 9 编第 320 条,即使购买人知悉所购买动产上负担有浮动担保权,也不受该浮动担保权的拘束。根据美国法的实践。法院会区分买受人对两个层次的事实的主观状态:一是担保物上设定了浮动担保权,二是担保合同中约定了担保人不得出让担保物。购买人仅仅知道购买物上存在浮动担保权的,并不构成恶意;只有买受人知道或应当知道这两个层次的事实时,才构成恶意,其购买的动产才受担保权的拘束。②

在知识产权领域,"正常经营活动的买受人规则"同样有适用的余地。根据 UNCITRAL 关于知识产权担保的立法指南建议,在知识产权许可人的正常经营过程中,被许可人取得非排他性许可而且不知悉该许可违反了担保债权人与许可人之间的担保协议的约定,则被许可人按照许可协议取得的权利不受许可人先前设定的担保权的影响。③ 该规则可称为"正常经营许可例外"。适用这一规则的结果是:如果许可人的担保债权人强制执行许可使用的知识产权上的担保权,该担保债权人可收取被许可人应付给许可人的任何使用费,但只要被许可人履行许可协议中的条款,就不可在出售许可使用的知识产权时不顾及既有被许可人的权利,也不可因发放另一个许可而终止既有被

---

① 《美国统一商法典》第 9-321 条。

② 董学立:《论"正常经营活动中"的买受人规则》,载《法学论坛》2010 年第 4 期。

③ UNCITRAL. Legislative Guide on Secured Transactions: Supplement on Security Rights in Intellectual Property Para. 195. http://www. uncitral. org/pdf/english/texts/security-lg/e/Final. Draft. 15_July. 2010. clean. pdf.

许可人的权利。这一规则的用意是,通过限制担保债权人在强制执行方面享有的救济,保护合法的日常交易。例如,签订终端用户许可协议购买现售版权软件许可使用权的交易。这方面的典型例子是 Windows 操作系统软件许可使用权协议,微软公司的正常经营业务就是发放此类许可,在这种交易中,被许可人无须在登记机关进行查询,无须顾虑获得的许可使用权是否存在许可人的担保权,其所获得的计算机软件的许可使用权不附带软件开发商或销售商设定的担保权。

UNCITRAL 的建议还认为,担保权人对"正常经营许可例外"大可不必过虑,因为其适用范围是非常有限的。首先,担保债权人通常无意限制知识产权人(担保人)发放其知识产权许可和收取使用费的权利。事实上,担保债权人在许多情形下有意允许发放许可,从而使知识产权人(担保人)得以偿付附担保债务。其次,从措辞上看,"正常经营许可例外"仅适用于存在着非排他性许可,而且被许可人不知悉许可违反了担保债权人根据担保协议享有的权利的情形。这两项限制条件大大缩小了其适用范围。最后,"正常经营许可例外"所产生的影响也非常有限。担保交易法规定的担保权人相对于许可人的其他债权人或担保权人的效力、优先顺位和优先受偿权等并不受影响。同时,如果担保债权人享有知识产权法相关法律规定的其他权利,这些权利也不受"正常经营许可例外"的影响。[①]

为了更加清楚地说明这一问题,《知识产权担保权补编》列举了以下例子来说明"正常经营许可例外"适用的情形,以及其适用所带来的影响。[②] 在每个例子中,事先假定:(a)A 拥有知识产权;(b)A 为债权人 SC 在知识产权上设定了一项担保权;(c)A 设定的担保权具有对抗第三方的效力;(d)SC 没有在担保协议中同意 A 的知识产权被许可人享有其权利而不附带 SC 的担保权。

例 1:在 SC 采取必要步骤使其担保权具有对抗第三方的效力之后,从事按基本上相同条款向同意根据这些条款行事的任何人发放非排他性知识产权许可业务的 A,提出向 L 发放知识产权许可。L 按这些条款与 A 订立了许可协议。后来 A 未履行担保权所担保的债务,SC 打算强制执行其担保权,此时 L 使用知识产权的权利受"正常经营许可例外"的保护,从而避免因 SC 强制执行其担保权而受到影响,因为该许可和交易符合"正常经营许可例外"的每一项规定。不过,SC 仍然拥有知识产权相关法律和合同法赋予的针对 L 的

---

① Id,paras. 198-199

② Id,paras. 205-212.

任何权利,即 L 仍然需要按照许可协议的约定支付许可使用费。

　　例 2:在 SC 采取必要步骤使其担保权具有对抗第三方的效力之后,A 向 L 发放了知识产权许可。许可协议中规定,L 只可以在教育市场发放知识产权次级许可。L 向 SL 发放了商业市场上的次级许可。后来 A 未履行担保权所担保的债务,SC 打算强制执行其担保权,此时由于 A 未授权向 SL 发放商业市场的次级许可,则 SL 使用知识产权的权利不受“正常经营许可例外”的保护,从而无法避免因 SC 强制执行其担保权而受到影响。

　　例 3:在 SC 采取必要步骤使其担保权具有对抗第三方的效力之后,A 向 L 发放了知识产权许可,许可协议规定 L 在 Z 州享有排他许可权。后来 A 未履行担保权所担保的债务,SC 打算强制执行其担保权,此时 L 的许可使用权不受“正常经营许可例外”的保护。因为 L 获得的是排他性许可使用权。

　　例 4:在 SC 采取必要步骤使其担保权具有对抗第三方的效力之后,从事按基本上相同条款向同意根据这些条款行事的任何人发放非排他性知识产权许可业务的 A,提出向 L 发放知识产权许可。L 提出了不同于通常许可条款的要求,A 按照 L 的要求在许可协议中授予 L 比其他被许可人更多的权利。后来 A 未履行担保权所担保的债务,SC 打算强制执行其担保权,此时 L 的许可使用权不受“正常经营许可例外”的保护。因为其许可协议与其他许可协议有实质上的差别。

　　例 5:在 L 和 A 签订许可协议之前,L 查询到 SC 在 A 的知识产权上设立了担保权。L 要求 A 提供有关的担保协议,在阅读了担保协议后,L 发现 A 发放许可将会侵犯 SC 的权利,但是 L 仍然和 A 签订了许可协议。后来 A 未履行担保权所担保的债务,SC 打算强制执行其担保权,此时 L 的许可使用权不受“正常经营许可例外”的保护。因为 L 知道许可协议侵犯了 SC 的权利。但是如果 A 未向 L 提供有关的担保协议,即使 L 知道 SC 的担保权的存在,L 的许可使用权仍受“正常经营许可例外”的保护,

　　例 6:在 SC 采取必要步骤使其担保权具有对抗第三方的效力之后,A 发放许可,但要求被许可人必须有使用该类知识产权的经验。A 向有使用经验的 L 发放了许可。后来 A 未履行担保权所担保的债务,SC 打算强制执行其担保,此时 L 的许可使用权不受“正常经营许可例外”的保护,因为 L 获得许可的条件与其他被许可人并不相同。

　　当浮动担保登记在先,固定担保登记在后时,如何确定两者的优先顺序?《美国统一商法典》以登记时间先后确定优先顺序。英国法则采用固定担保优先于浮动担保的规则。我国理论界和实务界对此也一直存在争议。主张固定

抵押优先的主要理由是,浮动抵押中的抵押物处于不断流变中,在其确定之前,权利人不得对抗正常经营活动中已支付合理对价并取得抵押财产的买受人,依"举重明轻"之法理,自然无法优于在其后设定的其他担保权。[1] 支持浮动抵押优先的依据则在于,浮动抵押权成立后即产生物权效力,我国法律又并未明确规定接管和结晶制度,故应适用担保物权竞存的一般规则,即在先的浮动抵押权优于在后的固定动产抵押权。[2]《九民纪要》第 64 条支持了后一种观点,其依据是《物权法》第 199 条有关抵押权优先顺序规则的一般规定。

在先浮动抵押与在后固定抵押的优序选择,涉及两个维度的问题。一是体系维度。法律一旦确定某项一般规则后,若再设置特殊规则,立法者就必须承担很强的论证义务,否则将会导致一般规则被动辄出现的例外规则架空,依此,在已规定抵押权优先顺序一般规则的情况下,应予以优先适用。二是实践维度。适用一般规则的优势在于,可保障在先担保权人对优先受偿的预期,不用担心其担保权被在后的固定抵押权侵蚀。其缺陷在于,它将使在后的资金提供方不愿意接受后序的固定抵押权,从而不愿意向债务人提供融资。反之,采固定抵押优于在先浮动抵押的规则,优势在于债权人有提供融资的动力,促成债务人顺利融资。其缺陷在于,可能导致在先浮动担保权人的权利被架空,甚至出现担保人与其他债权人恶意串通,通过虚构债权的方式设定固定抵押,损害在先担保人利益的情况。两相权衡,似更宜采用一般规则。

我国制定《物权法》时借鉴了英美法系的浮动担保,首次引入浮动抵押制度,其第 181 条规定:"经当事人书面协议,企业、个体工商户、农业生产经营者可以将现有的以及将有的生产设备、原材料、半成品、产品抵押,债务人不履行到期债务或者发生当事人约定的实现抵押权的情形,债权人有权就实现抵押权时的动产优先受偿。"《物权法》第 189 条第 2 款规定了浮动抵押的"正常经营活动买受人规则"。《民法典》第 396 条沿袭了《物权法》第 181 条关于浮动抵押的规定。《民法典》第 404 条将正常交易中的买受人制度扩大到动产抵押,规定:"以动产抵押的,不得对抗正常经营活动中已经支付合理价款并取得抵押财产的买受人。"《民法典》第 416 条增加规定了购置款担保权:"动产抵押

---

[1]　高圣平:《担保法论》,法律出版社 2009 年版,第 455 页;席志国:《民法典编纂视野下的动产担保物权效力优先体系再构建——兼评〈民法典各分编(草案)二审稿〉第 205-207 条》,载《东方法学》2019 年第 5 期。

[2]　王洪亮:《动产抵押登记效力规则的独立性解析》,载《法学》2009 年第 11 期;龙俊:《动产抵押对抗规则研究》,载《法学家》2016 年第 3 期。

担保的主债权是抵押物的价款,标的物交付后 10 日内办理抵押登记的,该抵押权人优先于抵押物买受人的其他担保物权人受偿,但是留置权人除外。"同样,《民法典》第 416 条并未将购置款担保权的适用情形限于浮动抵押,而是扩大到包括固定抵押,同时规定了 10 天的"等待期"。

从《物权法》和《民法典》关于浮动抵押的规定可以看出,浮动抵押的主体包括企业、个体工商户、农业生产经营者。浮动抵押的客体包括抵押人现有和将来取得的有形动产。但是知识产权显然被排除在浮动抵押财产之外。这与其他建立浮动担保制度的国家和地区的规定明显不同。例如,根据英国公司法(Company Act 2006)的规定,公司凡是在该法第 860(7)条所定目录列明的财产上设立担保——无论是按揭(mortgage)还是财产负担(charge),均应办理登记方能对抗第三人的效力。该目录上列明的财产包括公司的知识产权。① 按照《美国统一商法典》(简称 UCC)第 9 编"动产担保交易"的规定,"一般无形财产"(general intangible)上设立的担保适用该编的规定。所谓"一般无形财产",根据 UCC 第 9 编的定义,是指除应收账款、有体动产、物权凭证、信用证、石油、天然气或其他矿物等之外的任何动产。② 尽管定义中没有具体指明"一般无形财产"包括知识产权,但该编的正式评注在解释"一般无形财产"时,列举"知识产权"作为"一般无形财产"的一种类型。③ 由此可见,在知识产权上创设的担保可以适用 UCC 第 9 编的规定。日本《企业担保法》第 2 条规定,企业担保的标的物为公司的总财产。变动的公司总财产作为一个整体——不追回从公司财产中散去的部分,也不拒绝进入公司财产的部分,在这种不定的状态下——成为企业担保的对象。④ 可见,知识产权同样可以成为企业浮动担保的财产。

我国《物权法》及《民法典》将浮动抵押的客体严格限制在有形动产的范围

---

① 依据英国《公司法》第 861(4)解释"知识产权"的含义时指出其包括专利权、商标权、版权、外观设计权以及上述权利的许可使用权。

② UCC 第 9 编第 102 条(42)。

③ UCC 第 9 编正式评注第 102 条(d)。不过有美国学者对将知识产权归入"一般无形财产"的做法提出批评,认为这样会使债务人无法准确知晓其知识产权设立担保的后果,从而损害债务人对其知识产权的创造和利用,因此主张 UCC 第 9 编应具体列举专利、商标、版权等知识产权,并给予明确的定义。参见 Xuan-Thao Nguyen. Collateralizing Intellectual Property,42*Ga. L. Rev*,2007,1-46.

④ [日]我妻荣:《新订担保物权法》,申政武、封涛、郑芙蓉译,中国法制出版社 2008 年版,第 522 页。

内,形式担保权观念的束缚是其关键原因。我国民法将担保物权分为抵押权和质权两大类型,知识产权担保被划入权利质押的范畴,称为知识产权质押。立法者在借鉴浮动担保制度时,将其纳入抵押之中,这就导致我国的浮动担保被改造为动产浮动抵押,抵押标的局限在有形动产,客体范围大为缩减。与此同时,企业的应收账款债权、知识产权等富有经济价值的无形财产权被排除在浮动抵押之外。这就导致我国的浮动抵押与真正意义上的浮动担保相去甚远,其融资效果也必然大打折扣。

尤其重要的是,对于知识产权担保融资而言,浮动担保制度对其有特殊的价值和意义。其原因在于,知识产权具有变动不居的特性,例如,专利技术被研发出来后,专利权人往往会继续加以改进,形成新的技术方案,以维持其在市场竞争中的优势。商标在授权之后,商标权人为避免竞争对手模仿和混淆,往往会在同一类商品或服务商,申请注册多个相似商标或在多个种类的商品或服务上注册同一商标。作品在创作完之后,著作权人为进一步开发其市场价值,往往会对作品进行加工和改编,形成演绎作品。尤其对于计算机软件而言,不断更新和升级版本早已司空见惯。在这种情况下,担保权人为了维护其担保利益,使担保权能够覆盖新创造的知识产权,就必须时刻关注和监督知识产权担保物的状况并及时办理担保登记,这无疑极大地增加了监督成本和登记成本。鉴于此,笔者曾建议设立知识产权"浮动质押"制度。[①] 不过,从根本上讲,我们有必要将"浮动抵押"和"浮动质押"整合,建立完全意义上的浮动担保制度,并出台相关的特别法,这样不会对《民法典》体系造成过大的冲击,也可以避免重复规定造成的资源浪费,还便于对浮动担保中的特殊问题予以专门规范。

三、知识产权担保登记与普通担保登记的冲突与协调

在建立财团抵押和浮动担保制度的情况下,为了提高登记效率、降低登记成本,设立担保的多项财产通常会统一由一个登记机关负责担保登记事宜。此类登记可称之为普通担保登记。与此同时,各国知识产权法普遍规定专利、商标的转让和设立担保由专利商标局等类似机构负责登记。此类登记称之为专门担保登记。因此,如果将知识产权与其他财产一同设立担保,就会产生是否有必要同时在两个登记机关办理登记,以及两类登记何者效力优先的棘手问题。

---

① 谢黎伟:《著作权质押的困境和出路》,载《现代法学》2010 年第 6 期。

例如,根据美国 UCC 第 9 编的规定,知识产权和其他动产均可以在州务卿办公室办理担保登记。而按照美国专利法、商标法的规定,美国专利商标局(USPTO)负责专利和商标的转让和担保登记。美国法院对于这两类登记何者效力优先的问题存在明显的分歧。联邦第九巡回法院在 Cybernetic 案①中认为,债权人所作的专利权 UCC 担保登记是产生公示效力的恰当方法,足以产生对抗第三人的效力,无须在专利商标局办理担保登记。堪萨斯州地区破产法院在其审理的 City Bank 案②中则强调,鉴于专利法允许以"按揭"或"附条件买卖"的方式设立担保,专利法已经建立了担保登记制度,因此,联邦担保登记完全排除了州的 UCC 担保登记。由于知识产权担保登记在法律适用上的不确定性,债权人为了维护其担保权益,避免担保登记无效,往往采取"双重登记"的做法,即一方面在专利商标局和版权局办理担保登记,另一方面也在州办公室做相应的 UCC 登记。但这种做法也非万全之策,仍然存在不小的法律风险。

首先,在专利商标局办理担保登记需要以"按揭"或"附条件买卖"的方式进行,这意味着担保物所有权的转移,债权人在法律上成为知识产权的所有人。在此情形下,一旦发生侵权诉讼,债权人就成了诉讼当事人,需要承担诉讼风险,在目前美国知识产权侵权赔偿额节节攀升的情况下,③这对债权人来说无疑是很大的风险。

其次,联邦担保登记和州担保登记是两类不同的登记体制,前者是"交易登记制"(transaction filing),后者是"通知登记制"。两者的不同之处在于:"交易登记制"要求对担保合同进行登记,而且必须具体列明知识产权担保物的类型和名称。"通知登记制"则无此类要求。由于所要求的文件不同,当事人不得不准备两种文件,走两套程序。更为棘手的是,由于联邦担保登记采用"交易登记制",这使得债务人未来取得的知识产权无法设立担保,债权人的利益无法得到可靠保障。

最后,与 UCC 的"登记在先,权利在先"的优先顺序确定规则不同,专利法、商标法、版权法均规定了登记宽限期。上述宽限期的存在,使得后登记的

---

① In re Cybernetic Services, Inc. , 252 F. 3d 1039(9th Cir. 2001),

② City Bank & Trust v. Otto Fabric, Inc. 83B. R. 780(D. Kan. 1988).

③ 据统计,在 1990 年之前,只有一件专利侵权案的赔偿额超过 1 亿美元,而现在超过该数额的赔偿已经司空见惯。参见 Paul McDougall, How to Avoid the Patent Trap, *InformationWeek* ,2006,30(10):23.

权利仍可能优先于先登记的权利,这使得债权人在宽限期内,即使同时检索联邦和州的担保登记,也无法完全确定债权人的知识产权担保权优先于其他权利人。[①]

联合国国际贸易法委员会(简称 UNCITRAL)也关注到普通担保登记和知识产权登记存在的冲突问题,在其制定的知识产权担保交易的立法指南中建议:如果一国根据知识产权的相关法律,知识产权担保权的文件或通知可在知识产权登记处登记,同时该担保权也可在普通担保权登记处登记,倘若当事人在两个登记处均办理了担保权登记,便有必要解决这两种登记处之间的协调问题。为了避免干扰知识产权相关法律的实施,解决办法是:在相应的知识产权登记处登记的知识产权担保权优先于普通担保权登记处登记的同一知识产权的担保权。[②] 这表明 UNCITRAL 采取的是"专门登记优先规则"。

在普通担保权登记处与知识产权担保权登记处并存的情形下,为方便当事人登记和公众检索,UNCITRAL 建议各国考虑要求将凡在知识产权登记处作出的登记都向普通担保权登记处发送一份通知。反之亦然。当然,在电子登记系统中用这种方式协调各登记处,比在纸面形式的登记系统中更加容易和节省费用。为检索便利起见,各国还宜考虑按资产登记的知识产权登记还应设立一个债务人索引,反之亦然。

UNCITRAL 还提及,普通担保权登记处和各类知识产权登记处共设一个网关,或许是替代从一个登记处向另一个登记处转发通知的办法。这种共同网关将使登记人能够同时在两个登记处输入通知。为了确保这种共同网关的效能,必须采取若干必要措施,其中包括:(a)只须登记简单通知;(b)通知应包括担保人和担保债权人(或其代表)的身份标识,并以可合理识别的方式描述担保财产;(c)输入一项请求即可同时检索两个登记处;(d)索引按担保人和担保财产分别编制,并可在每个登记处交叉检索其他登记处。

---

① Shawn K. Baldwin,"To Promote the Progress of Science and Useful Arts":Role for Federal Regulation of Intellectual Property as Collateral,143*U. Pa. L. Rev.* 1716-1719, 1994-1995.

② UNCITRAL. Legislative Guide on Secured Transactions:Supplement on Security Rights in Intellectual Property. paras. 130-172. http://www. uncitral. org/pdf/english/ texts/security-lg/e/10-57126_Ebook_Suppl_SR_IP. pdf.

第三节　互联网供应链下的知识产权应收账款融资

"应收账款"一词源自会计学概念,《企业会计制度》(简称《会计制度》)对应收账款的解释为"应收账款属于企业在日常生产过程中因销售或提供劳务、租赁等经营活动而产生的债权……"。2007 年《物权法》首次将应收账款纳入权利质押的范畴,但未详细阐明应收账款的定义,对应收账款从法律概念上作出解释的是中国人民银行公布的《应收账款质押登记办法》。依据该办法第 2 条的规定,应收账款是指因提供一定的货物、服务或设施要求义务人付款的权利以及依法享有的付款请求权。[①] 对此规定进行语义分析可知,应收账款的性质被限制为合同法律关系生成的以金钱给付为内容的债权,不属于合同法律关系、不以金钱给付为义务,且法定之债都被排除在应收账款的类型之外。[②]

在供应链中,核心企业与上游中小供应商之间,核心企业可以凭借自身的优势地位要求中小供应商先交货或提供服务后付款,核心企业再向供应商出具相应的单据,并约定一段时间后支付款项。在应收账款规定的付款期间内,上游供应商仍然需要支付各项生产经营费用,对其造成较大的资金压力。因此,中小企业渴望可以尽早获得该笔账款以维持生产经营,应收账款融资即在此背景下产生。即供应链中的中小供应商将核心企业应向其支付的应收账款转让或质押的形式向银行等金融机构提出融资申请,金融机构审核后发放贷款以获得融资。

---

① 中国人民银行令(2017)第 3 号第 2 条本办法所称应收账款是指权利人因提供一定的货物、服务或设施而获得的要求义务人付款的权利以及依法享有的其他付款请求权,包括现有的和未来的金钱债权,但不包括因票据或其他有价证券而产生的付款请求权,以及法律、行政法规禁止转让的付款请求权。(一)销售产生的债权,包括销售货物,供应水、电、气、暖,知识产权的许可使用,出租产生的债权,包括出租动产或不动产;(二)提供医疗、教育、旅游等服务或劳务产生的债权;(三)能源、交通运输、水利、环境保护、市政工程等基础设施和公用事业项目收益;(四)提供贷款或其他信用活动产生的债权;(五)其他以合同为基础的具有金钱给付内容的债权。

② 高圣平:《民法典担保物权制度修正研究——以〈民法典各分编(草案)〉为分析对象》,载《江西社会科学》2018 年第 10 期。

一、应收账款证券化

根据应收账款的所有权和风险是否发生实质性转移,可以将应收账款融资划分为应收账款质押融资、应收账款保理融资、应收账款证券化融资。[①] 由此,知识产权应收账款融资可以分为两大类:一是以应收账款转让为核心的应收账款保理、证券化;二是以应收账款为担保标的的应收账款质押。在实践中,这三种融资方式既可以独立运用,也可以结合在一起运用,从而为供应链中小企业融资提供了更多的选择。我国首例供应链知识产权证券化——奇艺世纪供应链知识产权证券化,即是应收账款保理和证券化的结合。版权产业中影视产品从制作到上映,类似于工业产品的流水线制作。爱奇艺作为影视行业供应链的核心平台,影视作品通过爱奇艺渠道进行发布,上游的影视公司向爱奇艺结算应收账款,但赊销的模式使影视公司往往不能及时回收应收账款,从而造成上游企业的资金压力。知识产权应收账款证券化正是在此背景下应运而生。2018 年 12 月,"奇艺世纪知识产权供应链金融资产支持计划"在上海证券交易所成功发行。作为我国首单以供应链知识产权应收账款为基础的资产支持专项计划,该项证券发行规模为 4.7 亿元,其中优先级证券 4.46 亿元(包括优先级资产支持证券 A1 为 4600 万元,优先级资产支持证券 A2 为 4 亿元),次级证券 0.24 亿元。

证券化基础资产为版权应收账款债权,发行人为天津聚量商业保理有限公司,核心债务人为北京奇艺世纪科技有限公司。本次专项计划的基础资产池涉及 13 笔应收账款,入池应收账款债权余额为 52,537.90 万元。从应收账款的来源看,基础资产池中的应收账款主要为版权(电影、电视剧以及综艺节目的版权)采购款项;应收账款债务人只有一个——北京奇艺世纪科技有限公司。从应收账款债权人的行业分布看,其是与债务人所在行业相同的知识产权服务行业(影视行业)。

此项应收账款证券化的运作流程为:(1)债权人向核心债务人提供版权服务(包括但不限于电影、电视剧和综艺节目等的版权服务),从而对核心债务人享有应收账款债权;(2)商业保理公司与债权人签订《公开型无追索权国内保理合同》,商业保理公司受让债权人的应收账款,为债权人提供保理融资服务,商业保理公司成为证券的原始权益人;(3)管理人接受原始权益人的委托,通过设立专项计划向投资者募集用来购买应收账款债权的资金;(4)管理人分别与资产服务

---

① 刘萍:《应收账款担保融资创新与监管》,中信出版社 2009 年版,第 90 页。

机构和托管机构签订相应的《服务协议》与《托管协议》；(5)管理人在购买日通过通知托管人将购买资金划至原始权益人账户，并将证券在中国证券登记结算有限公司上海分公司登记和托管；(6)债务人到期按时支付应收账款价款，管理人根据相应的约定，通过托管人支付给投资者预期收益和本金。

该项应收账款证券化主要有以下三方面的特点：第一，基础资产包括13笔关于版权的应收账款，具体而言为版权（电影、电视剧以及综艺节目的版权）采购款项，唯一的应收账款债务人为奇艺世纪科技有限公司。债权人和债务人为供应链上下游合作企业关系，债权人为版权供应商，债务人为核心企业。第二，在传统的知识产权资产支持计划中，其基础资产的现金流来源一般为版权的融资租赁或者版权的许可使用收益，其现金流具有较高的不稳定性，因而对基础资产的要求较高并且实施起来难度较大。奇艺世纪资产支持证券的基础资产为版权的采购款项，基础资产价值较为稳定，实施起来难度较小。因为基础资产的现金流从版权未来的收益变为以版权为标的的应收账款的还款，从而大大降低了基础资产现金流的不确定性。并且该资产支持证券的现金流来自核心债务人，其为该供应链中现金流比较稳定的大型企业，这就进一步增强了该现金流来源的稳定性。另外，在传统的知识产权资产支持计划中，由于版权资产未来收益的不确定性，使得版权估值所面临的不确定因素较多，因此对版权未来收益进行估值的难度较大，估值结果与实际价值可能偏差很大。而通过对版权应收账款进行资产证券化，省去了对版权未来价值的估算，可以得到较为稳定的证券价值。第三，商业保理公司的参与。聚量保理公司通过与应收账款债权人签订协议，受让债权人对奇艺世纪享有的应收账款债权，通过保理资产证券化，使得原始应收账款转化为了可以在资本市场公开流通的证券。

在供应链企业之间，由于供应链的结构、知识产权的属性、运作机制等因素也会导致供应链企业间知识产权利益的冲突和交易风险。[①] 该项应收账款证券化的法律风险的主要包括以下三个方面：

一是债务人的付款抗辩风险。该资产支持证券的基础资产所对应的付款义务系奇艺世纪基于债权人已提供的版权作品及其他服务等交易产生的，当债权人未履行或者未完全履行基础交易合同项下的义务或者在合同履行有瑕疵的情况下，就会存在债务人向应收账款受让人主张商业纠纷而不履行付款义务的风险。例如，债务人声称所购买的版权（电视剧、综艺或电影等）的内容

---

① 刘介明：《供应链企业知识产权冲突问题研究》，载《知识产权》2011年第3期。

或形式等不符合合同的约定,债务人就可能会以履行瑕疵为由拒绝支付相应的应收账款。版权作为一种无形资产,相较于有形资产,其可能涉及的商业纠纷更加复杂,这意味着存在更大的债务人付款抗辩风险。对于应收账款债务人付款抗辩风险,在该项应收账款证券化中则运用了风险规避与风险转移两种策略予以防范。采取的风险规避措施为:债权人通过与保理商(聚量保理公司)签订保理合同,向保理商(证券原始权益人)承诺其与核心债务人之间不存在基于入池应收账款债权的任何商业纠纷,对于该类债权,核心债务人不能以任何理由抗辩。采取的风险转移措施为:对于存在争议的应收账款债权,证券管理人首先向已经签订相关回购协议合同的债权人进行追索并要求其回购债权,在向债权人追索未果的情况下,管理人可以向原始权益人要求继续履行相应的赎回义务或对该资产支持证券投资者因此遭受的损失承担赔偿责任。风险规避措施有效避免了核心债务人付款抗辩的可能,而风险转移策略则将因付款抗辩导致的损失而转移到应收账款债权人及保理商。两种策略的运用,有效避免了由于核心债务人行使付款抗辩权可能带来的损失。

二是基础资产的法律合规风险。在基础资产的选择上,该资产支持证券专项计划明确规定了至少包括 10 个相互之间不存在关联关系的债权人,以降低债权人的集中度,减少应收账款的回收风险。对于作为基础资产的应收账款,要求债权人与债务人之间的交易具有真实的交易背景;债权人已经按照合同要求履行了相关的义务;债务人同意按合同约定期限支付应付账款并且债务人履行其付款义务不存在抗辩事由。上述措施可以确保应收账款的权属清晰及无法律纠纷。对于基础资产的风险防范,主要采取风险转移策略,即当出现不符合入池标准的基础资产时,保理商(证券原始权益人)承担根据《基础资产买卖协议》进行赎回的义务,从而避免了由于基础资产不符合法律规定而存在的风险。

三是破产隔离风险。本资产支持证券的发行人(原始权益人)为天津聚量保理有限公司,该公司首先与债权人签订了《公开型无追索权国内保理合同》,从而对奇艺世纪应收账款债权提供保理服务。根据破产隔离理论,在该案例中,存在的破产隔离风险主要为:在证券产品的存续期间,由于原始权益人自身经营出现问题而面临破产清算的时候,一方面,该基础资产交易合同可能会被法院认定为是破产申请日起一年内的不公平交易而予以撤销;另一方面,该基础资产可能会被法院认定为是原始权益人的破产财产,两种风险都会不同程度地导致基础资产价值的波动。采取的主要防范措施为:(1)按照市场价格买入基础资产;(2)通过合同约定将原始权益人受让的应收账款债权全部出售给专项计划,纳入证券基础资产池,与原始权益人的其他财产相分离,从而起到破产风险隔离的作用。通过以上措施的实施,其有效避免了当原始权益人破产时,可能将基础资产认定为是不公平交易或者是破产财产的风险。

对于供应链版权应收账款证券化这一新兴的证券化产品,由于面对较多不确定的影响因素,为增强投资者信心,保障证券的顺利发行,引入了必要的信用增级措施。奇艺世纪资产支持证券的信用增级措施主要分为内部增信和外部增信。内部增信措施为:一是采用优先级/次级的证券结构。优先级/次级结构通过优先与劣后的清偿顺序,将风险在证券内部进行再分配,在发生债务清偿风险时,首先受到损失的是次级证券,投资者投资的优先级证券因此会减少风险损失的程度。这就从证券内部提升了优先级证券的本金与利息的保障程度。资产支持证券专项计划的分配顺序为:(1)支付应缴税费;(2)支付除资产服务机构服务费外的专项计划费用;(3)支付优先级资产支持证券 A1、A2 的预期收益;(4)支付优先级资产支持证券 A1、A2 的未偿本金;(5)次级资产支持证券的分配。其通过该分配顺序,为优先级证券提供了优先于次级证券的保障。二是超额担保。即基础资产的债权余额大于证券发行额。该专项计划约定购买的基础资产所对应的应收账款额为专项计划募集资金总额的117.61%。根据估算,在证券(优先级)的发行利率不超过 6% 的情况下,完全可以实现对资产支持证券本息的超额担保。外部增信措施为差额补足。中证信用增进股份有限公司通过出具《差额补足承诺函》的信用保证形式为本专项计划提供外部增信保障。首先,本专项计划会根据不同情况设置信用触发机制,确保在基础资产质量恶化、增信机构评级下降等风险增加的情况下,优先级资产支持证券持有者的本金与预期收益能够及时、足额得到清偿。其次,若基础资产的回收款不足以覆盖优先级资产支持证券的本金和预期收益时,差额补足人将提供差额部分资金用以偿付优先级资产支持证券的本金和预期收益。即若本专项计划的账户资金不足以支付优先级资产支持证券的预期收益及本金,由差额补足人承担保证担保的责任,对差额进行补足。

二、应收账款保理

在上述奇艺世纪供应链知识产权证券化中,保理公司扮演了关键角色,其通过受让 12 个债权人的版权应收账款组成基础资产池,并成为该项证券的发行人(原始权益人),确保了应收账款证券化的成功运行。在融资实践中,保理商作为非银行金融机构本身也是主要的资金提供者,为中小企业知识产权融资提供了重要渠道。

（一）保理的内涵和类型

所谓保理,意为保付代理,英国学者弗瑞迪·萨林格将保理定义为:保理是为了给卖方提供融资便利,或者解决卖方管理应收账款的麻烦,或者使卖方免于承担坏账风险,基于以上任何两种或三种目的,而与卖方达成协议,购买应收账款的行为(应收账款形成于个人或家庭消费,从而产生长期付款或分期付款的不在此列)。[①] 国际统一私法协会制定的《国际保理公约》中,将保理业务定义为:"供应商将其基于与客户订立的货物销售合同(包含服务)所产生的应收账款转让给保理商,由保理商至少为其提供下列服务中的两项:资金融通、管理应收账款的有关账户、应收账款代收与提供坏账担保。"[②]公约明确了保理业务以应收账款转让为前提,列明了保理业务的三方当事人,指明了应收账款的来源,确定了保理业务的服务内容,即满足四项服务内容中的两项就可构成保理业务。参考《国际保理公约》的规定,中国银行业协会保理专业委员会将银行业保理定义为:"保理业务是一项以债权人转让其应收账款为前提,集应收账款催收、管理、坏账担保及融资于一体的综合性金融服务。"债权人将其应收账款转让给银行,由银行向其提供下列服务中的至少一项的,即为保理业务:(1)应收账款催收;(2)应收账款管理;(3)坏账担保;(4)保理融资。[③]《民法典》第761条规定:"保理合同是应收账款债权人将现有的或者将有的应收账款转让给保理人,保理人提供资金融通、应收账款管理或者催收、应收账款债务人付款担保等服务的合同。"相较而言,我国法律对保理业务的定义更为宽松,在将应收账款转让给保理人的前提下,满足四项服务内容中的一项即可构成保理。据此,将保理业务应用于知识产权领域,就是指保理商承购卖方基于知识产权转让或许可使用而形成的应收账款,保理商据此提供对应收账款的融资、催收、信用风险管理等服务。可见,如果丧失了应收账款转让这个前提,就不属于保理业务关系,而是需要根据实际情况分析其形成的法律关系。例如,仅向保理商申请资金融通的话,双方构成借款关系;仅向保理商申请账款催收、管理的话,双方构成代理关系;仅向保理商申请担保的话,双方构成担保关系。

---

① ［英］费瑞迪·萨林格:《保理法律与实务》,刘园、叶志壮译,对外经济贸易大学出版社1995年版,第2页。

② 《国际保理公约》第1条。

③ 《中国银行业保理业务规范》第4条。

在实践中,保理可以划分为不同的类型。依据是否通知债务人应收账款已经转让给保理商的事实,可分为公开型保理和隐蔽型保理。公开型保理,又被称为明保理,指保理商和应收账款债权人签订债权转让合同后,及时履行通知义务,告知债务人转让的事实,债务人在接到通知后将账款直接付给保理商。隐蔽型保理,也称暗保理,是指保理商和应收账款让与人在签订合时出于利益的考量,约定不将该转让事实告知债务人,债务人仍按基础合同的约定履行自己的义务,由让与人按照合同规定偿付保理商融资款和服务费用。在这种业务模式下,债务人没有接到应收账款转让的通知,保理商也就无法取得向债务人要求付款的请求权。

依据保理商是否愿意承担坏账损失,可分为有追索权的保理和无追索权的保理。有追索权的保理是指保理商和让与人在合同中约定,保理商只提供融资、账户管理、账款催收等服务,而不为让与人承担坏账损失,即保理商不承担债务人不能付款或者拒绝付款的风险,一旦发生这种情况,保理商可以要求被保理人承担付款责任。无追索权保理是指应收账款让与人与保理商签订转让合同之后,让与人退出原债权债务关系,将债务人付款不能的风险转移到保理商身上。即使发生债务人不能付款或者拒绝付款的风险,也只能由保理商自己承担坏账损失。

（二）保理的法律性质辨析

对于保理的法律性质,学界存在委托代理说、债权质押说、债权让与说、债权让与担保说等不同观点。委托代理说认为,保理人与供应商是委托代理关系,保理人是供应商的代理人,保理的特殊之处在于保理人不仅要替供应商向债务人催收款项,还要在债务人无力付款时向供应商承担担保付款的责任。[①]按照债权质押说,保理人向供应商预付账款的行为使保理人的身份更接近于一个贷款人,其将交易中产生的应收账款进行留存以担保预付货款回收的行为使整个交易形态更接近于债权质押。[②] 根据债权让与说,保理合同的核心条款是应收账款的转让条款,保理人通过支付融资款或预付款的对价,从债权人处受让应收账款,成为新的债权人,基于此,原债权人退出基础法律关系,保

---

① ［英］施米托夫:《国际贸易法文选》,赵秀文译,中国大百科全书出版社 1993 年版,第 409～413 页。

② James J. White, Robert S. Summers. *Uniform Commercial Code*,(third edition),West Publishing Co.,1988,p. 283.

理人作为新的债权人向债务人主张履行还款的义务。① 债权让与担保说则认为,有追索权保理与债权让与担保法律关系最为接近,有追索权保理人受让应收账款的目的并非获取应收账款买受价与其实际价值之间的差额收益,而是对保理融资款的回收进行担保。②

在上述诸说中,委托代理说反映的是英美等国保理业发展初期的商业模式。源于当时的交通运输条件,保理人作为总销售代理人,严格遵守委托人的指示,以寄售的形式代委托人推销货物和收取货款。在交易达成且买方付款后,保理人会扣除保理佣金,将剩余的货款交还委托人。③ 但这一模式已不符合保理行业的发展现状,根据国际统一私法协会的《国际保理公约》、国际保理商联合会的《国际保理通则》、中国银行业协会保理专业委员会的《中国银行业保理业务规范》、原银监会的《商业银行保理业务暂行办法》以及《民法典》第761条对保理合同的界定,④现代保理人已无须代理债权人进行销售活动,其业务模式已向提供融资和坏账担保服务转化。

债权质押说也不尽符合保理业务实践。首先,两者主张权利的主体不同,保理业务中由保理商向债务人主张相关权利,在应收账款质押中,在质权实现之前承担向债务人催收债务责任的是原债权人。其次,两者承担还款义务的主体不同,保理业务中保理商可以直接向债务人主张权利,由债务人承担还款义务,并且只有在有追索权保理中,应收账款不能按时清偿时,保理商得以向债权人进行追索。而在应收账款质押中,第一还款义务人是质押人(应收账款债权人),当出现无法清偿的情况时,质权人才可以对质押的应收账款进行处分并予以受偿。最后,保理当事人以应收账款转让为意思表示,即当事人在保理合同订立过程中达成的并非应收账款质押合意。在中国人民银行征信中心办理登记时,保理业务办理的也是应收账款转让登记,而非质押登记。

债权转让理论也无法解释有追索权保理。保理商受让应收账款后,即成为应收账款的新债权人,应收账款债务人的信用风险自转让生效之日起发生转移,供应商对应收账款债务人的履行能力不负担保责任,保理商不可能基于应收账

---

① 黄斌:《国际保理—金融创新及法律实务》,法律出版社 2006 年版,第 22～24 页。

② 林秀榕、陈光桌:《有追索权国内保理的法律性质》,载《人民司法》2016 年第 32 期。

③ David B, Tatgem, Jeremy B. Tatge, David Flaxman, *American Factoring law*, BNA books,2009,pp. 9-16.

④ 《国际保理公约》第 1 条、《国际保理通则》第 1 条、《中国银行业保理业务规范》第 4 条、《商业银行保理业务暂行办法》第 6 条。

款不能收回而向供应商索回已付融资款项并拒付尚未收回的差额款项。[①]

我国《民法典》第 768 条规定："当事人约定有追索权保理的,保理人可以向应收账款债权人主张返还保理融资款本息或者回购应收账款债权,也可以向应收账款债务人主张应收账款债权。保理人向应收账款债务人主张应收账款债权,在扣除保理融资款本息和相关费用后有剩余的,剩余部分应当返还给应收账款债权人。"对此有学者认为,该条将保理人对应收账款债务人享有的权利限定为对融资款本息的优先受偿权而非全额应收账款债权,乃从权利实现的角度对有追索权保理的法律性质做了立法选择,即应收账款的转让仅是有追索权保理交易的表象,其实质在于担保融资款本息的清偿。因此,有追索权保理中应收账款转让的本质是债权让与担保。[②] 但让与担保说也难以适用于无追索权保理。在无追索权保理中,当事人签订保理合同之后,债权人就将应收账款支付风险转嫁给了保理商,不存在收回应收账款一说,也不必在债务人无法履行付款义务时再向保理商承担债务人履行不能的责任。

关于保理法律性质的研究之所以存在诸多学说争论,究其原因,在于保理以应收账款转让为核心,同时也有着资金融通、账款催收、账户管理、坏账担保等多项金融服务功能,实务中的保理业务会根据实际情况的需要而选取不同的业务类型以满足不同的功能需求,这就导致从单一视角、单一功能的角度对保理法律性质的研究不能涵盖保理业务的全部类型与功能。从本质上讲,保理属于一项综合性金融服务,无论何种类型、何种功能的保理业务,从形式上看,均以应收账款转让为前提,因而形式上具有债权转让的性质。从功能上看,保理业务依托债权转让的形式,为债权人提供多项商业金融服务,各项功能都具有鲜明的特征,因此其性质是一种新型独特的债权转让。

（三）应收账款转让的通知

保理法律关系涵盖应收账款债权人、保理人与应收账款债务人三方主体,保理合同的履行依赖债务人的清偿行为,这就涉及将应收账款转让通知债务人的问题（隐蔽型保理除外）,对于发出应收账款转让通知的主体,从《合同法》第 80 条债权转让的规定可以推知,让与人是履行通知义务的唯一主体。虽然

[①]　罗欢平:《论保理的法律性质——兼论应收账款担保融资的现实需求》,载《学海》2009 年第 4 期。

[②]　何颖来:《〈民法典〉中有追索权保理的法律构造》,载《中州学刊》2020 年第 6 期;林秀榕、陈光卓:《有追索权国内保理的法律性质》,载《人民司法》2016 年第 32 期。

将通知的主体限于让与人有利于保护债务人,但如果让与人在获得保理融资后,怠于通知或不及时通知,保理人将处于不利的境地。尤其在无追索权保理模式下,保理人将承担更大的风险。[1] 因此,《民法典》认可保理人也可以成为通知主体,并规定:"保理人向应收账款债务人发出应收账款转让通知的,应当表明保理人身份并附有必要凭证。"《联合国国际贸易中应收账款转让公约》第13条规定,在双方当事人没有约定的情况下,让与人和受让人都有权向债务人发出通知和付款指示,有约定时按照约定履行通知义务。对于应收账款转让通知的形式,一般采取广义的书面形式。天津高院关于保理业务纠纷的《审判纪要》中,明确了通过数据电文、电子签名等形式发送债权转让通知或者承诺的法律效力和证据效力。

(四)基础合同瑕疵和应收账款转让对保理法律效力的影响

应收账款应是债权人与债务人在真实贸易往来中形成的债权债务关系,但现实中往往存在大量虚构贸易往来文件、伪造签章,以虚假应收账款骗取商业保理的情形。[2] 应收账款的真实性瑕疵将严重影响商业保理合同的效力。目前对其效力认定有两种不同观点。第一种观点认为,虚假的债权转让将导致商业保理合同无效。该观点认为,如果该虚假债权为债权人与债务人共谋而为,则根据《合同法》第52条第1款第2项规定,没有真实贸易往来的基础合同无效,那么该商业保理合同因失去存在基础也应归于无效。如果该虚假债权为债权人单方伪造,根本不存在债务人,那么商业保理合同因基础合同不存在也应归于无效。第二种观点认为,商业保理公司不存在通谋的意思表示,商业保理合同并不当然无效。该观点认为虚假的债权使基础合同存在瑕疵,也必然导致商业保理合同有所瑕疵。但商业保理公司与债权人不存在恶意串通,不能仅以债权人存在虚伪意思表示为由认定商业保理合同无效,而且由于债权人的虚伪意思表示构成了欺诈,根据《合同法》第54条第2款规定,该合同属于可变更可撤销合同,保理公司可以申请法院或仲裁机构变更或撤销。《民法典》第763条规定,除非保理商明知该应收账款为虚构的外,债务人不得以应收账款不存在为由对抗保理商,即保护了善意保理商的合法权益。

---

[1] 方新军:《合同法第80条的解释论问题——债权让与通知的主体、方式及法律效力》,载《苏州大学学报》2013年第4期。

[2] 江苏省高级人民法院民二庭课题组:《国内保理纠纷相关审判实务问题研究》,载《法律适用》2015年第10期。

在实务中,如果应收账款债权人与债务人在基础合同中约定禁止债权转让,如果债权人将应收账款转让给保理人(第三人),该转让行为效力如何,在实践中存在争议。从合同相对性和维护交易安全的角度出发,域外立法例大多对善意第三人取得应收账款债权的有效性持肯定立场。例如,《国际商事合同通则》第 9 条规定:"尽管让与人与债务人之间存在限制或禁止转让的协议,金钱支付的权利的转让仍然具有效力。但是,让与人可能因此向债务人承担违约责任。"《美国第二次合同法重述》第 322 条:"(b)赋予债务人因对方当事人违反禁止转让条款而获得的损害赔偿权,但不会使该转让行为无效。"

《合同法》第 79 条规定,当事人可以将合同的权利全部或者部分转让给第三人,但按照当事人约定不得转让的不得转让。我国台湾地区"民法典"第 294 条则相对放宽,规定"依当事人之特约不得让与者不得让与。得让与之特约不得以之对抗善意第三人"。为了配合资产证券化和保理业务的发展,2001 年,美国《统一商法典》的修订中,不仅在 9-406(d)中规定当事人约定的限制债权转让条款无效,甚至在 9-406(f)中规定,在某些情形下,法令对债权转让的限制也是无效的。[①] 原因在于,"市场经济有两条基本的法律原则:其一是合同自由;其二是财产处分自由,包括自由转让合同权利。如果当事人约定金钱权利不得转让,这两条原则就会发生冲突。在美国,这种情形下,合同自由原则服从于财产处分自由原则"。[②]《国际保理公约》第 6 条第 1 款规定:"尽管供应商和债务人之间订有禁止转让应收账款债权的任何协议,供应商向保理商进行的应收账款债权转让仍应有效。"当然,它与此同时也规定作为转让人的供应商需对债务人承担违约责任。《国际贸易中应收款转让公约》则受《国际保理公约》的启发,在第 9 条"转让的合同限制"及第 10 条"担保权利的转移"中进一步强调,即使保理商知道商务合同当事人的限制性约定,亦不需要承担责任,在存在担保权利转移的情况亦如此,只是转让人须对商务合同构成违约而向债务人承担赔偿责任。我国《民法典》顺应债权转让的国际立法趋势,否定了禁止金钱债权转让约款的效力,第 545 条第 3 款明确规定:"当事人约定金钱债权不得转让的,不得对抗第三人。"

实务中,存在大量转让未来应收账款的商业保理业务,即以基础合同项下卖方在未来完成合同义务所形成的预期应收账款作为当前签订的商业保理合

[①]　参见 UCC Article 9(Revision 2001)9-406。

[②]　[美]Joseph M,Perillo:《统一商法典的修改》,转引自王利明:《合同权利转让制度中的若干问题》,载《民商法研究(第 6 辑)》,法律出版社 2004 年版,第 523 页。

同转让标的的保理业务。未来的应收账款能否转让，是与保理业务定义相关的重要问题。《国际保理公约》认可未来应收账款的转让。其第 5 条规定："未来应收账款是指债权转让合同订立后产生的应收账款。保理协议中对未来应收款进行让与的约定，在应收款产生时，将应收账款转让至保理商，而不需要任何新的让与行为即实现让与。"美国《统一商法典》规定，"未来的权利可以转让，此种权利的受让人可以获得优先于大多数权利要求人的权利，只要有关的文书是适当填写的"。《国际贸易中应收账款转让公约》第 8 条第 2 款也规定："除非另行约定，一项或多项未来应收款的转让无须逐项应收款转让办理新的转移手续即可具有效力。"公约还规定转让通知或付款指示可涉及通知后产生的应收账款。中国人民银行在其《应收账款质押登记办法》中规定，"应收账款包括未来的金钱债权及其产生的收益"，明确了未来产生的应收账款属于应收账款的范围。

我国学界对转让未来应收账款的效力问题看法不一。认为转让未来应收账款无效的观点主要以原银监会 2014 年发布的《商业银行保理业务管理暂行办法》为依据。该办法规定，商业银行不得基于未来应收账款开展保理融资业务。这不仅明确将未来应收账款排除在保理融资业务范围之外，并且将合同已履行但尚未履行完毕的应收账款转让也排除在保理融资业务范围之外。[①] 持相反看法的观点则认为，商业保理的监管部门为商务部，上述办法不应作为认定商业保理合同效力的依据。还有观点认为，该规定在性质上属于部门规章，是银行业内部的管理性规范，而非效力性规范。对于保理商违反此规定，对外签订保理融资合同而受让未来应收账款的，该办法不能作为认定该保理合同是否有效的依据。但监管部门可以按照《银行业监督管理办法》第 37 条[②]的规定予以行政处罚。[③] 实践中，法院大多不认可该办法的规定，认为保理合同效力的认定应以《合同法》第 52 条为依据，当事人仅以保理商所受让的

---

① 《商业银行保理业务管理暂行办法》第 13 条："商业银行应当根据自身内部控制水平和风险管理能力制订适合叙做保理融资业务的应收账款标准，规范应收账款范围。商业银行不得基于不合法基础交易合同、寄售合同、未来应收账款、权属不清的应收账款、因票据或其他有价证券而产生的付款请求权等，开展保理融资业务。未来应收账款是指合同项下卖方义务未履行完毕的预期应收账款。"

② 《银行业监督管理办法》第 37 条："责令暂停部分业务、停止批准开办新业务、停止批准设立分支机构、责令控股股东转让股权或者限制有关股东的权利、限制分配红利和其他收入、责令调整董事高管人员或限制其权力。"

③ 田浩为：《保理法律问题研究》，载《法律适用》2015 年第 9 期。

应收账款为未来应收账款进行抗辩的,不影响保理合同的效力。[①] 从保理业务发展需要看,如果不认可未来应收账款转让的效力,会对保理融资业务产生相当不利的影响。这种情况下,保理合同的双方当事人需要就未来每一笔具体应收账款债权的发生签订转让合同并办理手续,如果存在现时应收账款与未来应收账款同时转让的情形,还需要商业保理合同中分开制定相关的合同条款或者分成两个合同,以避免因未来应收账款转让无效而影响现时应收账款转让效力的情形发生。[②] 更严重的是,保理商在提供融资的情况下,却无法获得应收账款债权作为对价,在应收账款债权人将应收账款债权设定质押或转让给第三方时,保理商亦无法与之对抗。在发生债权人破产清算时,保理商将面临更大的风险。[③] 鉴于此,《民法典》第 761 条明确规定,保理合同可以以未来应收账款作为合同客体,未来应收账款转让的法律障碍得以彻底消除。

在保理合同订立后,应收账款债权人有时因故意或出于对法律的误解,将已办理保理的应收账款债权又转让给第三方或将已转让给第三方的应收账款债权向保理商申请办理保理业务,从而导致应收账款的重复转让,对此,国际保理业务的通说是遵循 Dearle V. Hall 案所确立的原则。根据该案例所确立的原则,在发生同一笔债权的多次转让时,第一个让债务人取得让予通知的受让人将获得收取债款的优先权。[④] 因此,有观点认为,应以通知作为公示方法,以债权让与通知的时间先后作为多个受让人中何者权利优先的评判标准。[⑤] 但通知优先规则也受到了诸多质疑,尤其是对于隐蔽型保理业务而言,几乎不可能获得优先权。美国《统一商法典》第 9 编则采取登记优先的规则,规定:"应收账款的受让人可以向某一政府机构登记一份融资说明书,在两个有偿的受让人之间,首先将融资说明书登记,并在其中说明了债权让与的受让人享有优先权。因此,第二受让人可能因为先登记而优先于第一受让人。"

---

①　深圳前海合作区人民法院制作的《关于审理前海蛇口自贸区内保理合同纠纷案件的裁判指引(试行)》第 12 条。

②　李倩:《传统企业主导的供应链金融及其法律问题》,载《金融法苑》2016 年第 12 期。

③　黄斌:《国际保理业务中应收账款债权让与的法律分析》,载《清华大学学报(哲学社会科学版)》2006 年第 2 期。

④　[英]费瑞迪·萨林格:《保理法律与实务》,刘园、叶志壮译,对外经济贸易大学出版社 1995 年版,第 131～135 页。

⑤　申建平:《债权双重让与优先权论》,载《比较法研究》2007 年第 3 期;叶金强:《公信力的法律构造》,北京大学出版社 2004 年版,第 4 页。

《民法典》虽然并无明文对保理的公示方法进行规定,也无"保理人的权利未经登记不得对抗第三人"的类似条款,但第768条明确规定了多重保理时各保理人之间的权利顺位规则:"应收账款债权人就同一应收账款订立多个保理合同,致使多个保理人主张权利的,已登记的先于未登记的取得应收账款;均已登记的,按照登记时间的先后顺序取得应收账款;均未登记的,由最先到达应收账款债务人的转让通知中载明的保理人取得应收账款;既未登记也未通知的,按照保理融资款或者服务报酬的比例取得应收账款。"由此可见,我国对应收账款的多重转让同样采用登记优先的权利竞存规则。

在实务中,将应收账款转让的事实有效通知了债务人,并告知其直接向保理商账户付款,但债务人仍向原债权人付款,且原债权人收到该款项后,拒不向保理商转付的,对此如何认定其效力与责任,我国法律未作规定。笔者认为,域外立法在这方面的实践值得借鉴。《国际商事合同通则》第9.1.10条规定:"通知债务人:(1)在收到让与人或受让人发出的转让通知以前,债务人可通过向让与人清偿来解除债务;(2)在收到该通知后,债务人只有通过向受让人清偿才能解除债务。"

(五)保理纠纷诉讼相关问题的探讨

保理业务中存在两个合同:一个是应收账款债权人、债务人之间的基础合同,此为应收账款的法律基础,另一个是保理商和应收账款债权人签订的保理合同,当基础合同和保理合同分别对诉讼管辖权进行约定,且管辖权约定不一致时,将引发管辖权冲突的问题。部分法院认为,应以基础合同中关于管辖权的约定来确定管辖法院。例如,天津高院在审理保理合同纠纷案件审委会纪要中规定,除非当事人另有约定,保理商将债权人和债务人同时起诉的,应以基础合同的管辖权约定来确定管辖法院。其理由是,保理合同和基础合同不具有依附性,且债务人与保理商之间没有直接的合同关系,因此,保理合同中有关管辖权的约定不能对债务人发生效力。部分法院认为,应以保理合同中关于管辖权的约定来确定管辖法院。其依据是,应收账款转让需要进行通知,债务人收到了应收账款转让通知,不论是书面还是口头形式作出确认,均代表债务人已经知悉保理商和债权人之间的保理合同关系,通知作为保理合同的一部分,接受通知也就可以看作同时接受保理合同相关内容的约束,包括关于管辖权的约定。笔者认为,债务人收到债权转让通知并予以确认,是债权转让对债务人发生效力的条件,意味着债务人负有向保理人履行的义务,但难以得出债务人由此成为保理合同当事人的结论。因此,保理合同的管辖权约定并不当然对债务人发生效力。由此观之,第一种观点更为可取。

　　保理人与债务人之间保理合同纠纷诉讼时效起算标准的主张可能会有四种,按到期日早晚分别为:以基础合同的结算条款确定的买方付款日期、以保理合同的催收条款确定的催收日期、保理人对债务人通知的日期、保理人对债务人通知时重新确定的结算期。保理人是基于保理合同的签订受让应收账款而有权对债务人主张债权,再加上通知不是保理关系产生的必备要件,因此该请求权不应从通知债务人起产生,更不能从通知里重新确定的结算期开始起算。保理合同法律关系是以基础合同为基础产生的,保理人取得的权利不得大于其前手即基础合同债权人的权利,且保理人在接收应收账款时本身即负有审查义务,因此,根据基础贸易合同中的结算条款确定的买方付款日期作为保理人对债务人追索应收账款纠纷诉讼时效的起点,不仅是合乎法理的,对于保理人与债务人的利益考量更是公平的。[①]

　　在保理纠纷中,作为原告的保理商会根据实际情况,依保理合同类型以及诉讼请求的不同,选择不同的被告来主张权利,使得当事人的诉讼地位发生变化。例如,针对基础合同项下的应收账款问题向债务人主张权利的话,就单独将债务人作为被告提起诉讼;针对保理合同履行问题就可能单独对债权人提起诉讼。此时是否需要将债权人或者债务人追加为第三人?部分法院出于更好地化解当事人之间的保理合同纠纷,针对单独起诉一方当事人的情况,主张追加另一方当事人为第三人。原因是他们将保理合同法律关系看作一个整体,各部分内容、权利义务等约定环环相扣,不能予以割裂,追加为第三人后,让各方当事人均参与诉讼,各方权利义务关系更为明确,对案件事实的查明更起到了突出作用,也更有利于理清这种复杂而新颖的法律关系。部分法院认为,是否追加第三人需要结合案件的审理范围以及当事人数量等予以综合考虑。如果涉及的主体不多,并且案件的审理需要查明合同的签订、履行或通知等关键事实的,可以追加另一方为第三人。如果争议不大,案件事实清楚,仅由一方当事人参与诉讼足以对案件进行认定的,就没有必要追加另一方为第三人。可见,对此问题不宜一概而论,应根据案件情况和审理需要斟酌决定,如不追加第三人亦可查清案件事实,则应尊重当事人对诉权的处分。否则,法官应依职权追加另一方为第三人。

　　在有追索权的保理中,若保理人在应收账款到期后的合理期限内仍不能得到债务人的清偿,其可基于追索权的约定向债权人主张追索,此时保理人可

---

　　① 周军:《基础合同对保理合同效力影响辨析》,载《贵州社会科学》2020 年第 9 期。

否在向债务人请求支付应收账款的同时向债权人行使追索权？对此司法实务界看法不一。一种观点认为,追索权是保理商要求债权人向其回购应收账款的权利,保理商有权向债权人和债务人同时行使权利。[①] 另一种观点认为,债权人对保理协议项下转让给保理商的应收账款承担回购责任,回购的标的仍是该应收账款。因此,保理商无论是向债务人请求债务清偿,还是向债权人请求回购,均是基于同一笔应收账款,除非当事人另有约定,保理商只能择一主张。[②] 从《民法典》第 768 条规定看,立法上已经认可保理人可向债务人请求支付应收账款的同时向债权人行使追索权。

三、应收账款质押

在供应链应收账款融资中,除了以应收账款转让为核心的保理、证券化融资,还有以应收账款为担保的质押融资。知识产权应收账款质押,就是以知识产权许可使用费应收账款为担保财产的权利质押方式,由债务人或第三人(出质人)以知识产权许可使用费应收账款为标的向债权人(质权人)提供担保,当债务人到期不履行债务或发生约定事由时,质权人可就担保财产优先受偿。应收账款质押不同于动产质押,它不仅包含在应收账款上设立的债权质押担保法律关系,还嵌入了应收账款基础合同法律关系。因此,两个交融的债权债务关系联结了三方参与人:质权人(担保债权人)、出质人(应收账款债权人)、应收账款债务人(亦称第三债务人)。

知识产权应收账款质押融资与保理融资之间的区别主要体现在生效要件、应收账款来源和追偿方式上。在生效要件上,按照《民法典》第 445 条的规定,应收账款质押自办理出质登记时设立,采登记生效主义。根据《民法典》第769 条关于保理合同准用债权转让的规定,保理自合同订立时生效,但未经通知债务人,对其不发生效力,采登记对抗主义。在应收账款来源上,保理融资业务的应收账款源自知识产权转让费或许可使用费。应收账款质押融资中的应收账款则仅来自知识产权许可使用费。在追偿方式上,应收账款质押是担保融资方式,首先由出质人清偿债务,当出质人不能清偿到期债务时,质权人才能就质押的应收账款优先受偿。应收账款保理则是将应收账款债权直接转

[①] 天津钢管三圆管材有限公司、北京银行股份有限公司天津和平支行合同纠纷案,参见天津市高级人民法院(2014)津高民二终字第 0092 号民事判决书。

[②] 上海浦东发展银行股份有限公司长沙分行、中联重科股份有限公司合同纠纷案,参见最高人民法院(2017)最高法民申 132 号民事裁定书。

让给保理人，在无追索权保理中，由保理人直接承担应收账款的权利及债务人违约的风险。在有追索权保理中，债务人未清偿应收账款，保理人还可以向债权人追偿。

（一）应收账款质押公示模式及效力

按照大陆法系的民法理论，应收账款质押属于债权质押的范畴。通常而言，"债权让与不以书面为必要，而设质应以书面为之，概债权设质较债权让与关系复杂，非以要式行为为之，势难使法律关系臻于明确。"[①]应收账款作为债权的一种，应收账款质押亦应以订立书面质押合同的方式设立。但质押合同的订立仅在当事人之间产生约束力，要使质权生效或产生对抗第三人的效力，必须借助恰当的公示方法。从比较法上看，国际上对于债权质权的公示主要有三种模式：

一是债权证书交付模式。例如，台湾地区"民法典"第 904 条规定："以债权为标的物之质权，其设定应以书面为之。前项债权有证书者，出质人有交付之义务。"[②]其理由是，质权的公示方法就是移转标的物的占有；债权虽为无形财产，但仍可（或只能）通过移转债权证书的占有达到控制和公示之机能。

二是通知次债务人模式。例如，《德国民法典》第 1280 条规定，仅在债权人将设定质权一事通知债务人时，债权的设质才有效力。《日本民法典》第 364 条规定，以指名债权为质权标的时，非将质权的设定通知第三债务人或经第三债务人承诺的，不得以之对抗第三债务人及其他第三人。其理由为：对第三债务人所为的设质通知，既可使其知悉新的履行对象，又可使一般第三人通过向第三债务人简单查询即可知晓债权设质的事实。通知产生的另一法律效果是按照通知时间的先后来确定权利实现的顺序。

三是登记模式。美国的《统一商法典》中规定担保权益需要登记以进行公示，此种登记主要采取声明登记制，简单地将当事人间的必要交易信息进行披露即可。我国《物权法》也采用了登记模式，其第 228 条规定："以应收账款出质的，当事人应当订立书面合同。质权自信贷征信机构办理出质登记时设立。"《民法典》第 445 条也继续沿用了此模式。[③]

---

① 郑玉波：《民法物权》，三民书局 1986 年版，第 326 页。
② 类似的规定有《德国民法典》第 1274 条、《瑞士民法典》第 900 条、《日本民法典》第 363 条。
③ 《民法典》第 445 条规定："以应收账款出质的，质权自办理出质登记时设立。"

债权证书交付模式与通知第三债务人模式均存在明显的弊端。就债权证书交付模式而言，首先，与提单、债券、票据等有价证券不同，应收账款的债权证书仅仅是证明债权存在的书面证明文件，该书面文件与债权本身并不具有等价性，作用仅在于从外部证明债权存在的事实。这决定了其交付无从剥夺出质人就该债权的处分权。其次，债权证书之移转占有，"亦非如动产质权之动产移转占有"，难以发挥留置效力。再次，有的债权没有债权证书表彰，若强行要求做成证书后才允许出质则会大大降低融资效率，也不现实。有的债权拥有多个不同的证明文件，其复杂多样性也使法律无法明定究竟交付哪类证书才具公示效力。此外，债权证书并非物权凭证，具有可复制性与非唯一性的特点。对知识产权而言，即使占有专利证书、商标权证、著作权证书等权属证书也不能发生权利转移的法律效果，亦无法定的债权证书，所谓的债权证书转移占有转让无从谈起，此模式自然难以适用。

就债权让与通知模式而言，其弊端在于，第一，实务上，单个的现存应收账款质押时，通知第三债务人较为方便，但是在未来应收账款质押的场合，债务人尚未确定，根本无从通知；第二，通知第三债务人模式无法控制欺诈风险，在债权重复出质的情况下，以通知债务人作为公示方式时，通知的顺序便是质权清偿的顺序，出质人可能会与第三债务人通谋伪造时间在先的债权质押通知，损害在前质权人的利益。而且通知的公示对象仅限于债务人，第三人的交易安全无法得到保障，无法达到平等保护不同对象权利的目的。

比较而言，登记模式具有债权证书和通知模式所不具备的优势。第一，质权人可以通过公开的公示系统方便地查询到拟出质债权之上的担保情况，在此基础上，对是否接受该等债权质押作为担保做出判断；第二，公示系统系国家提供的公共产品，尤其是基于互联网的电子登记系统，可以排除人为干预，有效遏制出质人与第三债务人之间的欺诈行为，排除"隐蔽担保"；[①]第三，登记公示尤其适宜大宗债权质押或者未来债权质押的公示。

《物权法》第228条和《民法典》第445条均规定应收账款质押自办理出质登记时设立。可见，质押登记既是质权成立要件，也是质权公示方法。为配合实施《物权法》关于应收账款质押登记的规定，中国人民银行于2007年发布

---

① 高圣平：《统一动产融资登记公示制度的建构》，载《环球法律评论》2017年第6期。

《应收账款质押登记办法》(以下简称《登记办法》),①并建立了基于互联网的电子化"应收账款质押登记公示系统",2008 年该系统改造升级并整合到"中登网"下的"中征动产融资统一登记平台",2015 年该平台更名为"动产融资统一登记系统"。该登记系统提供 7×24 小时的网上服务,办理应收账款质押公示登记,登记提交后会生成数字证书和登记编号作为初始登记的证明,在办理变更登记或者应收账款质押的注销登记时也要出示该登记编号。

值得注意的是,应收账款质押登记实行质权人或质权人的委托人在网上自助登记的模式,登记人对登记内容的真实性、完整性和合法性承担责任。登记系统仅审核质权人的身份资料,对登记内容不承担审核责任。②。应收账款质押登记的上述做法与采用登记对抗主义的《美国统一商法典》的动产担保登记模式颇为相似。有论者认为,《物权法》和《民法典》将登记公示作为应收账款质押的生效要件,登记机关应当对登记信息的真实性承担审查义务。否则,登记将不具有公信力。然而,应收账款质押发生频率高,数量庞大,远非不动产登记可比,要求登记机关对登记信息进行实质审查,既不可能也不合理。因此,采形式审查制无可厚非,这也是采用动产担保登记制度国家的通行做法。其次,登记公信力与是否采用实质审查制也无必然联系。在采用形式审查制的情况下,登记同样具有权利推定正确的效力,第三人信赖该登记所造成的损失,虽然不由登记机关负责,但登记人仍然需要承担损害赔偿责任,因此并不能得出登记不具有公信力的结论。

在登记的效力方面,《登记办法》第 6 条规定:"在同一应收账款上设立多个权利的,质权人按照登记的先后顺序行使质权。"以部门规章的形式确认了应收账款重复出质的合法性及其优先顺位,但以法律层级较低的部门规章规范担保物权优先顺位规则有越位立法之嫌,一直颇受诟病。《民法典》第 414 条"抵押权优先顺位"条款的最后一款规定:"其他可以登记的担保物权,清偿顺序参照适用前款规定",以基本法律的形式规定了担保物权的优先顺位规则,从规范目的出发,可以解释为应收账款重复出质优先顺位的法律基础。

根据《登记办法》规定,应收账款质押可以约定的登记最短期限为 1 个月,每次约定的最长登记期限为 30 年。申请展期期限最短 1 个月,每次申请展期

---

① 该登记办法分别于 2017、2019 年进行了修订,最新修订版于 2020 年 1 月 1 日实施。

② 参见《关于做好应收账款质押及转让业务登记和查询工作的通知》[津金融局(2014)8 号]。

最长不得超过 30 年。① 尽管《登记办法》对登记期限作了宽松的规定,但规定登记期限是否符合法理值得商榷。首先,物权法属于强行法,奉行物权法定的原则。根据物权法定的原则,当事人不能在物权法之外设定物权,也不能以物权法之外的方式消灭物权。质权作为担保物权,根据《物权法》第 177 条和《民法典》第 393 条的规定,可以因担保物权的实现而消灭、因所担保的主债权消灭而消灭、因债权人放弃担保物权而消灭,却不能因当事人约定的存续期间届满而消灭,否则将违背物权法定的原则。其次,质押当事人约定质押期间与质押担保债权受偿的目的不完全吻合。质权以质押标的交换价值担保债权的实现,从属于被担保债权而存在,债权不消灭,质权没有单独归于消灭的理由,唯有债权消灭,质权始归于消灭。如果登记的担保期间可以消灭担保物权的话,因期间届满而导致担保物权消灭,则使债权得不到有效的担保。最后,司法实务界也不认可登记担保期限的效力。最高人民法院《关于适用〈担保法〉若干问题的解释》第 12 条规定:"当奉人约定的或者登记部门要求登记的担保期间,对担保物权的存续不具法律约束力。"因此,登记期限的规定宜予以删除。

质权人在登记内容变化或者出现错误的时候应当办理变更登记。如果出现新增应收账款,那么新增的部分不属于原应收账款的质押范围,要视为新的质押登记。当出现应收账款质权实现或者其他导致登记权利灭失的情形时,质权人需要在法定期限内办理注销登记。利益相关者不同意质权人办理变更登记或注销登记的,可以依法申请办理异议登记。若在法定期限内没有处理该异议登记,将由征信中心撤销异议登记。登记系统向社会公众提供查询服务,任何单位和个人均可以在注册成为系统用户之后,查询应收账款质押登记信息。登记平台的用户可以通过检索单位的法定名称或者个人的身份证号码随时查询应收账款质押的登记情况。登记系统会如实展示关于出质人的全部出质信息,登记系统会以"应收账款出质登记表"的形式展示所有的登记信息,不做修改、屏蔽。登记系统会准确记录应收账款之上的一切查询行为的历史记录,登记系统会应查询人的要求提供带有编号的查询证明,在查询证明中标注出查询人的身份、查询时间,用于证实查询行为的发生以及查询结果。

(二)应收账款质权的实现方式探讨

债务人未能履行到期债务或发生约定的行使质权的事由时,质权人需要通过对质押财产行使优先受偿权以使担保利益获得实现。我国《物权法》及

---

① 《应收账款质押登记办法》第 12 条、第 13 条。

《民法典》并没有明确规定应收账款质权的具体实现方式。依据《物权法》第229 条权利质权参照适用动产质权的规定,可知我国应收账款质权的实现方式同动产质权的实现并无二致,具体方式包括三种:协议折价、拍卖、变卖。但应收账款属于金钱债权,与一般动产不同,其最佳的实现方式是由质权人向第三债务人直接收取债权。即当债务人不履行债务时,质权人可以直接请求第三债务人(即应收账款债务人)向质权人给付相应的款项,从而避免动产质权在实现时所通常需要的评估、折价或拍卖、变卖质物等烦琐程序,使得应收账款质权得以便捷高效地实现。① 因此,这一质权实现方式得到了各国立法的普遍认可。《德国民法典》第 1282 条规定,实现债权质权条件达成时,质权人享有向债务人主张债权的权利,并且条件达成时债务人也只能向质权人履行债务。《瑞士民法典》第 906 条规定,质权人有权请求收取、催告债权。《日本民法典》第 367 条规定,质权人在被担保债权范围内可以直接向债务人主张债权。《美国统一商法典》亦规定:债务人违约后,担保权人可以向应收账款债务人或证券债务人收款。②

质权人直接向债务人收取应收账款的方式与"禁止流质条款"也并不冲突。"禁止流质"条款的目的在于避免质权人利用其优势地位损害债务人利益,在出质标的物的价值高于被担保债权时,如果允许以转移出质物的所有权的方式实现质权,会损害出质人的利益,禁止流质则能避免质权实现时的不公平。虽然质权人直接向债务人实现债权,但仍然处于应收账款质权人的法律地位,并没有取代出质人,而且也并没有直接拥有应收账款,它所代表的仅仅是质权人实现质权的方法。其收取的债权也以被担保债权的额度为限。应收账款债务人针对出质人所享有的抵销权、抗辩权不受影响,也即债务人可以对质权人行使其对出质人享有的权利,进行抗辩和抵销。③ 最高人民法院发布的第 53 号指导案例指出,应收账款性质上是一种金钱债权,"质权人可请求法院判令其直接向出质人的债务人收取金钱并对该金钱行使优先受偿权,故无须采取折价或拍卖、变卖之方式。"④

---

①　费安玲、龙云丽:《论应收账款质权之实现》,载《河南大学学报(社会科学版)》2009年第 4 期。

②　《美国统一商法典》第 9 编第 607 条。

③　万冬朝:《论应收账款质权的权利边界——以应收账款质权与法定抵销权的冲突为视角》,载《华南理工大学学报(社会科学版)》2015 年第 5 期。

④　最高人民法院发布指导案例 53 号:福建海峡银行股份有限公司福州五一支行诉长乐亚新污水处理有限公司、福州市政工程有限公司金融借款合同纠纷案。

在应收账款质押的法律关系中,两债权(出质的应收账款和所担保的主债权)可能因清偿期不同,而导致应收账款质权实现出现不同的情形。

(1)出质债权(应收账款)与主债权清偿期均届满。应收账款和应收账款质权所担保的主债权均已届清偿期,质权人可直接收取债权。第三债务人直接向质权人履行是否需要征得出质人的同意?各国立法例不尽相同。《德国民法典》第1282条第1款规定:实现债权质权的要件已成就的,质权人有收取债权的权利,且债务人只能向质权人履行给付。如果要求第三债务人向质权人清偿,必须征得出质人的同意,这实际上可能会使得法律所规定的应收账款质权人享有债权直接收取权成为一纸具文,质权人的利益得不到充分的保护。实务操作中,为了防止出质人不同意第三债务人对质权人的清偿,在应收账款设定质押时,质权人通常要求出质人提前出具同意第三债务人径行向质权人清偿的书面文件。

(2)出质债权(应收账款)未到清偿期而主债权清偿期已届满。应收账款本身与其所担保的债权是两个独立的债权法律关系,虽然在应收账款上设立了质权,但基于债权所具有的相对性原则,以及同时具有的独立性,因此,质权的设定并未改变应收账款本身的履行期限,质权的实现也不应该为应收债款债务人增设新的义务,侵害债务人的履行期限利益。[①] 况且,质权人明知出质的应收账款的清偿期晚于主债权清偿期,仍自愿接受应收账款质权,就应承担其后果。然而,在该情形下,质权人仅是不能向第三债务人直接主张债权,却仍可向主债务人主张债权,请求其清偿。

(3)出质债权(应收账款)已到期而主债权清偿期尚未届满。《德国民法典》第1281条规定,在变价条件成熟前,质权人与债权人(出质人)只是具有共同的收取权,债务人只能向质权人和债权人共同履行给付。质权人和债权人中的任何一人可以请求向二者共同履行给付;其中任何一人可以不请求给付,而请求为二者提存所负担的物,或者,所负担的物不适合于提存的,请求交付给法院选任的保管人。台湾地区"民法典"第907条规定:"为质权标的物之债权,其债务人受质权设定之通知者,如向出质人或质权人一方为清偿时,应得他方之同意。他方不同意时,债务人应提存其为清偿之给付物。"《瑞士民法典》第906条第2款、第3款也规定:"债务人得知出质时,须得到一方承诺后,始向另一方清偿债务。无前款承诺时,债务人应提存债务额。"

综上,如果出质人同意第三债务人向质权人履行,则视出质人的意思表示

---

① 梅夏英、高圣平:《物权法教程》,中国人民大学出版社2007年版,第498页。

不同而有所区别——当出质人明确表示放弃期限利益,提前以所受清偿的应收账款清偿主债务,则主债权债务消灭,应收账款质权消灭;否则,为确保质权的继续存在,双方可以提存该金额或以封金、存入特别账户予以冻结等形式设定金钱质押。质权以该项提存金或特定化的金钱为对象,由债权质转为物上质。

四、应收账款转让和应收账款质押规范的协调

《民法典》首次将保理合同纳入典型合同之中,并作了较为详细的规范。从法律性质上看,应收账款转让为前提的保理与应收账款质押存在诸多相似之处,各国民法典通常也规定债权质押准用债权转让的规范。比较而言,《民法典》关于应收账款质押的规范比较粗略,仅有两个条文(第 223 条和第 228 条),而保理合同作为《民法典》新增的典型合同,则有 9 个条文予以规范(第 761 条至第 769 条)。因此,对于应收账款转让和应收账款质押涉及的共同问题,《民法典》关于保理合同的规范应有准用应收账款质押的余地。具体而言:一是对基础合同变更的处理。所谓基础合同是指应收账款债权人与债务人签订的有关销售货物、提供服务或出租资产等的交易合同。基础合同是应收账款产生的来源。基础合同的变更对应收账款质权人和受让人的影响主要存在于就"将有的应收账款"设定质押或在保理合同项下转让的情形。债权人和第三债务人变更基础合同的行为,可能导致应收账款的有效性、履行期限、付款方式等发生重大变化,致使应收账款质押目的不能实现或者保理商不能实现保理合同的目的。因此,处理基础合同变更问题的出发点应着重保护质权人或者保理人的利益。应收账款质押或转让,不经通知,对第三债务人不发生法律效力。以通知第三债务人为界线,在通知第三债务人之前,出质人或者转让人与第三债务人协议变更基础合同的,对质权人或保理人有效,质权人或保理人因此遭受损失的,应向出质人或债权人追偿。在通知第三债务人之后,出质人或者转让人协议变更基础合同的,质权人或保理人有是否接受变更效力的选择权,在对其没有不利影响的情形下,可以选择接受基础合同的变更效力;在对其有不利影响的情形下,可以选择不接受变更效力。《民法典》第 765 条规定,"应收账款债务人接到应收账款转让通知后,应收账款债权人和债务人无正当理由协商变更或者终止基础交易合同,对保理人产生不利影响的,对保理人不发生效力"。此条款虽是针对保理合同的情形,对应收账款质押亦应有准用的余地。

二是对虚构应收账款的处理。虚构应收账款是应收账款质押和保理实务中存在的突出问题。2019 年 7 月"爆雷"的诺亚财富和承兴公司之间的应收

账款质押担保贷款纠纷案,承兴公司涉嫌伪造对京东公司的应收账款,并将之质押给诺亚财富,用作私募贷款担保,涉及金额 34 亿元。在实践中还出现当质权人或保理人向第三债务人核实应收账款真实性的时候,第三债务人书面确认该应收账款的真实性。当质权人或保理人向第三债务人主张权利时,第三债务人又以应收账款所依据的基础合同不实或应收账款虚假等理由进行抗辩。此种情形,质权人或保理人有权向应收账款的债权人要求其承担应收账款的权利瑕疵担保责任;对于合谋的第三债务人,则可以依据《侵权法》,以恶意串通侵害质权人或保理人利益为理由,要求其承担侵权损害赔偿责任。《民法典》第 763 条规定:"应收账款债权人与债务人虚构应收账款作为转让标的,与保理人订立保理合同的,应收账款债务人不得以应收账款不存在为由对抗保理人,但是保理人明知虚构的除外。"应收账款质押遭遇虚构应收账款的情形,可以规定准用此条款。

三是对债务人通知规则的准用。我国立法没有明确规定应收账款质押的通知制度,但是在司法裁判中这却是对责任认定必不可少的环节。基于法律规定和司法实践,针对我国应收账款质押是否需要通知,学者的观点不一。持否定说的观点认为,由于法律没有规定,且我国应收账款质押采登记生效主义具有对抗效力,登记即视为均知悉,因此不需要通知次债务人。[①] 笔者认为,存在有效应收账款质押,但是未将质押事实通知次债务人。在这种情况下,应收账款真实存在,但是次债务人不知晓质押事实或者质权人未能举证证明次债务人对质押事实知悉,可以准用应收账款转让的通知规则,即未经通知,质权人的质权不能约束次债务人,次债务人无须承担责任。从审判实务看,在此情形下,次债务人无须在应收账款质押登记范围内承担责任。[②]

以债权转让为基础的保理和资产证券化,对债权转让的安全性尤其关注,对更为安全可靠的登记公示存在强烈的制度需求。《合同法》在债权让与公示问题上采让与主义,未规定债权让与对抗第三人的效力,依文义解释,债权受

---

①　郭明瑞:《关于应收账款质权的三个问题》,载《江淮论坛》2011 年第 6 期;李峰、王全弟:《美国应收账款担保制度及其对我国的启示》,载《复旦学报(社会科学版)》2011 年第 4 期。

②　中国邮政储蓄银行股份有限公司武汉市分行与武汉子新新世纪商贸有限公司等金融借款合同纠纷一审民事判决书,(2015)鄂江汉民二初字第 01361 号;华夏银行股份有限公司合肥周谷堆支行与亳州职业技术学院合同纠纷一审民事判决书,(2018)皖 1602 民初 3668 号;滨州凤凰商贸有限公司、滨州东方地毯有限公司执行异议之诉二审民事判决书,(2019)鲁 16 民终 578 号。

让人自与让与人达成让与合意时,债权归属受让人,重复让与构成无权处分,后受让人无从取得债权,债权让与不以占有或登记为要件,不适用物权法的善意取得制度,故《合同法》没有解决债权让与的安全性问题。在《合同法》不能满足当事人需求的情况下,出现了借道《物权法》项下的应收账款质押登记系统,办理应收账款转让登记的现象。《民法典》出台之前,只有《应收账款质押登记办法》作为应收账款登记的登记依据,该办法第 34 条规定,"权利人在登记公示系统办理以融资为目的的应收账款转让登记,参照本办法的规定"。虽然依此条规定,应收账款转让可以借助应收账款质押登记系统办理登记,但转让登记的法律效果却没有法律明文规定。在立法缺位的情况下,在保理业务发达的天津和深圳,当地法院以审判委员会纪要和审判指引的方式出台文件,对应收账款转让登记的效力问题作出规定。例如,2014 年 10 月,天津市高级人民法院发布的《关于审理保理合同纠纷案件若干问题的审判委员会纪要(一)》第 9 条规定,相关主体受让应收账款时,应当登陆中国人民银行征信中心动产融资统一登记平台,对应收账款的权属状况进行查询,未经查询的,不构成善意。所列主体办理应收账款质押、转让业务时,应当对应收账款的权属状况在中国人民银行征信中心动产融资统一登记平台予以登记公示,未经登记的,不能对抗善意保理商。[①] 2016 年 12 月,深圳前海合作区人民法院发布的《关于审理前海蛇口自贸区内保理合同纠纷案件的裁判指引(试行)》第 35 条(登记的效力和善意的认定)指出,"保理商应当登陆中国人民银行征信中心动产融资统一登记平台,对应收账款的权属状况进行查询,未经查询的,不构成善意。其他民事主体办理应收账款质押、转让业务时,未在中国人民银行征信中心动产融资统一登记平台予以登记公示的,不能对抗善意第三人"。不难看出,地方法院的司法政策主要将金融机构、保理商等商事主体作为规范对象,将应收账款转让登记作为对抗善意保理商的要件。不过,上述审判纪要和裁判指引仅适用于发布法院地域管辖和级别管辖范围,不具有普遍适用性。

《民法典》第 768 条规定了作为保理合同标的的应收账款,被保理合同应收账款债权人重复转让给多个保理人的情形下,应收账款转让登记在确认优先顺位时的作用。从解释论角度看,《民法典》在保理合同中应收账款的转让上采自愿登记主义,登记效力采对抗第三人主义。这与《民法典》第 228 条和

---

① 相关主体是指商业银行、商业保理公司、金融资产管理公司、信托公司、财务公司、汽车金融公司、消费金融公司、金融租赁公司、外商投资融资租赁公司、内资融资租赁试点企业、典当行、小额贷款公司、融资性担保公司。

《应收账款质押登记办法》规定的应收账款转让采登记生效主义的效力模式明显不同。在学理上，在登记对抗主义模式之下，采声明登记制，登记机关不承担对登记信息的核实义务，登记簿上记载的信息对查询人而言，仅起到警示担保物上可能存在担保权力的作用，并不表明担保权的真实存在。在登记生效主义模式之下，采文件登记制，登记机关要对登记申请人所提交材料的真实性做必要的审查，登记簿上的记载信息具备公信力。然而，《民法典》将登记公示作为应收账款质押的生效要件，逻辑上本应得出登记信息具备公信力的结论，进而登记机关应当对登记信息的真实性承担审查义务。但按照《应收账款质押登记办法》进行的登记在实践运作中，并不要求登记机关对应收账款质押登记信息承担审查义务，对错误登记信息的后果也不需承担赔偿责任。应收账款质押登记实际上是以登记生效主义之名，行登记对抗主义之实。另一方面，按照"举重明轻"之法理，既然对当事人利益影响更大的应收账款转让采用的是登记对抗主义，则应收账款质押采用登记对抗主义也是顺理成章之事。因此，应收账款质押舍弃登记生效改采登记对抗，不但符合质押登记的实践需要，而且可以使应收账款转让和质押登记效力规范协调统一，提高融资登记效率，更好地满足企业的融资需求。

第五章　互联网知识产权融资风险的监管与防控机制

第一节　互联网知识产权融资的风险分析

互联网知识产权融资的风险主要来自两个方面：一是互联网融资方式存在的风险；二是作为融资标的的知识产权自身产生的风险。具体分析如下：

一、互联网融资面临的风险

（一）互联网融资方式的法律风险

P2P 在美国诞生之初，由于属于新生事物，立法及监管部门难以对其内在本质进行判断。P2P 平台自认为其本质是一种"银行"，"P2P 运营者做的事情几乎和银行是一样的——推销产品、评估借款者、承诺支付和提供贷款服务，就像是一个没有资产负债表的银行"，希冀免于 SEC 的监管。自 2008 年 4 月，LendingClub 进入"静默期"（即向 SEC 申请注册阶段），主动关闭部分投资业务，新投资者不能注册，现有投资者也不许发放新贷款。2008 年 10 月，LendingClub 被 SEC 核准注册。同时，SEC 正式认定包括 Prosper 和 LendingClub 在内的 P2P 平台的运营行为涉及了证券销售，并将其认定为销售"附有投资说明的借贷凭证"的机构。据此，SEC 在 Prosper 运营三年后认为其违反了《证券法》而向其发出"终止令"（Cease-and-Desist Order），禁止其出售未经注册的证券。迫于监管压力，Prosper 开始了通向 SEC 的注册之路，直至 2009 年 7 月方获得核准，才得以复出。而此时，其领先地位已被 LendingClub 大大超越。

在我国，互联网融资则面临着非法集资和非法发行证券的风险。P2P 网贷模式借助网络技术和信用评估技术，协助借款人通过网络平台向社会公众募集资金，并以约定的利息作为回报。最高人民法院 2010 年发布的《关于审理非法集资刑事案件具体应用法律若干问题的解释》界定了非法集资的四个认定标准:非法性、公开宣传、回报承诺和面向公众。依此标准,P2P网络贷款天然具有非法集资的性质。[①] 股权众筹在本质上属于面向公众的证券发行行为。依照目前《证券法》的规定,公开发行证券必须经过证监会核准,否则即构成非法发行证券。该法第10条的规定,以下情形属于公开发行证券:(1)向不特定对象公开发行证券;(2)向特定对象发行证券累计超过200人。同时它要求,非公开发行证券不得采用广告、公开劝诱和变相公开的方式。2013年2月,北京美微文化传播公司在淘宝网上以销售会员卡附赠股权的方式转让其"原始股",宣称"任何人只要花120元,就能买到100份股票,成为公司股东"。在10余天内,美微即筹集款项387万元,其中通过淘宝网公开转让的原始股共161笔,涉及153人,累计筹得18万余元。然而,3个月之后,证监会将此举定性为"新型非法证券活动",要求退还通过淘宝网平台获得的转让款。国内首例互联网股权融资案例因触碰监管警戒线而以失败告终。为了避免触及上述法律规定,众筹平台往往通过实名认证、投资资格认证等方式将投资者特定化,并且将投资者的人数限定在200人以下。但一方面,这类自缚手脚的规避方式从法律解释的角度看并不可靠;[②]另一方面,对投资者人数的严格限制也不符合众筹"公开、大众、小额"的融资特征,抑制了众筹的发展空间。

(二)互联网融资平台的道德风险

在互联网融资中,融资成功与否直接与平台的收入挂钩,在融资成功后,平台通常会收取融资额的3%～5%作为手续费。此外,由于平台服务同质化,加上双边用户的多归属特征,导致平台间竞争激烈。[③] 在此情形下,平台为保持用户黏性和增加收入,可能与融资者(科技中小微企业)串通,粉饰融资者及融资项目;也可能降低审核标准,将不合格的融资者和项目予以发布。

更有甚者,平台利用互联网融资制造"庞氏骗局",进行违法犯罪活动。例如,规模最大的问题平台"e租宝"被公安机关立案侦查,并被明确定性为"涉嫌非法集资",涉案金额高达500多亿元,涉及全国31个省份的投资人约90万人。"e租宝"平台2014年7月上线,截至2015年年底,在短短的505天中,

---

① 彭冰:《P2P网贷与非法集资》,载《金融监管研究》2014年第6期。

② 彭冰:《非法集资行为的界定——评最高人民法院关于非法集资的司法解释》,载《法学家》2011年第6期。

③ 曾江洪等:《众筹平台双边市场特性与竞争策略研究》,载《科技进步与对策》2017年第3期。

吸金高达 762 亿。但是在最后清算时"e 租宝"的资产只剩下约 150 亿元,按照法律程序清算完毕后,真正能退还给投资者的金额大约只有 120 亿元。2011 年,一家总部设在英国的肥皂贸易公司 Bubble&Balm 在其初创时通过 Crowdcube 股权众筹平台进行融资。它从 82 名投资者那里募集到了 75000 英镑,每位投资者贡献了 10 英镑至 7500 英镑不等,换取了 15% 的公司股权。然而,2013 年 7 月,该公司一夜之间倒闭,留下一群无法联系公司更无法挽回损失的投资者,投资者的损失达到 100%。①

（三）融资者的信息披露和信用风险

一方面,由于互联网融资中信息不对称问题的存在和征信体系不完善的缺陷,平台对知识产权项目融资者的信用状况难以全面掌握,对虚假信息披露难以甄别和筛选。由于平台人员和能力所限,对融资成功后的项目运行、投资回报也往往难以追踪和监管,容易诱发融资者信用风险。例如,招商新能源集团旗下的联合光伏宣布,携手国电光伏和网信金融等共同启动光伏互联金融战略合作,通过互联网众筹的新模式在深圳前海新区联合开发全球第一个兆瓦级的分布式太阳能电站项目,投资者只要出资 10 万元就可以成为上述光伏站的股东。但其项目资料中,仅简略提到"光伏电站行业投资大,现金流稳健,风险低,适合资产证券化",对投资的回报语焉不详,仅是称将获得"财务模型对应的预期合理回报"。在一个众筹平台推介会上,某治疗仪技术项目拟融资 1 亿元,而该项目的介绍资料不足 500 字,该公司的具体名称、团队情况等全部空缺,并且未发现有任何的风险提示字眼。②

另一方面,很多小创企业往往在公司的治理机制上存在缺陷,从而在一定程度上导致信息披露的履行质量和信息本身的质量都存在问题。加之诚信机制的欠缺,企业呈现给税务、银行、股东各一张报表的现象严重,因此企业的真实内部治理情况不被小股东所知,问题亦不易被发觉和及时纠正,公司很可能由掌握更多不利信息的大股东所操控,一旦发生信用风险,中小投资者的利益难以保证。③

① Eleanor Kirby and Shane Worner, Crowd-funding: An Infant Industry Growing Fast, *Staff Working Paper of the IOSCO Research Department*, 2014(2).
② 胡吉祥:《众筹的本土化发展探索》,载《证券市场导报》2014 年第 9 期。
③ 孙永祥、何梦薇、孔子君等:《我国股权众筹发展的思考与建议——从中美比较的角度》,载《浙江社会科学》2014 年第 8 期。

此外,互联网融资平台由于在网络环境下运营,必然要面临互联网漏洞攻击、黑客入侵、病毒感染等引发的技术安全风险。某些 P2P 平台为了节约成本,甚至没有聘请专业的技术人员管理数据,或仅是购买廉价的技术管理模板进行数据处理,这些情形在外部成交量上升的情况下,将导致客户的资金安全受到威胁。例如,黑客王某于 2014 年 7 月至 9 月非法入侵宁波昱天财富投资管理公司的 P2P 网贷平台,骗取该公司人民币 49850 元。这就要求互联网融资平台在网络安全防范方面具备相应的资质和条件。

二、知识产权融资面临的风险

知识产权融资风险源自知识产权本身的特性,其风险主要包括知识产权稳定性风险、知识产权丧失风险、知识产权价值波动风险、知识产权侵权风险等。由于知识产权丧失和侵权风险已在第三章"众筹模式下的知识产权融资机制"第二节"产品众筹下的知识产权融资"中予以讨论,此处不再赘述。

(一)知识产权的稳定性风险

对于一项专利或其他知识产权来说,它的价值及其价值的增值都是建立在知识产权权利稳定性的基础之上的。知识产权只有权利稳定,没有任何瑕疵,它的运用、经营以及围绕它所展开的资本化运作才会成为可能,才可能由此取得预期的经济收益,才能真正成为中小企业实现持续发展的重要战略资源。但与动产、不动产等有形财产相比,知识产权的稳定性相对较弱。例如,专利权的取得要符合"新颖性、创造性和实用性"的授权要件,但在专利申请的审查过程中,由于主客观因素的影响,存在将不符合三性要求的技术方案授予专利权的可能。一旦经过无效宣告程序被宣告无效,该专利权即被视为自始不存在。需要指出的是,由于我国对实用新型和外观设计专利采取形式审查制,即不经过实质审查、不需要对在先专利进行检索分析即可获得授权,其权利的稳定性与发明专利权相比更为弱化,被宣告无效的概率也更高。类似地,商标权也可能会因与他人在先权利相冲突或其他法定原因而被宣告无效或撤销。一旦作为融资标的的知识产权不复存在,在其基础上开展的融资活动也就成为无源之水、无本之木,势必会给投资者带来风险和损失。

(二)知识产权价值波动风险

由于知识产权的垄断性,为维护知识产权人与社会公众利益的平衡,知识产权通常具有保护期的限制。例如,发明专利的保护期为 20 年,外观设计专利的保护期为 15 年,实用新型专利的保护期为 10 年,均自申请日起计算。著作权的保护期则为作者终生加死后 50 年。一旦知识产权保护期届满,其将成为任何人均可免费利用的公共资源,从而失去融资价值。因此,对知识产权人的融资项目而言,其经济价值呈现不断递减的趋势。此外,科学技术的发展和替代产品的出现也会使得知识产权的价值加速降低甚至丧失。在资产价值评估方面,尽管有市场法、成本法、收益法等多种评估方法,但由于知识产权本身的特性,目前尚缺乏有效的评估方法和准则,评估结果难以令人信服。

第二节　互联网融资风险监管的国际经验

规则导向监管和原则导向监管是目前金融监管领域普遍应用的监管方式,美国和英国分别是这两种方式的典型代表。美国金融服务圆桌会议指出:"规则导向的金融监管体系是指,在该体系下由一整套金融监管法律和规定来约束,即便不是全部也是绝大多数金融行为和实践的各个方面,这一体系重点关注合规性,且为金融机构和监管机构的主观判断与灵活调整留有的空间极为有限。"[①]在规则监管下,美国的金融监管采用"伞形监管"形式,金融的法律体系规模庞大,同时各个规则细致深入,监管范围涵盖了金融机构业务活动的各个方面。由于规则明确具体,被监管者能够对金融业务活动有合理的预期,可避免出现踩踏监管红线的可能。同时监管人员的主观性因素影响较小,能够降低监管者权力寻租的发生概率。

英国金融服务管理局认为:"原则性监管意味着更多地依赖于原则并以结果为导向,以高位阶的规则用于实现监管者所要达到的监管目标,并较少地依赖具体的规则。通过修订监管手册以及其他相关文件,持续进行原则和规则间的不断平衡……我们关注作为监管者所希望实现的更清晰的结果,而更多地由金融机构的高管来决定如何实现这些结果。"[②]在原则监管下,监管的原则在监管的规范体系中居于首要地位,在监管中扮演着监管标准的角色。对于被监管者来说,监管的原则就是最低标准,是不能逾越的红线。当然,监管

---

① 方添智:《规则导向与原则导向:当代金融监管模式的缺陷与解决对策》,载《甘肃政法学院学报》2011 年第 4 期。

② 李有星、陈飞、金幼芳:《互联网金融监管的探析》,载《浙江大学学报》2014 年第 4 期。

原则的地位提升,不意味着对具体规则的舍弃,只是监管机构的注重点并不在于制定事无巨细的监管规则,而是依赖监管的基本原则,赋予监管机构人员较大的自主性,同时对监管人员的能力提出更高要求。

一、美国

(一)P2P 网络借贷监管

美国采用以证券交易委员会(简称 SEC)为核心,多部门分类监管、州与地方共同监管的金融监管体制。SEC 于 1934 年根据《证券交易法》成立,是通过监督证券交易活动来保护投资人的独立联邦政府机构。SEC 把全美国分为 9 个区,每个区设分委员会,对州际证券发行、证券交易所、证券商、投资公司、投资顾问等依法进行全面管理,权限广泛,包括立法权、行政解释权、调查权、民事和行政制裁权以及刑事追诉建议权。

2008 年 10 月,SEC 认为,按照美国证券法的解释,P2P 借贷行为属于"证券"范围,[①]自此,P2P 借贷平台必须在美国证券交易委员会登记注册并接受其监管,遵守证券业的相关法律标准。在向 SEC 登记注册之前,Prosper 和 LendingClub 允许出借人直接购买投资份额,P2P 平台通过 Web Bank 银行向借款人发放贷款,同时设立相对应的信用凭证,Web Bank 再将这些信用证出售给出借人。这个模式有效地将借款人和放款人直接联系起来,出借人的本金、利息的获取与借款人按期归还贷款直接相关,出借人权益基本上不受平台风险暴露的影响。在 SEC 登记注册之后,P2P 平台改变了这一模式。如今平台皆采用《证券法》415 规则的储架发行制(shelf registration),平台是证券的唯一发行人。借款人的贷款仍然是由 Web Bank 来发放,然后 Web Bank 会将债权卖给 P2P 平台,继而 P2P 平台再将这些贷款以收益权凭证的形式出售给出借人。基于此,出借人的投资利益不仅与借款人相关,更与平台相关联。出借人成为 P2P 平台的无担保债权人,而非借款人的债权人。

---

① 按照美国《1933 年证券法》的解释,"证券"是指任何票据、股票、库存股票、债券、公司信用债券、债务凭证、盈利分享协议下的权益证书或参与证书、以证券作抵押的信用证书、组建前证书或认购书、可转让股票投资契约、股权信托证、证券存款单、石油、煤气或其他矿产小额利息滚存权,或一般来说被普遍认为是"证券"的任何权益和票据,或上述任一种证券的权益或参与证书、暂时或临时证书收据、担保证书,或认股证书或订购权或购买权。

根据美国《证券法》的规定，基于保护投资者的考量，除非有法定豁免，证券发行人在证券发行前必须注册。SEC 严格管控证券注册，注册文件内容繁杂、条目多样，审阅过程严格。注册文件分为两部分：其一是供投资人参阅的披露文件，即 IPO 项目中的招股书；其二是各种附件，包括公司章程、股东协议、承销协议、重大合同等文件，该部分无须提供给投资人，但需在 SEC 网站上向投资人公开。即使 Prosper 与 LendingClub 向 SEC 完成注册之后，在向投资人发售贷款票据之前仍需向 SEC 报告每个借款人的贷款请求。2009 年至 2012 年间，Prosper 向 SEC 递交了 1700 份报告（比通用汽车公司所要递交的还要多），而 LendingClub 更是递交了惊人的 3200 份报告（比雅虎和亚马逊两家公司加起来的两倍还要多）。P2P 的注册文件和补充材料包含着广泛的信息，例如：经营状况、潜在的风险因素、管理团队的构成和薪酬以及公司的财务状况。[①]

SEC 的监管特色一方面强调持续的信息披露，另一方面又特别注重法律责任的承担。根据美国《证券法》的规定，证券发行人在注册报告书（registration statement）和招股说明书（prospectus）未经核准登记之前而销售证券即被认定为非法。《证券法》中要求证券上市申请登记表中披露的信息多达 32 项，而 SEC 的要求则更为详尽，发行人必须事无巨细地公开其业务内容；证券发售过程中发行人也必须定期更新其招股说明书，否则，购买该证券的任何人均可对发行人因信息披露错误、遗漏或不及时而提起诉讼以维护其知情权；倘若备案信息有错误或遗漏，不仅证券发行人将要承担法律责任，而且在备案信息中署名的所有主体，包括公司董事、备案材料的制作人、证券的担保人、承销商等均需承担法律责任。

除了 SEC，美国联邦贸易委员会、联邦存款保险公司、州一级金融机构监管部门、消费者金融保护局也是美国金融行业监管机构的重要组成部分，与 SEC 一起实施对 P2P 行业的监管。

联邦贸易委员会（简称 FTC）是执行多种反托拉斯和保护消费者权益的联邦机构。美国《联邦贸易委员会法》第 5 条（M）（B）规定，委员会根据本条（B）确定不正当的竞争方法或欺骗性、不公正的行为及惯例，并发出最后停止令，委员会还可向联邦地区法院提起民事诉讼，对违法的个人、合伙人、公司处以行政处罚。由此可见，联邦贸易委员会对 P2P 行业经营活动中存在不正当

---

① 施俊：《美国如何监管 P2P 平台》，http://www.p5w.net/news/gjcj/201309/t20130910_304206.htm. 下载日期：2020 年 11 月 6 日。

竞争或其他不公正的行为而侵犯消费者权益的,有予以制裁的权力。

消费者金融保护局可以随时收集消费者的金融产品或者服务提供者的机构组织、商业运作、市场情况等相关信息,可以要求金融产品或服务提供者在合理期限内提供年度报告等。所以,该局可以收集整理有关 P2P 金融消费者的投诉数据库,处理侵害金融消费者利益的行为,拥有在已有消费者金融保护法律下制定 P2P 消费者保护法规的权利,在规制消费者金融交易方面具有广泛的职权。①

联邦存款保险公司是独立的联邦政府机构,通过为存款提供保险、检查和监督金融机构以及接管倒闭机构,来维持美国金融体系的稳定。一些 P2P 网络平台依靠银行进行中转来开展贷款业务,与银行达成合作关系。在一定程度上,P2P 网络平台与银行存在联系的这种关系,使得二者之间的风险会发生传递。联邦存款保险公司的监管主要通过对 P2P 公司关联银行承保,对 P2P 公司流经银行的款项进行检查监督,并要求其遵守金融消费者隐私条例。

在州层面的监管上,美国各州存在三种监管态度:一是禁止 P2P 网络借贷平台在州范围内招揽投资人;二是允许网站根据各个州提出的商业模式在州范围内营业;三是许可 P2P 网络借贷平台经营,但为保护投资者而作出一定的条件限制,即受“适当性”标准的限制。这种适当性的标准是以个人投资者的收入和净资产为基础确定的,从而将投资人限定为有一定投资能力的人群。

综上所述,美国对 P2P 行业的监管:一是坚持了规则导向监管的大原则,制定详细规则,并且将其纳入证券法的调整范围,以 SEC 作为 P2P 网络平台的主要监管核心,同时按照证券法的规定要求 P2P 网络平台按时披露相关的平台数据信息,以便公众与监管机构对其进行监管。二是联邦众多的监管部门根据自身监管职能对 P2P 平台进行监督,如消费者金融保护局对不公正、欺诈的行为进行处理,保护消费者的利益。三是各个州还会对投资者提出资格“适当性”要求,避免因投资风险造成投资者基本生活困难。四是联邦与州形成垂直的监管体系,同时从联邦到各州的监管均贯彻了保护消费者权益的思路。②

---

① Paul Slattery,SEC Regulation of Online Peer-to-Peer Lending and the CFPB Alternative,*Yale Journal on Regulation*,(30)233.

② 武长海:《P2P 网络借贷法律规制研究》,中国政法大学出版社 2016 年版,第 102 页。

（二）众筹监管

美国 JOBS 法案的颁布为股权众筹融资创设了联邦证券法下的豁免,并且限制了单个投资者的投资额度,提高了股权众筹融资中达到触发注册标准的投资者数量限制。同时,该法案规范了为股权众筹融资提供中介服务的众筹门户的行为,提出了对于筹资者即发行人相应的信息披露要求。

为落实 JOBS 法案,美国证券交易委员会于 2015 年 10 月发布了《众筹监管规则》(以下简称《SEC 规则》)①。在股权众筹发行方面,《SEC 规则》要求股权众筹只能通过已注册的证券经纪自营商或众筹门户发行,并且众筹发行只能通过唯一的中介完成。另外,所有的众筹融资交易活动只能发生在众筹中介的网站或电子平台,即发行必须且只能是电子化(electronic-only)的。要获得豁免,发行人必须通过系统填报表格披露一系列信息,包括发行人的营业状况、高管情况、主要股东、风险因素、目标融资规模、现有资产负债状况、募集资金用途、支付给中介的费用等内容。发行人还必须提供按照 GAPP 编制财务报告并经主要高管认可或经独立会计师审计。上述内容亦必须根据融资进展和发行人情况变化及时更新,以供现有投资者和潜在投资者通过众筹门户的电子平台获取。另外,众筹发行除了通过众筹门户进行标记或推介之外,不能以任何形式开展广告宣传,发行人亦不得支付任何费用用于推广活动。在众筹发行开始之日起一年内,众筹份额亦不得向除发行人或合格投资者之外的任何人转售。

在对众筹中介的要求方面,《SEC 规则》要求众筹中介为证券经纪商或融资门户。然而,与证券经纪商不同,融资门户禁止从事下列活动:(1)提供投资建议和咨询或自行购买在其平台上的众筹份额;(3)向其个人支付基于上述劝诱活动的费用;(4)持有、经营、侵占和使用客户资金或众筹份额。为了减少欺诈风险,其要求众筹中介建立众筹份额持有和转让的精确记录,同时还负有对发行人的审查义务,即应对发行人进行背景调查,以厘清其是否存在可能的欺诈行为。

在开户要求方面,《SEC 规则》要求众筹中介不得接受任何投资者的投资承诺,除非投资者已在其平台上开立账户并同意接收电子材料。在设立账户时,众筹中介必须向投资者提供相应的信息披露资料和投资者教育资料,其内容应涵盖众筹融资流程、众筹交易涉及的风险等。

---

① Regulation Crowdfunding,SEC Release nos,33-9974.

在发行人信息披露方面,《SEC 规则》要求众筹中介必须向 SEC 和潜在投资者提供发行人的相关披露信息,不得以注册或开户作为获取上述信息的前置条件。并且,《SEC 规则》还要求上述信息应在众筹发行前至少 21 日向公众提供,直至该发行行为或销售行为完成或被取消。

在投资者适当性方面,《SEC 规则》要求众筹中介在接受投资者投资承诺之前必须确认该投资者未超出其年度投资限制,这种确认可通过投资者对其之前的众筹投资、收入和资产净值等的陈述取得。众筹中介还应当通过调查问卷确认投资者已经阅读投资者教育材料、清楚投资的风险和可能的损失,且能够承担投资损失。并且投资者应当知晓取消投资的限制、转售众筹份额可能比较困难,以及其应能够负担的投资损失,否则不能进行众筹投资等情况。

在交流渠道方面,尽管 JOBS 法案对此并未规定,但《SEC 规则》还是要求众筹中介应在其平台上提供可供投资者之间相互交流的渠道。通过这个渠道,投资者可以就发行人情况、发行行为及过程、信息披露情况等相关内容展开交流与讨论。因为众筹门户被禁止提供投资建议和咨询,因此,众筹门户不能参与上述渠道的任何交流,只能为上述交流设置相应的规则和指导,例如规定交流信息的篇幅、删除可能的欺诈信息等。

在资金的保管和转移方面,《SEC 规则》要求只有募集资金达到或超过目标金额后,众筹中介才能将所募资金提供给发行人。并且,募集的资金不得在众筹中介向公众提供发行人信息后的 21 日之前转移给发行人。若投资承诺被撤销或众筹发行未完成,所募资金必须返还给投资者。由于众筹门户不能持有投资者的资金,其必须指导投资者将资金转移给"合格第三方"(qualified third party)。所谓的合格第三方,是指书面同意为享有受益权的主体持有资金或者为投资者或发行人开设账户的银行。

在发行的完成、撤销和确认方面,《SEC 规则》规定,投资者在发行截止时间 48 小时前对其投资承诺享有无条件的撤销权。当发行人达到其目标发行金额后,发行人可以在发行截止时间之前停止发行。其在接受投资承诺、取消投资承诺、交易结束等情况下,必须及时向投资者发送确认通知;在发生重大变化时,需及时通知投资者重新确认其投资承诺。

关于融资门户的监管,SEC 提出的《SEC 规则》和 FINRA 提出的《融资门户监管规则》对于未能注册为证券经纪自营商的融资门户的运营提出了相应的监管要求,以规范其作为众筹融资平台的行为。《SEC 规则》为融资门户设定了"安全港"(safe harbor),以避免融资门户的合理行为与现有规定相冲突,妨碍众筹融资过程的顺利进行。根据该规定,融资门户可以从事如下活动:

（1）融资门户可为发行人提供发行文件模板，使其满足信息披露的要求；可向发行人提供发行证券类型、发行条款和发行流程的建议。（2）限制发行人。融资门户可使用客观标准（如证券类型、发行人地理位置、发行人所在行业等）限制发行人；需遵守"融资门户不得提供任何投资建议和推荐"的规定，限制条件不得以投资项目是否值得投资作为标准，但可能存在欺诈的投资项目除外。（3）突出显示发行项目。融资门户可使用客观的标准（如证券类型、发行人地理位置、发行人所在行业、已收到的投资承诺金额、与目标募集金额的差距、最大发行额、最小或最大投资金额等）对某些发行项目进行突出显示；但融资门户需遵守"融资门户不得提供任何投资建议和推荐"的规定，且不得从"突出显示发行项目"中获得任何报酬。（4）提供搜索功能。融资门户可使用客观的标准对发行项目进行分类，为投资者提供搜索发行项目的功能；需遵守"融资门户不得提供任何投资建议和推荐"的规定，尤其不得使用"投资于该项目是否明智"及发行人风险评估结果作为搜索标准。（5）提供"沟通渠道"。融资门户必须为投资者和发行人代表提供"沟通渠道"，可建立"谈判空间"，为投资者与发行人提供协商渠道。（6）向引荐投资者的第三方支付报酬。融资门户可向为其引荐投资者的第三方支付报酬，但第三方不得提供任何投资者的"个人识别信息"（可用于识别或追踪个人身份的信息）；除非第三方为经纪自营商，报酬不得与证券销售额有关。（7）与经纪自营商合作。融资门户可与经纪自营商互相提供服务，并签订报酬协议。（8）广告宣传。融资门户可进行广告宣传，并宣传有关发行项目，但需遵守"融资门户不得向投资者变相提供投资建议或推荐"的规定，不得因在广告宣传中提及某发行项目获得任何报酬。（9）接受投资承诺。融资门户可代发行人接受投资者的投资承诺。（10）指导资金转移。在融资门户"不得接收投资者资金"的规定下，融资门户可指导投资者将资金存入"合格第三方机构"（一般指银行），确定发行成功后，上述"合格第三方机构"方可将资金转移至发行人账户。（11）拒绝可能欺诈的发行人。融资门户必须对发行人进行背景调查，拒绝可能存在欺诈行为的发行人。

关于融资门户的注册，《SEC 规则》要求融资门户必须向 SEC 提交与表格 BD 类似的融资门户表（form funding portal），说明融资门户的所有权结构和经营管理等相关事项，并且要披露融资门户的第三方支付安排、报酬安排和忠诚保险（fidelity bond）等。FINRA 提出的《融资门户监管规则》要求，融资门户提交表格 F-NMA 以申请成为 FINRA 会员。融资门户成为 FINRA 会员的标准包括：（1）申请人及其雇员有能力遵守联邦证券法和相应规章制度；（2）申请人建立了一系列契约安排以开展营业；（3）申请人有一套完整合理的监管系统;(4)申请人有稳定的资金来源;(5)申请人有完备的记录保存系统。

二、英国

在英国,金融行为监管局(Financial Conduct Authority,简称 FCA)是专门的金融行业监管机构。FCA 将纳入监管的众筹分为两类——借贷型众筹(即 P2P 网络借贷)和股权投资型众筹,并制定了不同的监管标准,从事以上两类业务的公司需要取得 FCA 的授权,捐赠类众筹、预付或产品类众筹则不在监管范围内,无需 FCA 授权。为保护金融消费者的权益,推动众筹行业的有效竞争,金融行为监管局(FCA)于 2013 年 10 月发布《关于众筹平台和其他相似活动的规范行为征求意见报告》,对规范众筹业务提出若干监管建议。2014 年 3 月,FCA 发布了《关于网络众筹和通过其他方式推介不易变现证券的监管规则》(简称《监管规则》),[①]并于 2014 年 4 月 1 日起正式施行。PS14/4 将众筹融资区分为借贷众筹(loan-bsed crowdfunding)和投资众筹(inyestment- based crowdfunding),即 P2P 网络借贷和股权众筹,并规定了相应的监管措施。该文件的目标是建立一个公平(fair)、适度(proportionate)且媒介中性(media-neu-tral)的监管制度,而达到这一目标的路径是保障缺乏足够的知识、经验和资源来认识和处理风险的一般投资者的投资自由,又为其提供适度保护。《监管规则》主要包括以下内容:

(一)借贷类众筹(P2P 网贷)的监管

对借贷类众筹(P2P 网贷),该监管规则从平台资本金标准、客户资金管理要求、投资者撤销权利保障、信息披露规则、平台的报告要求、纠纷解决机制等方面作了具体规定。

在平台的资本金标准方面,《监管规则》按照静态最低资本金和动态最低资本金孰高的规则来对借贷类众筹平台提出资本金要求。静态最低资本金在2017 年 4 月 1 日前为 2 万英镑,其后为 5 万英镑。动态最低资本金则以平台借贷金额为依据,按照差额累进制进行计算。[②] 根据这一规则,其建立了浮动最低的资本标准:平台贷款资金总额在 0～5000 万英镑的,资本金比例为

---

① FCA,Regulation Approach to Crowdfunding over the Internet and the Promotion of Non-read-Realizable Securities by other Media,2014(PS14/4).

② 黄震、邓建鹏主编:《P2P 网贷风云——趋势·监管·案例》,中国经济出版社2015 年版.第 31 页。

0.2%;在0.5~2.5亿英镑的,资本金比例为0.15%;在2.5~5亿英镑的,资本金比例为0.5%;在5亿英镑以上的,资本金比例为0.05%。

在客户资金管理要求方面,《监管规则》提出了两方面的要求:其一是如果借贷类众筹平台破产,平台对投资者通过平台借出的尚未到期资金仍负有继续管理义务;二是借贷类众筹平台持有的客户资金须独立存管于银行。

在投资者撤销权利的保障方面,网贷投资者有权在不需要提供理由的情况下在与平台签订出借协议后的14天内解除合同。但如果平台包含二级市场,同时投资者可在二级市场上转让权益,则不具有撤销权利。

在P2P平台信息披露方面,FCA是P2P行业监管的核心机构,主要职责是审查平台的信息披露情况。具体在内容方面,FCA在平台信息披露方面要求平台定期向其提交各种财务报告、客户资金状况报告、定期投资报告等,并要求平台不仅要遵守P2PFA出台的各项信息披露规定,还要补充披露平台从业范围、项目标的利率等信息,涉及P2P平台贷款业务、业绩表现等方面:一是P2P平台按规定披露联系方式、业务许可申明、利益冲突应对措施、成本和收费、客户资金保障措施。二是在贷款业务方面,按规定披露违约率(当前违约率和逾期违约率)、贷款尽职调查的主要手段、不同风险程度贷款的分类标准、贷款担保情况、真实收益率、税收、延期偿还与违约的判定标准、违约保障、投资者提前退出的惩罚、P2P平台倒闭后的处置措施、争议解决机制。三是在业绩表现方面,按规定披露至少过去5年的业绩(或平台成立以来业绩)、未来业绩预测依据。四是在披露方式及频率方面,(1)按季度向FCA报送资产负债表、资本状况说明和资产损益表;(2)按季报送投资情况报告;(3)每年报送两次消费者投诉报告;(4)大、中型平台要按月报送客户资金报告,小型平台按年报告上一年度最高客户资金余额。

《监管规则》要求借贷类众筹平台必须建立投诉处理程序,要求平台在收到客户投诉后8周时限内做出回应。如果投诉人不满意其处理结果,则可进一步向金融申诉专员(FOS)投诉并由其进行处理。

(二)股权众筹的监管

在投资者适当性方面,为减少潜在的投资者损害,《监管规则》要求限制参与股权众筹的投资者类型,必须检查并确认其客户有充分理解参与股权众筹所涉风险的知识和经验。该规则要求参与股权众筹的投资者必须是:专业投资者;有经授权的机构提供投资咨询服务的一般投资者;是风险投资联络人或公司金融联络人的一般投资者;被认证的成熟投资者;被认证的高净值一般投资者;承诺投资额不超过资产净值10%的投资者。相应地,该规则要求对投资者进行适当性测试。

股权众筹平台(equity crowdfunding platforms)涉及向不特定投资者发行和销售证券的行为,因此需要获得FCA从事该项活动的授权。但需要说明的是,并非未获得授权的股权众筹平台都被认为是非法的,而是可以根据相应的例外规定寻求豁免。已授权和未获授权的众筹平台在开展业务时都需遵守FCA的相关监管规则,区别在于已授权的众筹平台能够开展更多样化的业务模式。就未授权的众筹平台而言,其采用的主要模式是建立付费会员制的融资者—投资者结构,通过将股权销售给付费会员,在技术上规避了公开发行的监管障碍。但这种模式不利于众筹平台的持续发展,故而许多未授权的众筹平台也逐渐寻求FCA的授权。另一种模式则是只允许成熟、高资产净额的专业投资者通过其平台参与众筹融资活动。例如,Bank to the future 在会员注册前需要填写调查问卷,以判断投资者是否适格;而 Capital Connected 则限定了一般投资者单笔投资额最高不得超过2000英镑,只有专业投资者才能进行更高额度的投资。2012—2014年,FCA基于保护投资者的考虑要求越来越多的众筹平台申请授权。通过获得授权的众筹平台进行投资的投资者,有权利用金融服务补偿计划(financial services compensation scheme)主张补偿,也有权获得金融申诉专员服务(financial ombudsman services)。众筹平台要获得授权,也必须满足平台IT系统设置的要求,例如,要设置专门的投诉渠道,以确保众筹平台和发行人的任何违规行为都应承担相应的法律责任。[①]

在投资者与众筹平台的行为限制方面,FCA作出了明确的规定:(1)投资者限制。投资者必须是高资产投资人,即年收入超过10万英镑或净资产超过25万英镑(不含常住房产、养老保险金);或者是经过FCA授权的机构认证的成熟投资者。(2)投资额度限制。非成熟投资者(投资众筹项目两个以下的投资人),其投资额不得超过其净资产(不含常住房产、养老保险金)的10%,成熟投资者不受此限制。(3)投资咨询要求。众筹平台需要对项目提供简单的说明,但是如果说明构成投资建议,如星级评价、每周最佳投资等,则需要再向FCA申请投资咨询机构的授权。在支付服务方面,投资者与众筹平台之间的资金转移可能涉及《支付服务条例》(PSRs2012)规制的货币汇兑服务,因此,众筹平台会被FCA要求申请支付服务的专门授权。但众筹平台也可以在已

---

① Liam Collins,Crowdfunding Innovative Access to Finance and Regulatory Challenges,The Innovation Policy Platform,World Bank,2014.

有授权的基础上主张作为商业中介的豁免，即只是代表融资方和投资方进行磋商和签订契约的中介，而不直接参与资金支付，从而免于申请授权的义务。在欧盟法层面，第三方支付服务也受到《欧盟支付服务指令》等一系列规则的调整英国有良好的行业自律传统。

英国有良好的行业自律传统，在监管法律的同时，也依托严格的行业自律规则来填补法律的漏洞。2011 年 8 月，Zopa、RateSetter、Funding Circle 三家发起设立英国 P2P 金融协会(P2PFA)，协会的主要目的是确保该行业继续快速、健康、持续发展。P2PFA 对会员平台提出一系列运行法则，在出台当时弥补了监管法规的空白，也为 FCA 制订监管规则奠定了基础。运营法则涉及高级管理层、最低运营资本、客户资金分离、信用风险管理、反洗钱要求、网络平台管理法规、信息披露、系统建设、投诉管理、破产安排等方面，包括：在公司董事的身份上，协会的成员平台至少有一名董事是 FCA 认可的代理人；在最低运营资本上，协会的成员平台必须有足够覆盖 3 个月的运营成本，并且不得低于 2 万英镑；在客户资金隔离上，成员平台的客户资金必须单独存放在银行账户之中，与自营资本隔离；在反洗钱和欺诈上，成员平台需要遵守反洗钱法规，加入反洗钱协会；在平台的规则上，有健全的合同条款，公司不能成为自己平台的借款者；在信用风险管理上，成员平台要公开违约率、逾期难以偿还的贷款等事项。[①]

英国借贷类众筹和股权众筹行业的监管由监管机构立法和行业自律协会规章构成，二者相辅相成，互为补充，具体特点有：其一，监管主体单一。英国以 FCA 这个监管机构对所有的金融活动进行监管，制定措施与查处违法行为。其二，英国政府部门对于融资类平台的监管规定更侧向于宏观层面，关注整个行业的发展。英国 P2P 行业监管受到的制约相对比较少。其三，P2PFA协会法则对规制 P2P 网络平台发展起到了重要作用。该协会制定的法则早于政府出台的相关措施，弥补了行业操作规范的不足，也为后来监管部门出台 P2P行业的法律提供了实践基础。行业自律协会在会员的具体管理上更加注重微观层面的具体化、细节化，注重公司的经营体系。P2PFA 的运营法则与 FCA 的《监管规则》既有相同之处，也各有侧重，两者互为补充，共同构成英国互联网金融监管法规的主要内容，维护英国 P2P 和股权众筹行业的有序发展。

三、意大利

意大利证监会(CONSOB)在经过充分的公开征求意见后，于 2013 年 6

---

① P2PFA，Peer-to-Peer Finance Association Operating Principles，2013.

月 26 日发布了第 18592 号决议,基于意大利的《统一金融法》和《创新型初创企业法》(Decree on innovative startls)等法律,通过了《创新型初创企业通过网上众筹平台募集资金的监管规则》(以下简称《CONSOB 规则》)。① 意大利因此成为欧洲第一个对股权众筹制定专门规则的国家。②

意大利允许股权众筹的范围主要限定于创新型初创企业。根据《创新型初创企业法》,创新型初创企业被赋予特殊的法律主体地位。按照该法,创新型初创企业需满足如下条件:(1)设立时间不少于 2 年;(2)总部设在意大利;(3)年度总产值不超过 500 万欧元;(4)企业收益未发生过分配;(5)以研发、生产和销售高科技产品或服务为目标;(6)非基于合并、分立或营业转让等原因设立。

企业为符合创新性的要求,需要满足以下几个要求之一:(1)研发经费不少于年度开支的 15%;(2)1/3 以上雇员拥有博士学位或正在攻读博士学位;(3)拥有发明或设计专利或者计算机软件著作权。

《CONSOB 规则》对股权众筹平台的注册和监管进行了如下规定:(1)股权众筹平台的经营者必须要进行注册;(2)已经获得授权开展投资服务的银行和其他金融机构,只需要在从事股权众筹前通知 CONSOB 即可完成注册,上述范围以外的主体要经营众筹平台,还需按照规定向 CONSOB 提交相关的注册申请材料;(3)CONSOB 必须在自其收到之日起 60 日内处理其注册申请。如果 CONSOB 自收到该申请之日起 7 日内向申请人要求缺少的文件时,该期限可以暂停;(4)申请人在申请注册时,需要符合诚信和专业性要求,以确保众筹平台的有效运营;同时,众筹平台的管理人员还应承担竞业限制义务,即一家众筹平台的管理人员不得在其他众筹平台兼任近似职务;(5)除了《欧盟金融工具市场指令》的相关规则当然适用之外,《CONSOB 规则》还对众筹平台的经营进行了专门的规定,要求众筹平台向投资者提供实质性信息并进行投资者适当性测试,确保投资者在作出任何投资决策之前完成调查问卷,并清楚投资中的高风险。

《CONSOB 规则》还规定,当自然人单笔投资低于 500 欧元或年度投资总额低于 1000 欧元,法人单笔投资低于 5000 欧元或年度投资总额低于 10000

---

① Regulation on the Raising of Venture Capital by Innovative Start-ups through Online portals. Resolution No. 18592.

② Giovanni Carotenuto, *Consob Regulation on Equity Crowdfunding*, *Orrick Corporate Law Alert*, 2013(7).

欧元时,可以豁免《欧盟金融工具市场指令》的适用。这一规定主要是通过投资者分类管理制度减少中介机构的义务。

在"通过众筹平台的发行规则"部分,《CONSOB 规则》要求:第一,在发行完成后若控制股东将公司控制权转移给第三方,投资者有权向公司撤回投资或转让其投资份额,上述权利在发行结束后三年内有效;第二,发行的金融工具中至少 5% 是由专业投资者、银行或创新型初创企业孵化器所持有,这一条件并非启动发行的前提条件,而是完成发行的条件。最后,《CONSOB 规则》第 25 条规定,在投资者加入众筹到发行完成之间,若出现情势变更或因众筹平台提供的信息出现实质性错误时,一般投资者对其投资享有撤销权。撤销权的行使必须在新情况出现或新信息送达投资者之日起 7 日内行使。

从总体上看,《CONSOB 规则》平衡了投资者保护和促进创新型初创企业发展的目标,但还是有人对此进行批评,例如将发行人仅限于创新型初创企业有对从事其他行业的类似规模企业不公平之嫌。[①] 其特别注重对于股权众筹平台管理人的要求和限制,这一立法理念是基于股权众筹平台作为权益式众筹活动的核心和枢纽,只有对股权众筹平台的管理人进行适当监管,方可在最大程度上确保权益式众筹活动长期和健康的发展。

四、日本

(一)《金融商品交易法》修正前的众筹监管

根据日本《金融商品交易法》的相关规定,当投资人在 50 人以上时,融资者原则上须向财务省提交有价证券申报书。该申报书的专业性较强,若聘请专家则需要花费较高的费用。但是若募集金额未满 1 亿日元,无须提交有价证券申报书,只需提交较为简单的有价证券通知书即可。若募集金额未满 1 千万日元,甚至无须提交有价证券通知书。

依照该法,股权众筹平台需要注册为第一种金融商品交易业者。[②] 第一

---

① Giovanni Carotenuto, Consob Regulation on Equity Crowdfunding, *Orrick Corporate Law Alert*, 2013(7).

② 《金融商品交易法》所规定的金融商品交易业的一种,指从事有价证券相关的买卖,市场金融衍生品交易,外国市场金融衍生品交易,以及交易的媒介、代销、代理,有价证券等精算代销,有价证券等保管业务,有价证券的募集,私募,店头衍生品交易,有价证券等管理业务者。

种金融商品交易业者通常为证券公司,日本政府对该等金融商品交易业者的要求及规制均较为严苛,众筹平台满足成为第一种金融商品交易业者相关业务条件、人员条件和财务条件的难度极高,且需负担巨额成本。此外,根据日本证券业协会的规则,证券公司原则上不允许对一般投资者进行劝诱,这也对证券公司开展股权众筹造成了不利影响。

在投资人签订隐名合伙合同进行出资的情况下,该出资在《金融商品交易法》中被界定为有价证券的"集合投资计划权益"。虽然"集合投资计划权益"无须向日本财务省提交有价证券申报书或者有价证券通知书,但是在众筹平台上需要注册为第二种金融商品交易业者。① 尽管第二种金融商品交易业者注册难度较之第一种金融商品交易业者低,但注册并不是仅仅向相关部门提交必要的材料即可,还需要向财务省的负责人说明相关情况,而制作该材料需要专家的建议与意见,仍需花费一定的时间与金钱成本。因此,第二种金融商品交易业者的注册也并非易事。此外,在股权众筹运营过程中,《金融商品交易法》对众筹平台仍具有持续性的监管要求。

由于上述《金融商品交易法》对股权众筹模式中筹资人及众筹平台存在相关要求,出于成本节省及避免高度监管的考量,众多经营者不愿设立股权众筹平台,且筹资人缺少发起投资性众筹项目的动力。日本的股权众筹活动一度发展缓慢。

(二)《金融商品交易法》修正后的众筹监管

从 2013 年 6 月开始,日本金融审议会在"关于新兴成长产业风险管理办法的部会"上,从充实金融中介机能的角度出发,对通过网络社交平台进行众筹融资的法律规制展开了激烈的讨论。2014 年 3 月 14 日,经过反复修改后的《金融商品交易法等部分修改法案》被正式提交国会,同年 5 月 23 日在国会上获准通过,并于 5 月 30 日正式对外公布。

修改法案将通过网络等进行有价证券的公募或私募的行为定义为"电子募集处理业务",而借由网络进行小额投资的股权众筹融资业者被定义为特例金商业者,大幅放宽了其准入条件。具体而言,未在交易所上市的股票或新股

---

① 第二种金融商品交易业者是《金融商品交易法》所规定的四种金融商品交易业者中的一种(四种分别为第一种金融商品交易业、第二种金融商品交易业、投资运用业、投资建议与代理业),主要是指金融期货交易业者、投资信托和自行募集集合投资计划之设立者。

预约权证券(政令规定的除外)的电子募集处理业务中,若该股票或新股预约权证券的发行总额以及认购人所应付金额均为小额,则该股票或新股预约权证券被称为"第一种小额电子募集处理业务",满足上述条件的集合投资计划则被界定为"第二种小额电子募集处理业务"。此两种情况下的股权众筹融资业者为特例金商业者:

1.仅从事第一种小额电子募集处理业务的金融商品交易业者的适用特例:

第一,免除第一种金融商品交易业者通常不得兼业的规制。[①] 由于股权众筹初期市场规模并不大,市场上专门从事第一种小额电子募集处理业务的业者较难通过该等业务获得盈利并维持其存续,为了鼓励其业务的发展,立法解除了第一种小额电子募集处理业务业者的兼业限制。

第二,解除标识义务。[②] 由于众筹平台通常借由互联网进行活动,与一般金融交易业者不同,没有营业所或事务所,拥有公众易于识别的标识并无实际意义,因此不强制第一种小额电子募集处理业务业者持有或使用公众可轻易识别的标识。

第三,免除第一种小额电子募集处理业务业者准备金融商品交易责任准备金的义务,同时不强制要求第一种小额电子募集处理业务业者维持自有资本规制比率。[③] 本项特例的作出主要是基于第一种小额电子募集处理业务业者不涉及利用自有资本进行市场交易的事实情况。但是由于第一种小额电子募集处理业务业者可能涉及融资资金的托管业务,其负有建立自有资金与融资资金的隔离制度并将融资资金交付第三方机构(如信托公司)进行保存和管理的义务。

第四,需在互联网上对其商号、注册编号等事项进行披露。[④] 对投资者的判断有重要影响的内阁府令所规定的事项,必须在网络上进行披露,使投资者可以通过互联网进行阅览。[⑤]

2.仅从事第二种小额电子募集处理业务的金融商品交易业者适用特例

仅从事第二种小额电子募集处理业务业者的适用特例与仅从事第一种小额电子募集处理业务业者的适用特例基本一致。但由于《金融商品交易法》对

---

① 《金融商品交易法》第 29 条之 4 之 2 第 2 款、第 3 款、第 4 款。

② 《金融商品交易法》第 29 条之 4 之 2 第 5 款。

③ 《金融商品交易法》第 29 条之 4 之 2 第 6 款。

④ 《金融商品交易法》第 29 条之 4 之 2 第 8 款,第 29 条之 4 之 3 第 3 款。

⑤ 《金融商品交易法》第 43 条之 5。

第二种金融商品交易业者未规定兼业限制,因此,第二种小额电子募集处理业务业者的适用特例中不涉及免除兼业限制。

此外,仅从事第一种小额电子募集处理业务的业者的最低资本金为1000万日元(第一种金融商品交易业者为5000万日元),仅从事第二种小额电子募集处理业务的业者的最低资本金为500万日元(第二种金融商品交易业者为1000万日元)。

为进一步促进投资性众筹在日本的发展以及为其提供可供实践操作的监管指引,《对于金融商品交易法等部分修改法案的意见函》(以下简称《意见函》)建议对小额电子募集处理业务业者提出更高的信息披露要求并对其加强监管。

日本在股权众筹活动的监管方面,要求众筹平台在公布众筹融资相关信息的同时,也应当明确提示该项投资活动具有风险,且应告知投资人该等风险的等级;又如要求众筹平台对众筹项目进行风险分类并对投资人进行明确的说明。通过筹资平台基于一定标准对筹资项目的风险进行分级,并向投资人进行适当提示,这可使部分秉持稳健投资策略的投资人避免参与具有高风险等级的众筹项目,进而更好地保障其投资权益。

第三节　互联网知识产权融资的风险控制机制

一、互联网融资平台的风险控制机制

互联网融资通常涉及证券发行,证券发行市场存在信息不对称问题,融资者一方的信息是完全的,而投资者处于信息弱势。信息不对称就会产生逆向选择和道德风险。逆向选择发生在交易之前,由于投资者无法从投资项目中识别能获得较高预期收益和较低风险的投资项目,因此投资者只愿支付反映发行人平均水平的投资价格。此时,优质的发行人价值被低估,从而不愿出售证券,余下的大部分为劣质发行人发行的证券。道德风险产生于交易之后,以股权投资为例,股权投资具有长期性,其收益很大程度上取决于发行人是否勤勉工作,其经营决策是否考虑了投资者利益。如果发行人的管理层获得投资后未能将资金用于生产经营,或者发行人的管理层未能勤勉工作导致经营失败,都将损害投资者的利益。

解决信息不对称问题的通常方式包括政府与市场两方面。政府可以通过管制以增加信息,同时市场自身可以通过私人生产并销售信息、金融中介及市场中介的参与以及担保的方式解决逆向选择问题。[①] 因此,除了政府部门对互联网金融市场的监管外,互联网平台的风险控制措施对防范和化解金融风险也具有积极作用。

为了控制融资风险,LendingClub 对融资者采用信用评级的方式以评估融资风险。信用评级采用第三方评级和自身评级相结合的方式,将借款人分为由 A 到 G 7 个等级,每个等级又分出 5 个子等级,总共 35 个等级。决定借款人贷款等级的因素有很多,其中最主要的是借款人的 FICO 评分,Lending-Club 会参照两个或两个以上的信用管理局的 FICO 评分。FICO 评分系统是美国 Fair Isaac 公司研发的个人信用评级系统,在美国已得到了广泛的应用。Fair Isaac 公司共有三种不同的 FICO 评分系统,分别被美国三大信用管理局使用。系统在评分时主要参照客户的五类数据:信用偿还历史、信用使用年限、信用账户数量、正在使用的信用类型、新开立的信用账户,这五项因素分别占不同的权重,每项因素中还包含着若干个子项。FICO 的打分范围在 300～850 之间。满足了上述基本条件以后,LendingClub 会根据借款人的历史表现与 FICO 评分,按照平台内部开发的计算方法,把初步合格的借款者分成 25 个基础等级。借款人在被分成 25 个基础等级之后,LendingClub 在自定基准利率的基础上,再考虑借款人申请贷款的金额、期限、还款方式、还款来源等因素,将贷款细分为 35 个等级以确定最终的贷款利率。其通过细致的信用等级划分,将近 90% 的借款申请者因无法通过严格的信用审核而被拒绝,从而有效地降低信用风险。

按照 SEC 的监管要求,LendingClub 等平台只是一个单纯的交易中介,平台不对投资者的资金进行担保,不承担投资损失的赔偿责任,所以平台要求投资者要有一定的风险承担能力。由于美国各州法律的不同,不是所有州的投资者都可以在 LendingClub 平台上直接投资,例如,加利福尼亚州和肯塔基州禁止在 P2P 平台投资。一般而言,投资者在 LendingClub 上投资需要满足以下条件:第一,个人年收入大于 7 万美元,个人净资产(不含住宅、住宅装修和机动车)大于 7 万美元;第二,个人净资产总额大于 25 万美元。除此之外,投资者投资于 LendingClub 平台的资金不能超过其个人财富的 10%。所以,

---

① [美]弗雷德里克·S.米什金、斯坦利·G.埃金斯:《金融市场与金融机构》,杜惠芬译,中国人民大学出版社 2014 版,第 122～123 页。

即使发生借款人违约,损失也在投资者能够承受的范围内,极大程度地避免了信用风险的集中爆发。

LendingClub 在 2007 年成立时并没有设立二级交易平台,自 2008 年度过静默期完成 SEC 的注册后,为了增加贷款投资的流动性,LendingClub 与经纪交易商 FOLIOFN(平台运营者,只撮合双方交易,不参与做市)合作建立了二级交易平台。二级交易平台的建立,使投资者持有的收益权凭证能够和股票一样在二级市场上交易变现。只要投资者愿意打折出售他们手中的权证,他们就可以在几天之内变现其全部的投资组合。

Prosper 在风险控制上的手段主要表现在贷前、贷中和贷后三个方面:首先,在贷前,通过对借款人进行信用评级,以此设置准入门槛,同时限定贷款用途,从而对借款人进行综合风险分析。其次,在借贷过程中,Prosper 要求借款人的信息是透明的,并且平台鼓励投资者选择多个借款人分散投资以降低投资风险。Prosper 要求借款人每月固定偿付本息,以便能够及时地发现借款人违约的风险。最后,借贷结束后,Prosper 还会对借款人进行信用评级,完善借款人的信用记录。

我国的互联网融资平台中,宜信采取三个方面的措施控制融资风险:一是严格的信审、风险评估(大约只有 5% 能够通过审核);二是分散出借,降低风险;三是设置风险还款金。其中,风险还款金的设置,即保障金制度是宜信风控上的特色和重点。由于宜信采用的是债权转让模式,平台也参与了交易的过程,所以宜信会在总服务费当中提取总贷款额的 2% 作为风险补偿金,发生违约时,就用这部分基金进行赔付,从而保障投资者的利益。另外,宜信采取的分散贷款和按月还款制度也在很大程度上保证了有效还款。

拍拍贷采用纯技术的手段来控制风险,网站利用社会化机制对借款人的信息进行全面信用审核。借款人个人资料的完善程度、社区网络朋友圈的增多情况,都能提升借款人信用。拍拍贷选择与全国十几家权威的数据中心建立合作关系,主要是通过携手身份网并依托"全国公民身份信息系统"推出权威身份认证方式。该认证方式包括连接公安部身份证信息查询系统以及市场监督局、法院等,以此来核对借款人的真实姓名和身份信息。借款人的身份通过验证后,拍拍贷公司基于借款人的网络社交圈关系,利用自己研发的信用审核体系对借款人进行综合评级,根据评级结果设定安全的信用额度。

2010 年最高人民检察院、公安部《关于公安机关管辖的刑事案件立案追诉标准的规定(二)》规定,"未经国家有关主管部门批准,擅自发行股票或公司、企业债券,涉嫌下列情形之一的,应予立案追诉:……擅自发行致使 30 人以上的投资者购买了股票或公司、企业债券的",2010 年最高法《关于审理非法集资刑事案件具体应用法律若干问题的解释》规定"未经国家有关主管部门批准,向社会不特定对象发行、以转让股权等方式变相发行股票或公司、企业债券,或者向特定对象发行、变相发行股票或者公司、企业债券累计超过 200人的,应当认定为擅自发行股票、公司、企业债券"。根据上述司法文件,集资者向特定对象发行股票、债券累计超过 200 人,向不特定对象发行股票、债券累计超过 30 人,就涉嫌非法发行股票、债券。由于股权众筹是基于互联网众筹平台实现的,互联网的公开性、交互性使得股权众筹起初面临的投资者是不特定的。为了不触及法律,股权众筹平台往往通过一系列的实名认证、资格认证将不特定的投资者转化为具有一定资质的特定投资者。股权众筹平台如"大家投"便采取有限合伙企业的形式,平台一般会对领投人和跟投人依据目标筹资额设定不同的投资最低限额,这一限制能保证项目投资的人数最多可以控制在 200 人,不会突破合伙企业的人数限制。投资人数确定后,再由平台以投资人的名义成立有限合伙企业,最后以有限合伙企业的名义加入项目的投资中,成为项目的股东。

二、知识产权融资的风险控制模式

为鼓励企业的科技创新,落实知识产权发展战略,带动地方经济发展,各地近年来也在积极探索促进知识产权质押融资的途径,其中出现了若干有代表性的融资模式。

(一)国内的典型风控模式

1.银行＋中介机构＋商业担保公司模式

交通银行北京分行在市场调研的基础上,根据自身业务发展的需要,推出名为"展业通"的专利权和商标权质押贷款业务新产品,之后还推出了"文化创意产业版权担保贷款"产品。为有效化解风险,该行引入了北京市经纬律师事务所、连城资产评估有限公司、北京资和信担保有限公司等中介机构来共同参与运作知识产权质押贷款业务,并各自按比例承担一定的责任和风险。该业务可以概括为"银行＋中介机构＋担保公司"模式。一方面,律师事务所、评估机构等中介机构的介入,可以弥补银行在有关知识产权专业知识和人才方面的匮乏,提高银行控制贷款风险的能力。另一方面,通过引入中介机构和担保公司共担风险,使银行的贷款风险得以分散,有利于提升银行的贷款意愿。在此模式中,政府的角色主要是提供财政支持,为借款企业提供贷款贴息优惠,降低企业的融资成本。总体而言,该模式可称为市场主导模式。

2.银行＋政府设立的担保机构

上海市浦东区政府通过科技发展基金每年向浦东生产力促进中心提供2000万元的担保专项资金,与上海银行浦东分行签署信用担保协议,将担保资金存入银行专户,并以此为担保,向中小企业提供最大为2倍杠杆的贷款额度,生产力促进中心为中小企业提供95％左右的担保比例。为降低担保风险,中小企业以知识产权和业主信用向生产力促进中心提供反担保。[①] 浦东模式的主要做法如下:一是每年在新区科技发展基金中安排2000万元专项资金拨入合作银行专户作为担保基金,从而改革科技发展基金的使用方式,由无偿拨付使用转为有偿使用的银行贷款担保金;二是由浦东生产力促进中心负责贷款担保,企业以其拥有的知识产权作为反担保质押给浦东生产力促进中心,然后由银行向企业提供贷款;三是由浦东知识产权中心等第三方机构对申请知识产权贷款的企业采取知识产权简易评估方式,简化贷款流程,加快放贷速度。在贷款风险的承担方面,根据担保金额,银行放大2倍的规模放贷,由生产力促进中心与商业银行分别承担95％：5％的贷款风险;企业按约偿还贷款后,该笔担保金继续作为担保金使用。在质押对象上,限于科技型中小企业的专利权、计算机软件著作权、集成电路布图设计权等,其排除商标权以及除软件著作权之外的版权。

浦东模式可以被概括为“银行＋担保机构”模式,其中担保机构(浦东生产力促进中心)是政府下属的事业单位,其担保资金全部来源于政府的财政拨款。在借款人不能按期还款时,由担保机构承担绝大部分的清偿责任。可见,由于有政府财力的强力支持,这极大地降低了银行的贷款风险,推动了银行开展知识产权质押业务。此模式的运行需要以政府的资金投入为后盾,贷款规模取决于政府资金投入的多少,此模式的政府干预色彩浓厚,介入程度高,可以称之为政府主导型模式。

(二)域外典型模式

由于知识产权融资具有的高风险性,域外的知识产权融资的发展同样需要政府在政策和资金上的推动。为鼓励和扶持中小型企业发展,美国联邦政府设立了小型企业局(简称SBA),其提供的涉及融资的服务主要有:(1)贷款担保。主要是通过提供信用保证的形式提高企业信用度,从而帮助小企业获

---

① 谢昌:《对浦东知识产权质押贷款的调查分析和建议》,载《浦东开发》2008年第10期。

得商业银行贷款。（2）小企业投资公司计划（简称 SHIC）。小企业管理局通过发行政府担保债券为私人设立的"小企业投资公司"筹集资金，然后由"小企业投资公司"利用这些资金为小企业直接提供长期贷款或风险投资资金。（3）小企业创新研究计划（简称 SBIR）。通过在联邦部门和机构的研发资金中保留一定的比例支持小企业，保护小企业并使其能在同一水平上与大企业竞争。（4）小企业技术转移计划（简称 STTR）。要求国防部、能源部、健康与人类服务部、国家航天局、国家科学基金 5 家联邦政府部门和机构在其研发资金中保留一定的比例来资助与小企业的合作，提供小企业与国家主要非营利研究机构之间的合作机会。[①] 通过上述项目的开展，SBA 为中小企业融资和技术创新提供了有力的支持，也为中小企业利用知识产权融资提供了更多的途径。

SBA 本身不直接向企业投资和提供信贷，而是由其提供信用担保和优惠的贷款条件，为银行、小企业投资公司等金融机构提供经济激励，鼓励它们向中小企业融资。这样，在不干扰市场机制运行的情况下，通过政府的间接介入，可以达到更好的经济效果。

日本信用保证协会是对知识产权担保的信用保证或信用加强的财团法人。其成立于 1955 年，是根据 1953 年 8 月颁布的《信用保证协会法》设立的特殊法人，是主要以中小企业为对象实施的公共信用担保的政策性金融机构。其不以营利为目的，通过信用担保提高中小企业的贷款能力，贯彻日本政府支持中小企业尤其是科技型中小企业发展的产业政策，促使中小企业发展壮大。信用保证协会的一般流程是，首先由中小企业向其提出保证申请，然后信用保证协会对申请内容进行详细的审核。其中，申请融资的中小企业，可以用知识产权等无形资产作为质押担保物，也可向信用保证协会申请提供信用保证。信用保证协会的资本金由日本政府出资、金融机构摊款和累计收支余额构成，承保金额的法定最高限额为资本金的 60 倍。[②]

台湾地区"国际贸易局"（以下简称"贸易局"）为了协助企业在国际上建立并推广自有品牌，较早推行了"自创品牌贷款项目"。项目通过为企业提供信用保证，协助企业获得金融机构融资，进而推广自有品牌。"贸易局"协调了台湾"财团法人中小企业信用保证基金"（以下简称信用保证基金）一起参与该项目的推行。项目主要面向自身拥有自主商标专用权或使用权一年以上的企

---

① 李翀：《促进科技创新的美国投融资机制》，载《全球科技经济瞭望》2007 年第 8 期。

② 中国经济技术投资担保股份有限公司：《日本信用保证协会概况简介》，http://www. guarantyeom. eninfo/viexv--use:asp？ id＝96.下载日期：2020 年 6 月 20 日。

业。

根据台湾地区"工业局"（以下简称"工业局"）"促进产业研究发展贷款办法"和"中长期资金优惠贷款办法"等融资的鼓励政策，通过知识产权评价机制的强化，知识产权在行政部门或专业机构审核评估后，融资银行以该知识产权的评估价值作为担保，在"政府"资金的部分保证下贷款给文化创意企业。申请贷款的企业首先同贷款银行洽商，取得融资意向后向"工业局"提交贷款申请。由文化创意产业的相关主管机构对申请项目从产业归属范畴、产业前景和企业经营状况等几方面进行资格审查；资格审查通过后，由贷款银行进行授信审查，当担保不足时，信用保证基金可提供信用保证；之后进行技术审查和项目审查，通过对企业和项目执行能力、财务与经营能力、项目资金的技术服务水准进行评价，确定贷款的额度、期限、利率等贷款要件。贷款额度最高为企业运营项目总预算的80％，并不超过新台币一亿元。

此外，知识产权中小企业还可通过"财团法人中小企业信用保证基金"获得信用保证。该基金是由政府出资百分之五十以上，由公益财团法人、政府及银行共同发起成立的，服务于中小企业的专业信用保证机构。信用保证基金设立的宗旨在于通过为中小企业提供信用保证，分担银行办理中小企业贷款的信用风险，提高银行向中小企业发放贷款的意愿。

三、知识产权保险的引入

由于知识产权是无形财产权，同其他财产相比，其权利容易受到侵害，而且权利的范围也不容易确定，因而发生侵权纠纷的概率较高，而侵权活动必然会降低知识产权的市场价值。另外，在当今各技术领域专利密布的情形下，企业在技术研发过程中也存在着侵犯他人专利的风险。美国此类侵权诉讼的费用一直居高不下，而一旦败诉，赔偿数额也相当可观，这些都对知识产权融资产生了消极影响。权利人在解决纠纷中需要投入大量的人力、财力，企业维权成本不断增大。同时，即便是获得胜诉，往往还存在执行难的问题，导致一些企业存在不愿维权、不能维权的情况，直接影响权利人的创新热情。在此情形下，美国业界推出了知识产权保险。所谓知识产权保险，顾名思义，就是以知识产权为保险标的的保险。目前美国知识产权保险主要分为两大类：知识产权执行保险（IP Enforcement Insurance）和知识产权侵权保险（IP Infringement Insurance）。前者是针对知识产权在实施过程中，所可能遭遇的阻碍风险而保险的，特别为那些可以负担起保险费用，却无法负担诉讼费用的知识产权所有人而设计，是以被保险人所拥有的知识产权为承保标的，以第三人对被保险人知识产权的侵犯为保险事故的保险。后者是针对侵害他人知识产权的风险而保险,是以被保险人侵犯他人知识产权所应当承担的赔偿责任为保险标的的保险,一般包括了辩护费用、和解费用与损害赔偿费用。[①] 两者的主要区别在于,知识产权执行保险的被保险人是该知识产权的权利人,该权利人在运用知识产权的过程中遭受他人侵害权利。因此,在法律争端发生时被保险人是受到侵权的一方,也就是发动法律争讼的起诉一方即原告;而知识产权侵权责任保险的被保险人并非该知识产权的权利人,而是侵害他人知识产权的人,因此在发生法律争端时,被保险人是侵权的一方,并不是发动法律争讼的一方,而是诉讼中的被告。可见,美国知识产权保险制度能够提供知识产权权利人和侵权人双方的保障。

美国知识产权责任保险源于媒体责任保单。媒体责任保单针对因传播或者广告、宣传作品所产生的责任风险提供保障,并且包括了网络发布广告行为在内。其所承保的事件一般包括:著作权侵权、商标权侵权、盗用他人姓名或者称号以及毁谤、侵害隐私与发表权等行为所引起的侵权控诉。媒体责任保单虽然保险范围广泛,但是不包含专利侵权的赔偿责任。因此,美国国际集团(AIG)于 1994 年通过其在匹兹堡的分支机构——国家联合火灾保险公司推出了首张综合性的专利侵权责任保险单。保险公司要求投保人提供一张填写完整的申请表,公司目前财务报表,一份包括制造、使用、销售产品和对这些产品进行广告发行的清单、宣传册,并书面说明投保人的知识产权风险管理做法和以往该方面的诉讼经验。最低保额为 2 万美元,赔偿责任限额为 100 万美元到 1500 万美元不等。该保单除外条款有以下几种情形:恶意侵权、投保人主动提起的诉讼、政府实体所为请求、惩罚性赔偿与先前诉讼。[②] 由于美国专利侵权诉讼成本高昂,侵权赔偿额居高不下,企业对此有较大的投保需求,故而专利侵权责任保险成为美国知识产权保险的主流保险产品。专利执行保险则由美国知识产权保险服务公司(Intellectual Property Insurance Service Corp. ,IPISC)于 1980 年推出,IPISC 在其实施条款中将保险地域范围限定于发生在美国境内的专利权侵权行为。IPISC 设计的保单限额一般在 10 万美元到 25 万美元不等,还可以附加最低保费 1000 美元、限额 10 万美元的附加险,保单提供 25％的共同险,即由投保人支付 25％的诉讼费用,IPISC 承保 75％的执行费用和 75％的"由于被告无偿还能力所造成的经济损失"。IPISC

---

① 高留志:《美国知识产权保险制度对我国的启示》,载《特区经济》2006 年第 2 期。

② 李亮:《知识产权保险制度研究》,载《法律适用》2012 年第 12 期。

专利执行保单中有"赔偿分配条款"的规定,即当被保险人获得胜诉赔偿时,保险公司可从中获得一定比例的回报。保单通常规定,保险人可以得到最高不超过其给付诉讼费125%的反馈金额。[①]

美国知识产权保险业务的开展对其他国家开展类似业务产生了积极影响,各国在借鉴美国知识保险经验的基础上,根据本国国情形成了各具特色的知识产权保险制度。英国知识产权保险最为典型的是由英国专利保险局推出的专利保险,具体包括专利申请保险、专利执行保险与专利侵权责任保险三种不同的保险品种,其中专利申请保险最具特色。专利申请保险(Patent Application Insurance),是指在专利权申请过程中给予专利权申请人内部申请程序与防御外部侵权风险的双重保障。专利申请人投保后,不仅可以加快申请专利审查的速度,而且由保险人支付任何为加速申请所需的额外费用,还可以对潜在侵权人起到一定的威慑的作用,降低被保险人受到侵权的概率。该专利申请人获得专利授权后,如果继续投保专利执行保险,可以享受降低保费的优惠。

日本主要有两种类型的知识产权保险,其中分别为:知识产权诉讼费用保险和知识产权许可保险。[②] 知识产权诉讼费用保险是在主管机关大藏省的批准下,由日本东京海上火灾保险、安田火灾海上保险、三井住友海上火灾保险公司共同开发的。该险种具有一定的限制性,保险公司承保的范围仅限于诉讼费用及其相关成本,不包括损害赔偿,而且,该保险标的范围限定在专利、商标与著作权等少数种类的知识产权范围中。日本政府为了鼓励企业实施知识产权,2003年10月由经济产业省所属行政法人日本出口与投资保险公司(Nippon Export and Investment Insurance,NEII)推出知识产权许可保险制度(Intellectual Property License Insurance),其目的在于降低日本企业海外许可无法收回许可费用的风险,保障海外知识产权交易的安全,鼓励日本企业向国外许可知识产权使用权,以增加日本知识产权贸易的收入。

韩国为维护风险承受能力较差的中小企业,于2010年正式开始进行知识产权保险的探索。韩国国内的知识产权保险制度由专利厅及韩国知识财产保护院共同运营,除提供高额的政府支援金和保费补贴外,也会针对企业情况进行调查反馈,并针对每年知识产权保险的状况进行调整和改进。韩国在险种设计方面,根据企业性质可划分为小企业险、中型企业险,根据应对措施不同

---

① Richard S. Betterley, *Intellectual Property Insurance Market Survey* 2006: *A Product That Deserves More Attention than it Gets*, Betterley Risk Consultants, Inc, 2006.

② 林小爱:《知识产权保险研究》,华中科技大学博士学位论文。

可分为普通知识产权诉讼保险、小额知识产权诉讼保险和 NPEs 防御专门诉讼保险，还根据应对地区不同分为出口安全保险、北美和欧洲知识产权安全团体保险，同时还设立了农产品品牌和设计安全团体专项保险，使得险种设计覆盖范围更广，企业在选择时也更有针对性。[①]

目前，我国多家保险公司正在不同地区试点开办或尝试开展专利保险业务。截至 2018 年年底，人保财险知识产权保险在 22 个省、83 个地市落地推广，累计为近 1 万家企业的超过 1.7 万件专利提供了逾 306 亿元风险保障。[②]从实践看，目前其在确权、运营和保护环节均推出了相应的知识产权保险产品。在确权环节有专利申请费用补偿保险和商标申请费用补偿保险；在运营环节有专利质押融资保险、专利许可信用保险、著作权交易保证保险；在保护环节有知识产权执行险和知识产权侵权责任险。[③]

2019 年 12 月，北京市知识产权局、北京市金融监管局、中关村管委会等七部门联合发布了《北京市知识产权保险试点工作管理办法》及配套文件。北京市知识产权保险试点工作将按照"政府引导、市场主导"的原则，通过政府补贴的方式，支持企业购买知识产权保险。可享受政府补贴的保险品种包括专利执行保险、专利被侵权保险或两种保险的组合产品。专利执行保险在投保专利被侵权时，被保险人向法院提起诉讼请求、向仲裁机构提出仲裁请求、向管理专利工作的部门提出行政处理请求后被立案或受理时，保险公司按照保险合同约定对因正常维权而产生的调查费用、法律费用等进行赔偿。专利被侵权损失责任保险在投保专利被侵权时，被保险人提起维权请求并经法院判决、裁定或调解书生效，或者仲裁机构的仲裁文书生效，或者管理专利工作的部门作出的行政裁决书或主持下达成的调解协议书生效后，保险公司按照保险合同约定赔偿被保险人被侵权的直接经济损失。知识产权保险试点经费支持的投保人范围为本市的单项冠军企业和重点领域中小微企业，单项冠军企业投保前三年分别给予 100%、80%、50% 的保费补贴，每家每年不超过 50 万元补贴。重点领域中小微企业投保前三年给予 100%、90%、80% 的保费补

---

① 张之峰、庄玉洁等：《韩国知识产权保险制度及启示》，载《电子知识产权》2018 年第 6 期。

② 张爽：《知识产权保险有更大施展空间》，载《中国银行保险报》2020 年 1 月 21 日第 4 版。

③ 罗绮：《现阶段我国知识产权保险问题研究》，载《保险职业学院学报》2019 年第 4 期。

贴。每家每年可获得不超过 20 万补贴。[①]

有学者提出,针对知识产权融资存在的较高的交易成本和融资风险,商业性保险机构动力不足的问题,可以考虑由国家设立政策性的保险机构,对金融机构开展知识产权质押业务的风险予以承保,当企业到期不能偿债,金融机构通过处置质押物未能充分实现债权时,由该保险机构给予未实现债权的补偿。[②]

通过知识产权保险的引入和推广,实现了知识产权风险的转移和分担,改善了中小企业在知识产权纠纷中的境遇和谈判能力,增强了中小企业抵御知识产权风险的能力,有利于降低互联网融资中的知识产权风险,从而对互联网知识产权融资起到了积极的促进作用。

---

① 单项冠军企业包括国家工信部或本市评定的制造业单项冠军示范企业、制造业单项冠军产品企业制造业单项冠军培育企业和满足相关条件的外资隐形冠军企业。重点领域中小微企业包括硬科技中小微企业和十大高精尖产业小微企业。

② 宋林、胡海洋:《知识产权质押贷款风险分散机制研究》,载《知识产权》2009 年第 3 期。

第六章　我国互联网知识产权融资法律机制的完善

第一节　我国互联网知识产权融资的现状

一、互联网知识产权融资的立法状况

互联网知识产权融资涉及面广,包含了知识产权融资、互联网金融、金融监管等众多层面的法律规范,构成了综合性的法律体系。

（一）知识产权融资的相关立法

1995 年颁布的《担保法》首次确立了知识产权质押制度。其在"权利质权"章中规定,依法可以转让的商标专用权、专利权、著作权中的财产权可以质押。出质人与质权人应当订立书面合同,并向其管理部门办理出质登记。质押合同自登记之日起生效。权利出质后,出质人不得转让或者许可他人使用,但经出质人与质权人协商同意的可以转让或者许可他人使用。出质人所得的转让费、许可费应当向质权人提前清偿所担保的债权或者向与质权人约定的第三人提存。① 2007 年施行的《物权法》进一步将知识产权质押的客体范围扩大到"可以转让的注册商标专用权、专利权、著作权等知识产权中的财产权"。同时,它将知识产权质押合同和质权的生效要件做了区分,规定:"质权自有关主管部门办理出质登记时设立。"②2020 年颁布的《民法典》基本沿袭了《物权法》的规定,只是在知识产权质权登记方面删除了向主管部门办理的规定,将其修改为"质权自办理出质登记时设立",③为将来建立统一的质押登记制度

---

① 《担保法》第 75 条、第 79 条、第 80 条。
② 《物权法》第 223 条、第 227 条。
③ 《民法典》第 440 条、第 444 条。

和机关预留了空间。

为配合《担保法》的实施,中国专利局(现国家知识产权局)于 1996 年发布《专利权质押合同登记管理暂行办法》。国家版权局于 1996 年颁布了《著作权质押合同登记管理办法》,国家工商总局于 1997 年颁布了《商标专用权质押登记程序》。① 上述知识产权行政机关以部门规章的形式对专利权、商标权和著作权质押登记的操作流程做了规范。

在知识产权应收账款质押方面,2007 年的《物权法》首次在权利质权中规定了应收账款质押,其第 228 条规定:"以应收账款出质的,当事人应当订立书面合同。质权自信贷征信机构办理出质登记时设立。应收账款出质后,不得转让,但经出质人与质权人协商同意的除外。出质人转让应收账款所得的价款,应当向质权人提前清偿债务或者提存。"新颁布的《民法典》将应收账款的范围扩大为"现有的以及将有的应收账款",并规定"以应收账款出质的,质权自办理出质登记时设立"。② 其余内容则维持了《物权法》的相关规定。

为落实《物权法》的相关规定,中国人民银行于 2007 年颁布《应收账款质押登记办法》③,对应收账款质押登记程序作了具体规定,并明确规定知识产权许可使用产生的债权可以办理应收账款质押登记。④

在知识产权保理融资方面,《民法典》合同编首次将保理合同作为典型合同予以规范,将保理合同定义为:"应收账款债权人将现有的或者将有的应收账款转让给保理人,保理人提供资金融通、应收账款管理或者催收、应收账款债务人付款担保等服务的合同。"并对保理合同的内容、形式、对次债务人的通知、有追索权保理、无追索权保理、优先顺序等作出了具体规定。⑤ 这为知识产权保理融资提供了基本的法律依据。

---

① 上述规章已分别修订为《专利权质押登记办法》(2010 年 10 月 1 日起施行),《著作权质权登记办法》(2011 年 1 月 1 日起施行)和《注册商标专用权质权登记程序规定》(2009 年 11 月 1 日起施行)。

② 《民法典》第 440 条、第 445 条。

③ 中国人民银行《应收账款质押登记办法》(2007 第 4 号令),后于 2017 年 10 月作了第一次修订(2017 第 3 号令),2019 年作了第二次修订(2019 第 4 号令),并于 2020 年 1 月 1 日起施行。

④ 中国人民银行《应收账款质押登记办法》(2007 第 4 号令)第 4 条。

⑤ 《民法典》第 761 条至 769 条。

在知识产权证券化融资方面,按照目前的资产证券化规则体系和监管要求,①知识产权证券化属于证监会规则体系下的企业资产证券化,相关的规范主要有 2014 年证监会发布的《证券公司及基金管理公司子公司资产证券化业务管理规定》《证券公司及基金管理公司子公司资产证券化业务信息披露指引》《证券公司及基金管理公司子公司资产证券化业务尽职调查工作指引》等。近年来,知识产权证券化融资在国家政策层面上颇受关注,2017 年 9 月国务院印发《国家技术转移体系建设方案》,提出要完善多元化投融资服务,具体措施之一就是"开展知识产权证券化融资试点"。2018 年 10 月,国务院发布《中国(海南)自由贸易试验区总体方案》,其中《方案》提出完善知识产权保护和运用体系,"鼓励探索知识产权证券化"。2018 年 11 月,国务院在《关于支持自由贸易试验区深化改革创新若干措施的通知》中提出推动金融创新服务实体经济,再次指出"支持在有条件的自贸试验区开展知识产权证券化试点"。

(二)互联网金融的相关立法

创新是金融发展的不竭动力,但历史上金融的发展往往沿着"危机—管制—金融抑制—放松管制—过度创新—新的危机"的路径演进。因此,国家必须把握好金融创新、金融效率和金融稳定的平衡。② 互联网金融在我国兴起之初,相关部门对如何规范和监管这一新型金融业态缺乏明确的思路和经验,基本采取静观其变的态度,互联网金融行业在一段时间内成为无准入门槛、无行业标准、无监管措施的"三无"市场。

2014 年,为支持股权众筹的发展,减少投资者的投资风险。中国证券业协会发布了《私募股权众筹融资管理办法(试行)》(征求意见稿),将"私募股权众筹融资"定义为"通过股权众筹平台以非公开方式发行的融资活动",将股权众筹平台定性为投融资双方提供信息发布、需求对接、协助资金划转等相关服务的中介机构,应在中国证券业协会注册并申请获得证券业协会会员资质,并对平台准入条件、职责、禁止行为、投融资者的范围、备案登记等作出规定。但该《管理办法》一直停留在征求意见稿的阶段,未能正式发布生效。2015 年 7月,中国人民银行等十部委发布《关于促进互联网金融健康发展的指导意见》

---

① 我国资产证券化业务总体分为三大类:一是信贷资产证券化(MBS)和项目资产支持计划,由中国人民银行和银保监会主导;二是企业资产证券化(ABS),又称资产支持专项计划,由证监会主导;三是资产支持票据(ABN),由中国银行间市场交易商协会主导。

② 尚福林:《把握好金融创新与金融稳定的平衡》,载《决策探索》2014 年第 8 期。

（以下简称《指导意见》），提出了"依法监管、适度监管、分类监管、协同监管、创新监管"的原则，确立了互联网支付、网络借贷、股权众筹融资、互联网基金销售、互联网保险、互联网信托和互联网消费金融等互联网金融主要业态的监管职责分工，落实了监管责任，初步建立了互联网金融监管的政策框架，并将股权众筹的概念界定为"通过互联网进行的公开小额股权融资的活动"，使得股权众筹又具有了公募的性质。2015 年 8 月，证监会颁布的《关于对通过互联网开展股权融资活动的机构进行专项检查的通知》中再次明确了"股权众筹"的公私募之分，指出私募股权众筹不再属于《指导意见》中所规定的股权众筹融资范围。2015 年 8 月，中国证券业协会公布了关于调整《场外证券业务备案管理办法》个别条款的通知，将《场外证券业务备案管理办法》第 2 条第 10 项"私募股权众筹"修改为"互联网非公开股权融资"。在目前的实践中，我国并不存在真正公募意义上的股权众筹。由于《证券法》的限制，现有股权众筹平台实际上从事的是互联网非公开股权融资活动。股权众筹平台采用对投资者人数、资格或者投资金额等条件限制的手段以消除非法公开发行证券的嫌疑。至于公募意义上的股权众筹，在我国现行的证券法律框架下还不能合法开展。[①]

在 P2P 网贷融资方面，2016 年 8 月，银监会、工业和信息化部、公安部、国家互联网信息办公室联合发布《网络借贷信息中介机构业务活动管理暂行办法》，将 P2P 网贷机构定性为专门从事网络借贷信息中介业务活动的金融信息中介公司。该类机构以互联网为主要渠道，为借款人与出借人（即贷款人）实现直接借贷提供信息搜集、信息公布、资信评估、信息交互、借贷撮合等服务；对 P2P 网贷机构的备案登记、业务规则与风险管理、出借人与借款人保护、信息披露等做出规范。随后证监会于 2016 年、2017 年发布《网络借贷信息中介机构业务活动备案管理登记指引》、《网络借贷资金存管业务指引》、《网络借贷信息中介机构业务活动信息披露指引》，从而形成我国网贷行业"1＋3"（一个办法《管理暂行办法》、三个指引《备案登记指引》《资金存管指引》《信息披露指引》）的监管制度框架体系。

我国的 P2P 网贷行业监管实行的是"双负责"制，即中央与地方并行监

---

① 2015 年公布的《证券法》（修订草案）第 13 条规定："通过证券经营机构或者国务院证券监督管理机构认可的其他机构以及互联网等众筹方式公开发行证券，发行人和投资者符合国务院证券监督管理机构规定的条件的，可以豁免注册或者核准。"但 2019 年第二次修订的《证券法》删除了此规定。

管。与我国地方金融监管体制相类似,其具体为银保监会作为中央金融监管部门,工信部、公安部等部门或机构根据各自职能对网贷行业进行全国性的监督管理。各省级金融监管部门负责本辖区 P2P 网贷机构的监管工作,包括备案管理、规范引导、风险防范和处置工作等。

在互联网金融征信体系建设方面,互联网金融风险专项整治工作领导小组办公室与 P2P 网贷风险专项整治工作领导小组办公室于 2019 年 9 月出台《关于加强 P2P 网贷领域征信体系建设的通知》,要求监管部门组织辖区内在营 P2P 网贷平台接入金融信用信息基础数据库运行机构、百行征信等征信机构,P2P 网贷机构应当依法合规收集、报送相关信用信息,并向征信机构提供所撮合的网货交易的利率信息。金融信用信息基础数据库运行机构、百行征信等征信机构应当明确已接入的在营 P2P 网货机构未来发生退出经营、机构解散等终止事项时已接入信用信息的处理方法。据此,中国人民银行征信中心于 2019 年 11 月正式启动在营 P2P 网贷机构接入征信系统工作,之后全国已经有多家 P2P 网贷机构获得接入批准,并开始陆续接入征信系统,数据加载入库并在信用报告中予以展示。

总体而言,在互联网知识产权融资领域,我国已初步建立起基本的法律框架和监管体系,为相关融资业务的开展奠定了制度基础。但不可忽视的是,现行的制度设计与实际需求相比,仍然存在较大的落差,主要体现在:

第一,现有立法未能充分考虑知识产权的特性,从而出现制度漏洞和规则冲突。知识产权具有客体的无形性、使用的非排他性、价值的不确定性等特性,这与有形的不动产、动产的特性迥异,以适用于有形财产的规则套用于知识产权难免捉襟见肘。以知识产权质押为例,虽然《物权法》《民法典》对知识产权质押作了规定,但一方面,寥寥无几的条款难以涵盖知识产权质押面临的设立、登记、效力范围、权利冲突、实现等诸多问题;另一方面,知识产权质押准用动产质押的规定也难以起到拾遗补阙的功能,反而陷入"有法可依却无法可从"的窘境。

第二,互联网金融法治建设薄弱,导致行业发展大起大落。互联网金融这一新型金融模式出现后,我国未能及时将其纳入法治化轨道,使得行业发展失范,风险频发。以 P2P 网贷为例,其最高层级的法律规范是仅具有部门规章性质的《网络借贷信息中介机构业务活动管理暂行办法》,不但层级偏低、权威性不强,内容也远非完备,只能更多地依赖监管部门的通知、决定等政策性规范来管理,虽灵活性有余,但稳定性不足,监管力度时松时紧,对行业发展将造成不利影响。

第三,现有立法滞后于知识产权的融资实践,使得立法与实践脱节。以知识产权融资租赁为例,其已获得业界认可并付诸实践,但却面临着"政策支持、规章排斥、法律模糊"的尴尬。在法律层面上,我国涉及融资租赁的有《合同法》、《民法典》和2014年最高人民法院颁布的《关于审理融资租赁合同纠纷案件适用法律问题的解释》,三者均未对知识产权是否可为融资租赁标的物作出明确规定。在部门规章层面上,2007年银监会发布的《金融租赁公司管理办法》第3条规定:"适用于融资租赁交易的租赁物为固定资产。"所谓固定资产,按照《企业会计准则第4号——固定资产》第3条的界定,是指为商品生产或出租及经营管理、提供劳务而持有的且使用寿命超过一个会计年度的有形资产。这就排除了知识产权等无形资产作为融资性售后回租的可能性。商务部2005年颁布的《外商投资租赁业管理办法》第6条虽规定"租赁财产包括动产和交通工具附带的软件、技术等无形资产,但附带的无形资产价值不得超过租赁财产价值的二分之一",[①]可以看出,其本意仍是强调租赁财产应在有形财产范围内,无形资产只能作为有形资产的附属物,不能单独作为租赁财产。甚至《融资租赁法草案(第三次征求意见稿)》第2条也规定:"适用于融资租赁交易的租赁物为机器设备等非消耗性动产"。在司法实践层面上,2017年1月深圳前海合作区人民法院发布的《关于审理前海自贸区融资租赁合同纠纷案件的裁判指引(试行)》,其第4条规定:"融资租赁合同的标的物一般为有体物,名为'融资租赁合同',但以高速公路收费权、商标权、专利权等权利作为标的物的,应按照权利质押、知识产权的许可使用等合同性质认定当事人之间的真实法律关系。"虽然该裁判指引的适用范围有限且仅为试行,但考虑到自贸区作为我国制度创新区的定位,这种明显排斥知识产权融资租赁的规定显然不利于知识产权融资租赁在我国的发展。

二、互联网知识产权融资的实践状况

(一)互联网知识产权融资已初具规模

2013年阿里巴巴"余额宝"的成功推出,开启了我国"互联网金融元年",此后互联网金融进入快速发展期。以其典型模式P2P和众筹为例,相关数据显示,先后有10000家P2P网贷平台上线,高峰时有5000家同时运营,年交

---

① 根据商务部2018年第1号令,该办法于2018年2月22日废止。

易规模约 3 万亿元。① 先后有 850 余家众筹平台上线,2017 年众筹成功项目数达到 69637 个,融资额为 260 亿元。2018 年上半年,众筹成功项目数达到 40274 个,融资额达到 131.11 亿元。与去年同期相比增长了 24.46%。②

　　在互联网金融蓬勃发展的背景下,以知识产权为标的的互联网融资方式应运而生。2015 年 4 月,国家知识产权局的《关于进一步推动知识产权金融服务工作的意见》中鼓励各类金融机构利用互联网等新技术、新工具,丰富和创新知识产权融资方式,对互联网知识产权融资予以政策支持。从理论上讲,互联网金融和知识产权的结合可以有知识产权 P2P 网贷、知识产权众筹、知识产权网络小额信贷、知识产权金融信息门户等模式。③ 但从目前的实际运作看,P2P 网贷和众筹是主要和成熟的互联网知识产权融资模式。在知识产权 P2P 网贷领域,2015 年 5 月,西安金开网和金开贷联合推出全国首例知识产权质押 P2P 网贷项目,为西安奇维科技、灵境科技成功融资 300 万元。同年 6 月上线运行的知商金融(WWW.I2P.COM)是国内首家专门从事知识产权 P2P 网贷的平台。该平台自上线以来累计成交额 41 亿 3536 万元,累计注册用户超过 31 万,为投资人赚取收益 2 亿 2497 万元。④ 知商金融是由汇桔网联合厚朴投资等企业于 2015 年初投资建立,注册资本为 1 亿元人民币。知商金融以知识产权为主要质押物进行质押贷款,形成了"I2P"的互联网金融模式,所谓"I2P",即"IP+P2P",是知识产权与网贷的结合,主要包括三种金融产品:创客贷、展业贷和汇桔宝。创客贷是针对广大创客推出的一款针对"创客"融资的网贷产品。展业贷是以知识产权为质押标的,为具备较强技术与产业化能力的发展期企业提供借贷服务。汇桔宝是为定向委托投资关系的委托人及受托人提供的居间服务。通过知商金融的居间服务,委托人将自有资金委托给受托人进行管理,投资于指定知识产权投资标的,以获取投资收益的投资产品。创客贷和展业贷以企业知识产权拥有现状、产品成熟度、企业授信情况等为依据,区分企业贷款额度;通过内部风险控制、第三方担保公司或知识产权经营公司提供担保、与招商银行就资金托管和风险管控合作三个层次为

---

① 郭树清:《金融科技发展、挑战与监管》,https://baijiahao.baidu.com/s?id=16854971160630605208&wfr=spider&for=pc,下载日期:2021 年 3 月 20 日。

② 人创咨询,《中国众筹行业发展报告 2018》,http://www.zhongchoujia.com/data/31205.html.下载日期:2021 年 3 月 10 日。

③ 马毅:《互联网金融发展下的知识产权融资创新》,载《经济体制改革》2018 年第 3 期。

④ 知商金融,ttps://www.i2p.com/index.html,下载日期:2021 年 4 月 20 日。

投资人提供资金安全保障。相比于有一定生产规模和市场信誉的企业才能够参与的展业贷,创客贷项目具有以下特点:在资金配置方面,从整体数据来看,现有在线项目平均融资金额不足 20 万元,目前 I2P 模式融资金额较低、融资周期较短,对中小微企业或创客型群体而言可能仅起到解一时之困的作用。在质押专利方面,借款企业本身的质押专利数量较少,平均每个融资项目仅 1.13 件质押专利,发明专利占比更是不足 30%。在项目借款主体方面,借款主体均为中小微企业,体现了知识产权与金融资源的有效融合在拓宽中小微企业融资渠道上的积极作用。

"新领导力专利资本化平台"则是由深圳市新领导力知识产权投资有限公司打造的以专利运营为基础,以专利融资质押为导向的综合性互联网平台。该平台以专注知识产权的法律团队为基础,进入知识产权运营领域后,与风险资本对接成立投资公司后,借助互联网建立了知识产权投融资平台。该平台的主要服务包括:专利分析、专利运营、价值提升、专利融资、技术孵化和行业研究等。其在专利资本化的关键环节包括专利分析、专利价值评估和专利融资、质押贷款、上市风控等方面均有涉及。

在知识产权众筹领域,2011 年 4 月成立的"点名时间"是国内最早专门为科技中小微企业服务的众筹平台,它在上线的 3 年时间里为 1200 多个科技项目融资,其中一半实现了知识产权开发或市场化。目前,产品众筹和股权众筹是众筹的主流类型,以专利、技术秘密为核心的科技创意项目和以著作权为核心的文化创意项目则成为这两类众筹的重要项目来源。例如,2018 年"京东众筹"的"正泰'泰极'居家短路器""2345 章鱼星球八核私有云盘"项目分别获得 1 亿 2053 万元和 6401 万元融资,"小米众筹"的"速珂 CU 智能锂电车"项目获得 5498 万元融资。

近年来,涉及图书出版和影视创作的著作权众筹亦发展迅速,2013 年,腾讯微博平台负责人徐志斌联手磨铁图书旗下黑天鹅图书在"众筹网"发起《社交红利》图书众筹项目,两周内完成了 3300 本预售,筹资近 10 万元。此后,由 88 众筹联合创始人集体创作的图书《风口:把握产业互联网带来的创业转型新机遇》项目上线,国内企业家、投资家、知名媒体人等近 800 人参与了此项众筹,仅 40 天时间,该项目就筹资 400 多万元。在电影众筹方面,上海炫动和万达影业制作的动画电影《十万个冷笑话》通过众筹获得 137 万元,电影票房收入 1.2 亿元。最成功的众筹电影则是《大圣归来》,这部电影以众筹 730 万元资金取得 9.56 亿元的票房,令投资者人均收益 25 万元。[①]

随着知识产权证券化、供应链融资、融资租赁、保理等新型知识产权融资业务的发展,利用互联网技术、网络和平台开展的此类融资活动也逐渐增多,并出现融合发展的态势。我国首单供应链金融知识产权资产证券化产品——奇艺世纪知识产权供应链 ABS,即是知识产权证券化、供应链融资、保理融合的产物。其以北京奇艺世纪科技有限公司下属的爱奇艺视频网站为核心平台,以平台众多的上游版权供应商对平台的版权应收账款为基础资产,以保理公司作为应收账款受让人,通过将应收账款证券化满足版权供应商的融资需求。首单知识产权融资租赁资产证券化产品——第一创业—文科租赁一期资产支持专项计划,则是知识产权融资租赁与资产证券化结合的产物。该模式为将一系列性质相类似的、租期相近的、可产生预期现金流的租赁债权资产组成资产池,通过将其出售给特殊目的机构,从而实现知识产权融资租赁证券化。

在互联网知识产权融资的中介服务方面,成立于 2014 年 3 月的知果果网,以为用户提供免费的商标注册开启了"互联网 + 知识产权服务"的序幕,2015 年 8 月,知果果网又与东方灵盾公司灵盾网合作推出免费的世界专利信息检索分析平台,并推出专利服务产品。同期,以专利代理为核心业务的互联网服务平台还有思博网的快智慧服务、佰腾网的专利巴巴等;此外,还有以专利交易为核心业务的互联网电子商务平台如汇桔网、科易网等;以知识产权管理服务、企业贯标、知识产权托管为核心业务的智龟网、易智客等。中国技术交易所旗下的"技 E 网"推出的专家咨询、专利价值分析服务,依托中技所积累的技术交易平台优势,通过与经纪、咨询、评估等专业中介机构合作,为专利技术、商标以及其他知识产权提供转让、许可、入股、融资、并购等多种形式的转移转化全过程专业化服务。技 E 网提供的专家平台共分为三类专家:法律分析师,以律师事务所、专利 / 知识产权代理机构的自身律师或代理人为主;技术分析师,以行业内知名公司高级工程师、科研院所教授为主;经济分析师,以投资公司、资产评估公司负责人为主。基本流程为:认证用户→在线申请→专家分析→支付首款→线下签约→专家评价→支付尾款→报告生成。同时,其还提供了"自荐成为平台专家"的途径。但平台相对封闭,只有认证的用户才能选择专家进行申请,从一定意义上讲,它并未实现服务供给方和服务需求方的信息对称交流。"快智慧"则实践了互联网知识产权律师服务模式,为知识产权律师和相关当事人提供了供需对接平台,提供了侵权、无效、行政诉讼

[①]　郝雅琼、彭志强:《我国电影众筹实践及问题研究》,载《海南金融》2016 第 4 期。

等法律服务的供需对接。

(二)互联网金融发展动荡起伏

互联网金融与知识产权的结合,一方面可以发挥互联网融资跨地域、受众广、门槛低、便捷高效的优势,有利于聚集社会闲散资金投入到创新创业活动当中,促进知识产权的产业化和商品化,另一方面可以缓解科技中小微企业由于固定资产少、信用不足而导致传统金融机构不愿问津的困境,为科技中小微企业提供了新的资金来源。除此之外,众筹还具有充分利用外部智力资源和管理经验、贴近和满足市场和消费者需求的独特优势。[①] 可见,互联网金融与科技中小微企业的融资需求存在天然的匹配性和适应性。但不容忽视的是,互联网金融作为一种新兴的金融模式,在发展过程中动荡起伏,对行业发展造成了相当不利的影响。

2014 年,国务院政府工作报告中提出要促进互联网金融的健康发展。2015 年,在国家政策导向下,中国人民银行等十部委联合发布了《关于促进互联网金融健康发展的指导意见》,提出要鼓励创新,支持互联网金融稳步发展,要制定适度宽松的监管政策,为互联网金融创新留有余地和空间。自此,互联网金融行业进入了快速扩张阶段。在网贷平台的巅峰期,行业全年累计成交量达到 2528 亿元人民币,参与的出借人数和借款人数分别达到 116 万人和 63 万人。P2P 平台的高收益率让投资者们蜂拥而上,但与此同时大量的风险也随之积累,P2P 网贷平台倒闭、暴雷事件频发,对金融稳定和社会秩序造成了不小冲击。有鉴于此,2017 年 12 月,P2P 网贷风险专项整治工作领导小组办公室发布《关于做好 P2P 网络借贷风险专项整治整改验收工作的通知》,大力强化对 P2P 网贷行业的监管和整顿,P2P 网贷行业进入严峻的整改备案阶段。在各种因素的作用下,从 2018 年 6 月起,P2P 网贷平台出现了"爆雷潮"。2018 年 6 月至 7 月中旬,短短 50 天内,有超过 150 家 P2P 网贷平台陷入困境,平均每天爆雷超过 3 家,曾经的四大"高返利"网贷平台——唐小僧、联璧金融、钱宝网、雅堂金融全部"爆雷"。2019 年 1 月,互联网金融风险专项整治工作领导小组办公室与 P2P 网贷风险专项整治工作领导小组办公室联合发布了《关于做好网贷机构分类处置和风险防范工作的意见》,意见中明确指出,要"坚持以机构退出为主要工作方向,除部分严格合规的而在营机构外,其余

---

① *Paul Belleflamme*,*Thomas Lambert*,Armin Schwienbacher,Crowdfunding:Tapping the right crowd,*social science electronic publishing*,2011(5),29:585-609.

机构能退尽退、应关尽关,加大整治工作的力度和速度"。这一系列严格监管政策的实施,使得 P2P 网贷平台数量大幅减少,至 2020 年 11 月,P2P 网贷平台已经全部停止营业。部分 P2P 平台转型为小额贷款公司,开展网络小额贷款业务,[①]或转型成为银行理财产品、基金产品、理财超市。

同样受互联网金融发展外部环境的影响,众筹平台数量在 2016 年达到峰值为 532 家,2017 年年底则剧降至 294 家。在互联网金融监管由宽松转向严格的过程中,互联网金融行业经历了"野蛮生长"到"断崖下滑"的剧烈动荡,行业发展的起伏不定,严重打击了投资者的信心,恶化了行业发展生态。反观英美互联网金融市场,行业发展未如此大起大落,违法违规现象并未集中凸显。其重要原因即在于及时推出行之有效的监管规则,保障了行业的健康有序发展。[②]

第二节　互联网知识产权融资面临的困境和挑战

一、互联网金融监管之失

在 P2P 网贷发展初期,将其纳入银监会监管,还是作为证券发行的一种方式纳入证监会监管,学界对此存在争议。清华大学国家金融研究院课题组起草的一份报告中建议将集合投资计划份额和份额化的 P2P 网贷业务纳入证券范围,由证监会统一实施功能监管。[③] 也有观点认为,我国 P2P 网贷发展模式与美国市场有所不同,将其纳入银监会的管辖更具有"密切联系性",一是 P2P 在我国更多地被视为民间借贷的网络版,是对金融机构借贷市场的补充,总体上应被视为借贷市场的组成部分;二是处置非法集资部际联席会议办公

---

① 根据 2019 年 11 月互联网金融风险专项整治工作领导小组办公室与 P2P 网贷风险专项整治工作领导小组办公室联合发布的《关于网贷借贷信息中介机构转型为小额贷款公司试点的意见》,网贷机构转型为小贷公司必须实缴货币资本,单一省级区域经营的小贷注册资本不低于 0.5 亿元;全国经营的小贷公司的注册资本不低于 10 亿元;而且,首期实缴货币资本不低于 5 亿元,不低于转型时网贷机构借贷余额 1/10 的要求。

② 潘静:《互联网金融监管规则的完善——以英美国家为镜鉴》,载《河北经贸大学学报》2018 年第 2 期。

③ 清华大学国家金融研究院课题组:《完善制度设计,提升市场信心,建设长期健康稳定发展的资本市场》,载《清华金融评论》2015 年第 12 期。

室设在银监会,而当前 P2P 网贷市场是非法集资案件的"重灾区",由银监会监管,统筹考虑促进 P2P 网贷创新发展和做好风险防控特别是案件防控两方面的因素,更好地把控好 P2P 网贷监管的尺度;三是由银监会监管,更有利于进行融资总量的监控和管理,有效防范系统性风险。但从 P2P 平台的债权转让业务模式看,对债权标的的拆分出售,其行为模式本质上和资产证券化相同,属于信贷资产证券化。[①] 即使 P2P 债权拆分转让模式缺乏风险隔离和增信等措施,不是严格的资产证券化行为,但是对债权拆分和设计的行为,一定程度上和资产证券化的方法相似,大致符合资产证券化的基本模式,可称为类资产证券化。[②] 可见,P2P 网贷兼具民间借贷和证券发行的性质,单独由银监会或证监会监管均存在局限性,难免会出现监管的空白和漏洞。

在互联网金融监管的政策取向上,由于互联网金融创新的出现弥补了传统金融体系难以满足中小微企业融资需求的缺陷,促进了普惠金融在中国的发展,推动了金融民主与金融公平的进程,因而出于完善金融体系和发展金融市场的需要,我国政府对互联网金融起初秉承着鼓励创新、开放包容、谦抑干预的理念,以宽松的态度来对待互联网金融监管。但由于政府对市场的监管跟进过于迟滞和漫不经心,进而难以发觉在暗处聚集、酝酿的风险。一旦风险失控、蔓延乃至全面爆发,手忙脚乱的监管部门就不得不采取运动式的专项治理平乱止分。这种"事前宽松、事后治理"的监管模式造成了金融市场的波动无序,也给社会大众投资者带来了巨大的损失。与此同时,现代信息技术推动了金融要素流动的高速化与金融交易的高频化,市场动向瞬息万变,传统的信息披露、现场检查、悬赏举报等信息获取手段越来越难以满足信息及时性的需求,对政府部门监管能力的建设提出了严峻的挑战。

在股权众筹行为性质的界定上,金融监管部门对其一直缺乏清晰的界定,中国证券业协会 2014 年 12 月起草并向社会公开征求意见的《私募投资型众筹融资管理办法(试行)》(征求意见稿)将现有的大多数投资型众筹平台进行的融资模式定义为"私募股权众筹融资",并设立了较高的投资者门槛,投资人

---

① 徐胜:《网络贷款线下债权转让模式存在的问题及发展建议》,载《金融发展研究》2015 年第 11 期;刘志伟:《论"P2P 网络借贷平台业务发展的合法模式选择"》,载《中南大学学报》2015 年第 6 期。

② 郑观:《P2P 网贷平台债权拆分转让行为的合法性之辨》,载《法学》2017 年第 6 期。唐旭:《P2P 网贷平台债权拆分转让模式在民商事审判中的定位》,载《重庆社会科学》2018 年第 4 期。

数上限的规定也不可突破。对此,有学者批评《管理办法》中的诸多规则设计过于保守,内容过于简单,缺乏可操作性,与我国股权众筹行业的发展实际相脱节。[①] 2015 年 7 月,中国人民银行、银监会、证监会、保监会等十部委联合发布《关于促进互联网金融健康发展的指导意见》,明确表示要鼓励投资型众筹融资平台的发展,建立服务实体经济的多层次金融服务体系。该《指导意见》将股权众筹融资定义为"主要是指通过互联网形式进行公开小额股权融资的活动"。2015 年 8 月 10 日,中国证券业协会将《场外证券业务备案管理办法》第 2 条第(十)款"私募投资型众筹"修改为"互联网非公开股权融资"。至此,关于股权众筹的概念体系才渐渐明晰,即通过互联网形式进行的公开小额的股权融资活动属于股权众筹,而在实践中投资型众筹活动为了规避法律风险,多以私募形式开展,众筹平台通过投资者认证程序将众筹投资信息以"非公开"的方式展示,这些众筹平台所开展的股权融资活动显然属于"互联网非公开股权融资"。在中国现行的法律规范框架内,投资型众筹只能在私募层面开展,据此,市场上大部分互联网融资平台实质上被排除在"互联网公开股权众筹"的范围外,而公募型的股权众筹的合法性依然缺乏立法明确的肯认。

互联网金融监管立法缺失、监管措施和能力建设的滞后以及监管体制的条块分割,形成了制约互联网融资发展的瓶颈,阻碍了互联网金融的健康有序发展,具体表现在:

一是加剧了互联网平台的欺诈风险。在互联网金融监管乏力和缺失的情况下,整个行业缺乏必要的内外部监督和约束。一方面,互联网金融的流程具有快速、隐蔽和高效的特征;另一方面,互联网金融可以在短时间内完成大额融资,这样就为利用互联网金融平台进行非法集资、集资诈骗和违法犯罪活动提供了"诱饵"与"温床"。[②] 具体表现为:一是以互联网金融为名,行非法集资之实,利用融资平台将大量资金据为己有或非法侵占;二是虚构融资项目,发布虚假融资信息,欺骗公众投资后卷款跑路;三是利用互联网金融活动中资金快速流动的特点以及互联网金融业务所具有的匿名性和隐蔽性的特点,为犯罪分子提供洗钱服务。

二是加大了融资者故意违约的风险。P2P 平台的"暴雷潮"和集中倒闭对

---

① 彭真明、曹晓路:《论股权众筹融资的法律规制——兼评〈私募股权众筹融资管理办法(试行)〉(征求意见稿)》,载《法律科学》2017 年第 3 期。

② 王建文、刘伟:《论我国互联网金融供应链的违法性风险及其规制》,载《金融法苑》2016 年第 2 期。

投资者来说是一场灾难,但对这部分小微借款者来说反倒成为一种"机会"。①
在经济利益和侥幸心理的双重驱使下,许多借款者抛弃了最基本的诚信意识
与责任意识,通过各种手段逃避债务,致使 P2P 行业逃废债现象成风。许多
借款者看到大量 P2P 平台陆续倒闭,故意拖欠到期债务,等待平台垮台。"扫
黑除恶"的社会治理行动也被许多蓄意拖欠债务的借款人当作对抗 P2P 平台
正常催债行为的"手段"。只要 P2P 平台一拨打催债电话,借款人就向公安机
关举报暴力催债。这不仅提高了 P2P 平台催债的成本,也使得 P2P 的资金回
笼工作变得更加迟缓和艰难,进一步加剧了 P2P 平台的经营困难和倒闭风
险。以 2019 年 5 月全国 86 家网贷平台披露的借款人逾期借款金额为例,逾
期借款金额大于零的有 35 家,有 6 家网贷平台借款逾期金额超过亿元,其中
拍拍贷的借款逾期金额达 9.5 亿元,逾期金额最高的爱投资网贷平台,其逾期
金额高达 97.6 亿元。一般而言,网贷融资者违约存在两种可能性:一是主观
故意违约;二是虽具有还款能力和还款意愿,但是忘记及时还款。从网贷行业
逾期金额的时间分布来看,借款人主观故意违约的情况愈发明显。②

　　三是投资者的资金安全缺乏保障。互联网融资过程中,投资者投入的资
金并不是直接支付给融资者,而是在融资平台进行汇集,融资期限届满后,如
果融资成功,再由平台将资金转移给融资者。这种资金流转方式会在平台处
形成"资金池"。③ 按照银监会等四部门联合发布的《网络借贷信息中介机构
业务活动管理暂行办法》规定,网络借贷信息中介机构应当选择符合条件的银
行业金融机构作为出借人与借款人的资金存管机构,但据统计,正常运行的
P2P 平台中,实行银行存管的仅有 45% 左右,2018 年"爆雷潮"涉及的平台中

---

　　① 陈秋竹、邓若翰:《P2P 网贷规制的反思与改进——基于近期 P2P 集中倒闭事件
的思考》2019 年第 2 期。

　　② 雷舰:《P2P 网贷借款人信用风险因素分析与对策》,载《金融理论与实践》2019 年
第 12 期。

　　③ Shahrokh Sheik. Although Donation-Based Crowdfunding Has Experienced Some
Success,Questions Remainabout the Practicality of Equity-Based Crowdfunding Los. Angel-
es Lawyer,2013(5):1.

有 80％以上没有实施银行存管。[①]

我国股权众筹多采用"领投 ＋ 跟投"的投资方式,即由富有经验的专业投资人作为领投人,普通投资人针对领投人所选中的项目跟进投资。该机制旨在通过专业投资人把更多没有专业能力但有资金和投资意愿的人带动起来。但这种引导性的投资机制在政策与监管缺失的情形下为领投人与融资者恶意串通提供了可能,提高了合同欺诈的风险。如领投人与融资者存在某种利益关系,领投人带领跟投人向融资者提供资金,若该领投人名气很大或跟投的人数众多,便会产生"羊群效应",造成许多投资人在不明投资风险的情形下盲目跟风。融资者在获取大量融资后便存在极大的逃匿可能或以投资失败等借口让跟投人尝下"苦果"。

四是 P2P 平台退出缺乏规范。当前 P2P 网贷行业的规则渊源主要是"一个办法、三个指引",即《网络借贷信息中介机构业务活动管理暂行办法》《网络借贷信息中介机构业务活动信息披露指引》《网络借贷资金存管业务指引》和《网络借贷信息中介机构备案登记管理指引》,缺乏专门调整 P2P 平台市场退出行为的规范性文件。同时,"一个办法、三个指引"仅规定了 P2P 平台在退出市场时的"两大原则、三项义务",即退出时债权存续的原则、[②]清算时借贷资金独立的原则,[③]以及退出时向公众和借贷双方披露信息的义务、[④]向地方金融监管部门报告的义务、[⑤]存管人协助清算的义务,[⑥]缺乏对 P2P 网贷平台市场退出标准、退出方式、退出流程、监管模式等方面问题的规定,因而在规范P2P 网贷平台市场退出行为上作用有限。

由于按照企业破产程序进行清算的费用高昂,再加上处理存续债权的托

[①] 朱勇:《从本轮网贷违约风波看风险防控标准化建设》,载《清华金融评论》2018 年第 11 期。有学者认为,银行有遏制 P2P 网贷企业发展之欲望或倾向,且其资金安全性优势并不明显,故将资金托管权利全部赋予银行有失妥当。P2P 网贷平台资金应该平等地由银行、第三方支付机构等主体进行托管。丁国峰:《P2P 网贷平台异化经营的法律规制》,载《上海财经大学学报》2017 年第 4 期。

[②] 《网络借贷信息中介机构业务活动管理暂行办法》第 24 条第 1 款。

[③] 《网络借贷信息中介机构业务活动管理暂行办法》第 24 条第 3 款。

[④] 《网络借贷信息中介机构业务活动管理暂行办法》第 24 条第 1 款;《网络借贷信息中介机构业务活动信息披露指引》第 10 条。

[⑤] 《网络借贷信息中介机构备案登记管理指引》第 18 条;《网络借贷资金存管业务指引》第 19 条。

[⑥] 《网络借贷资金存管业务指引》第 19 条。

管费等费用,要想身为"经济人"的 P2P 平台主动启动破产清算程序并积极处理存续债权,这无疑是天方夜谭。同时,监管部门对 P2P 平台市场退出的监管空白又进一步为 P2P 机构的退出行为提供了自由选择的空间。因此,现实中大量的 P2P 平台选择以关停平台、转移财产、失联跑路等方式退出市场,这些退出方式不仅严重损害了广大投资人的利益,引起市场恐慌和市场混乱,同时也对现存的 P2P 平台形成了不良的示范效应。

五是 P2P 和众筹平台的法律定性与实际运营模式存在冲突。《网络借贷信息中介机构业务活动管理暂行办法》将 P2P 网贷平台的性质定位为信息中介服务机构,《私募股权众筹融资管理办法(试行)(征求意见稿)》也对股权众筹平台作了类似的规定。但在实际运作中,仅有极少数 P2P 网贷平台采用这种纯粹信息中介的模式,即使是拍拍贷这种典型的信息中介服务平台也在2014 年开发出"拍拍宝"和"拍小宝"两大投资工具,为用户提供投资本息的保障。对于 P2P 债权转让中介模式而言,出借人是以一种信托的方式将原始资产让与给 P2P 网贷平台进行操作的过程,P2P 网贷平台并非单纯地对交易的双方进行撮合而是对资金交易进行干预,这超出了中介机构的职能范围。为了提高网贷平台的收益率及借贷规模,平台采用对债权拆分撮合的转让方式实现借贷资金交易的连续性。P2P 网贷平台通过对债权的拆分等行为实际上是对出借人的信贷资产证券化的过程。拆分形成的债权合同具有证券的一般特征。[①]

就股权众筹而言,众多的股权众筹平台不仅致力于线上线下撮合投融资双方,也致力于投资合意达成后的整个投融资过程。[②] 这就造成信息中介机构的法律定性与信用中介机构的实际运营模式的矛盾,使得融资平台处于违规经营的法律风险之中。

六是违规担保风险增加。在互联网融资过程中,出于市场竞争的需要,为了吸引公众投资者,平台通常会与担保公司合作。一旦出现贷款违约,则由担保公司承担投资本息的清偿责任。按照《融资性担保公司管理暂行办法》第28 条的规定,"融资性担保公司的融资性担保责任余额不得超过其净资产的10 倍",但在实际运营中,出于成本考虑,平台一般只选择一家担保公司合作。

---

① 孙艳军:《基于 P2P 金融模式变异法律性质之论证构建其监督模式》,载《中央财经大学学报》2016 年第 6 期。

② 杨东、苏伦嘎:《股权众筹平台的运营模式及风险防范》,载《国家检察官学院学报》2014 年第 4 期。

随着平台业务量的不断扩大,有的担保公司的杠杆率早已超过了 10 倍,触及法律红线,一旦发生兑付危机,担保公司将难以承担代为清偿的责任,使投资人利益受损。

二、权利质押定位之困

我国的担保物权体系以德国法为蓝本。《德国民法典》将质权分为动产质权和权利质权,权利质权的标的包括债权、股权、证券等无形财产权利,并规定权利质权可以准用动产质权的规定。我国《担保法》、《物权法》和《民法典》沿袭了德国法的立法体例,同样将质权分为动产质权和权利质权,并将专利权、商标权、著作权等知识产权担保纳入权利质权之中。但是知识产权质押作为无形财产质押与有形动产质押具有本质的区别。这表现在:

首先,动产的占有规则不适用于知识产权。占有人对动产的实际占有具有公示效力,可产生权利推定的效力,使第三人相信其对该动产享有真实的权利。而第三人在信赖此公示效力的基础上与之进行交易,即使占有人并非真实权利人,仍可发生善意取得的效果。在多数大陆法系国家,非权利人如果和平公开地占有动产,可以因一定期限届满而发生时效取得,法律承认其对该动产有合法的权利。但是上述动产的权利推定、时效取得、善意取得等占有规则对知识产权无适用余地,占有知识产权的载体不会产生权利推定效力,不发生善意取得和时效取得。

其次,动产质押缺乏适用于知识产权质押的规则。动产质权自动产转移质权人占有时设立,由质权人对其进行实际的控制和支配,因此不存在出质人重复设质的问题。但知识产权是无形的财产权利,在同一标的上可以毫无障碍地设立多个质权,对此如何处理,我们无法在动产质押规则中得到解答。此外,《物权法》及《民法典》规定动产质权的标的范围包括孳息,孳息包括天然孳息和法定孳息。知识产权的许可使用费可否看作是法定孳息,对此也不明确。至于未来取得的知识产权的质押问题,更是无法见之于动产质押规则之中。

最后,动产质押的若干规定不适用于知识产权质押。例如,《物权法》第216 条及《民法典》第 433 条均规定:"因不能归责于质权人的事由可能使质押财产毁损或者价值明显减少,足以危害质权人权利的,质权人有权要求出质人提供相应的担保;出质人不提供的,质权人可以拍卖、变卖质押财产,并与出质人通过协议将拍卖、变卖所得的价款提前清偿债务或者提存。"此项规定赋予了质权人担保权。然而,众所周知,在知识产权质押期间,科技进步和技术更新会使出质专利权、集成电路布图设计权的经济价值明显减损,而著作权、专利权、植物新品种权、集成电路布图设计权等知识产权的保护期限制也使其价值呈逐年递减趋势,对此,出质人主观上并无过错,同时收益减少也使出质人遭受了重大的损失。在这种情况下,如果再要求其另行提供相应的担保,显然不符合公平正义的法律理念。

对于出质期间出质人的权利限制,《民法典》第 444 条明确规定,以依法可以转让的商标专用权,专利权、著作权中的财产权出质后,"出质人不得转让或许可他人使用,但经出质人与质权人协商同意的,可以转让或许可他人使用。出质人所得的转让费、许可费应当向债权人提前清偿所担保的债权或者向与质权人约定的第三人提存。"

对于未经质权人同意而转让或许可使用知识产权的效力,最高人民法院《关于适用〈中华人民共和国担保法〉若干问题的解释》第 105 条对此作了规定。该条规定:"以依法可以转让的商标专用权、专利权、著作权中的财产权出质的,出质人未经质权人同意而转让或许可他人使用已经出质的权利的,应当认定无效。因此给质权人或者第三人造成损失的,由出质人承担民事责任。"有学者对此解释道,如果允许出质人可以擅自转让或者许可他人使用,则获得的价金为出质人所有,质权人无法进行控制与取得。无论转让与许可是否有偿,无限制的转让与许可使用均会降低知识产权的财产权的交换价值,损害了质权人的权益。因而,其认为此规定合理。[①] 笔者认为这一规定忽视了知识产权作为质权标的的特殊性,直接带来担保权益难以实现的后果。上述规定和司法解释有值得商榷之处。

第一,从我国《合同法》及《民法典》规定的合同无效的五种情形来看,除非把"知识产权中的财产权出质后,出质人不得转让或者许可他人使用"视为强制性规定,否则出质人擅自转让或者许可他人使用知识产权的合同便无合同无效的理由。但这条规定是强制性规定吗?众所周知,强制性规范是不被允许当事人协议排除适用的。但就在本条的后段同时赋予了当事人协议排除适用本条前段的权利。而只有任意性规范才可能被当事人通过约定予以排除适用。因此,最高人民法院的司法解释有违《合同法》及《民法典》上规定的合同无效制度的原则。

第二,《担保法》关于抵押权的规定中没有规定抵押物的不得转让,反而规定了抵押期间,抵押人转让已办理登记的抵押物的,抵押人对抵押权人的通知义务和对买受人的告知义务。因此,可以看出《担保法》是允许抵押财产于抵

---

① 姚红主编:《中华人民共和国物权法精解》,人民出版社 2007 年版,第 292 页。

押期间转让的,《物权法》第 191 条第 2 款对《担保法》的相关内容进行了修改,将其修订为:抵押期间,抵押人未经抵押权人同意的,不得转让抵押财产。对于这一修改,学者多有非议:"从法律发展的角度看,这一规定是立法的倒退。从比较法学的角度看,这一规定不符合大陆法系国家的通行做法。从担保物权的立法价值取向看,这一规定有悖于时代发展潮流。"①《民法典》在抵押财产转让问题上又否定了《物权法》的僵硬做法,规定:"抵押期间,抵押人可以转让抵押财产。当事人另有约定的,按照其约定。抵押财产转让的,抵押权不受影响。抵押人转让抵押财产的,应当及时通知抵押权人。抵押权人能够证明抵押财产转让可能损害抵押权的,可以请求抵押人将转让所得的价款向抵押权人提前清偿债务或者提存。转让的价款超过债权数额的部分归抵押人所有,不足部分由债务人清偿。"②既然抵押财产可以允许转让,那么同样以登记为要件的质押知识产权转让参照此规定处理方为合理。

第三,限制出质人的权利难以达到保护质权人利益的目的。对于专利权、著作权、集成电路布图设计权等有保护期限制的知识产权,其市场寿命往往要短于保护期。据估计,在英国和法国,大约百分之六十的专利的市场寿命只有 5 年,仅有四分之一的专利的市场寿命超过 13 个年头,只有极少数专利的经济效益可以持续 20 年。③ 正是由于不少知识产权能够发挥经济效益的期间有限,倘若对知识产权的转让和许可使用做过多限制,必然会减损其经济价值,不但无法保护质权人的利益,反而会适得其反。

此外,动产质权中规定了质权人的转质权,转质分为责任转质和承诺转质。前者转质时可不经出质人同意,后者以出质人同意为要件。各国对是否允许转质态度各异。德国和法国对转质未作规定。瑞士允许承诺转质,否定责任转质。日本和台湾地区对两者均予以认可。我国《担保法》本只承认承诺转质,而《物权法》及《民法典》进一步认可了责任转质。④ 设立转质权的目的是促进质押动产的流通,弥补其制约动产流通和利用,不能物尽其用的缺点。但其也存在使法律关系复杂化,容易引发纠纷的弊端。由于知识产权在质押

---

① 张万彬:《浅议抵押人对抵押物的转让权——兼评〈物权法〉第 191 条第二款之规定》,载《金融经济》2007 年第 10 期。

② 《民法典》第 406 条。

③ [法]蒲吉兰:《21 世纪的黑金》,贾春娟、李玉平、苏启运译,社会科学文献出版社 2006 年版,第 25 页。

④ 最高人民法院《担保法解释》第 94 条明确否定责任转质,但《物权法》第 217 条则对司法解释做了修正,承认了责任转质的效力,《民法典》第 434 条作了同样的规定。

之后,知识产权人可以继续实施其知识产权,可以通过转让和许可使用的方式由他人继续利用,完全不必借助于使法律关系复杂化的转质制度。

正是由于两者的明显差异,导致知识产权质权欲"准用"动产质权而不能。英国法学家梅因曾说:"社会的需要或社会的意见常常是或多或少地走在法律前面的,我们可能非常接近地达到他们缺口的结合处,但永远存在的取向是把这个缺口重新打开来。"①在《德国民法典》制定的年代,动产、不动产等有形财产仍是社会的主要财富来源,无形财产的价值尚未充分发掘,知识产权的价值更未得到重视。而且债权、股权、仓单、提单都以有形的权利凭证来表征权利,占有权利凭证也就享有权利,这与对动产的占有非常相似。因此,将财产权利担保置于动产质押中有相当的合理性。但知识产权的日益崛起打破了这种和谐局面,法律制度必须对此做出调整和回应,以缩小法律和现实之间的"缺口"。

三、规则缺失与冲突之扰

(一)征信规则的缺失

由于知识产权的特性,目前尚缺乏行之有效的评估方法,评估价值与真实价值相差悬殊的情况屡见不鲜。故而在某种意义上,投资者更为看重融资企业的经营能力和融资项目的市场前景。这当中融资企业及其高管人员的信用状况无疑是投资者作出决策极为重要的考量因素,也是衡量融资者道德风险的重要指标。"P2P 网贷实质上是一种信用活动,交易者的信用信息对 P2P 网贷行业的发展至关重要。"②然而,互联网金融信用体系建设薄弱成为制约知识产权互联网融资的瓶颈。从纵向体系建设来看,根据《征信业管理条例》第 28 条、第 29 条的规定,金融信用信息基础数据库仅接收从事信贷业务的机构提供的信贷信息。受制于这一规定,定性为信息中介机构的 P2P 网贷平台不能进入该系统上传借款人的信用记录。这使得 P2P 平台长期被排斥在主流征信体系之外,难以享受到官方信用体系的便利。从横向体系建设来看,P2P 网贷机构积累的信息种类繁杂,数据来源不明,缺乏统一的网贷数据采集标准,数据采集口径和范围与征信系统数据接口规范存在较大差异。加之缺乏技术支撑,无法自主开发数据报送接口,系统对接难度大,不能保证数据的

---

① 〔英〕梅因:《古代法》,沈景一译,商务印书馆 1959 年版,第 15 页。

② 俞林、康灿华、王龙:《互联网金融监管博弈研究:以 P2P 网贷模式为例》,载《南开经济研究》2015 年第 5 期。

真实性和完整性,难以达到征信数据采集规范的要求。[①] 由于缺乏统一的征信标准和对应的统筹协调机构,P2P 平台之间尚未建立起有效的信用数据共建共享机制。虽然中国互联网金融协会已开始搭建互联网金融信用信息共享平台,但其会员数量较为有限,所采集的信息范围也较为狭窄,发挥的作用有限。此外,我国征信产业缺乏相应的行业自律监管部门,提供相关征信信息的企业之间为了市场竞争,往往会独揽自身所掌握的信息。且征信行业内缺乏有效的数据交互机制,会导致企业的征信数据也存在着孤岛现象。

（二）知识产权归属规则的模糊

在专利权的归属上,依据专利法的规定,职务发明创造的专利申请权和专利权归属于单位,非职务发明创造的专利申请权和专利权归属于发明人。职务发明创造依据两个标准判断:一是执行本单位工作任务完成的发明创造;二是主要是利用本单位的物质技术条件完成的发明创造。但是如何判断发明创造是否"主要是利用本单位的物质技术条件完成的",立法和司法却无明确具体的标准,一旦发生争议,往往依赖于法官的主观判断和自由裁量,造成权利归属较大的不确定性。在著作权的归属上,著作权法规定了自然人作品、职务作品和法人作品等类型并设定了不同的归属规则。其中,法人作品和职务作品之间的判断标准模糊,权利归属各异,"导致实践中的无所适从以及判决预期的不稳定性,既增加了交易成本,也不利于交易安全"。[②] 倘若在互联网融资过程中发生权属纠纷,导致权利人发生变更,必然会导致项目融资前功尽弃。

（三）知识产权融资规则的冲突与缺失

在我国担保物权体系中,知识产权质押属于权利质押,除了适用有关权利质权的规定外,还可以适用动产质权的规定。但是知识产权作为无形财产权,毕竟不同于有形动产,更容易产生权利冲突,而现有的动产质押规范缺乏权利冲突规则,对知识产权质押中的权利冲突往往无能为力。此外,知识产权应收账款质押、融资租赁、保理领域也存在规则缺失与冲突等问题。

其一,著作权转让与质押规则的冲突。例如,甲与乙签订著作权质押合同,在办理质押登记之前,甲又将著作权转让给丙,由于著作权转让无须登记,

---

① 王嵩青、田芸、沈霞:《征信视角下 P2P 网贷模式的信用风险探析》,载《征信》2014年第 12 期。

② 熊琦:《著作权法中投资者视为作者的制度安排》,载《法学》2010 年第 9 期。

乙和登记机关事先无法知晓,登记机关仍办理了质押登记。乙能否向丙主张质权? 倘若不能,乙的利益又将如何保护? 再假设甲与乙签订著作权质押合同后,在办理质押登记之前,甲又将著作权质押给丙,并先办理了著作权质押登记。依照现行法的登记生效主义,甲与丙之间的著作权质押有效,乙只能追究甲的违约责任,这对本是在先权利人的乙是否公平?

其二,知识产权质权优先顺序规则缺失。知识产权质押的标的为无形的财产权利,从理论上讲,在知识产权上设立多个质权是完全可能的。是否允许在同一知识产权上设立多个质权,现行法律未作规定,如果在现实中当事人在同一标的上设立了多个质权,其优先顺序应如何确定也将无法可依。若否定知识产权可重复设质,虽然简单明快,但此做法不但有悖于当事人的意思自治精神,也不利于充分发挥质押物的经济价值,促进融资担保交易,造成经济资源的闲置和浪费,显然并非妥当。

其三,知识产权被许可人、破产管理人、质权人权利冲突规则阙如。知识产权的许可使用是知识产权人获取经济利益的重要方式,如今专利权、计算机软件、电影作品、商标权的许可使用已经司空见惯,微软公司正是通过 windows 操作系统的许可使用占据了全球大部分的市场份额,奠定了软件霸主的地位。因此,知识产权许可使用权的经济价值不容忽视。另外,知识产权权许可使用权具备权利标的的属性,适于成为质押标的。一般而言,在知识产权人许可的情况下,被许可人可以将许可使用权质押。例如,甲是某一计算机软件的著作权人,甲授权乙使用其软件,经甲同意,乙以该软件的许可使用权质押于丙。在质押期间,著作权人甲宣告破产。其破产管理人宣布解除许可使用合同。根据《企业破产法》第 18 条的规定,"人民法院受理破产申请后,管理人对破产申请受理前成立而债务人和对方当事人均未履行完毕的合同有权决定解除或者继续履行,并通知对方当事人"。这意味着,如果管理人选择解除著作权许可使用合同,乙将无法继续使用该软件,而丙的质权也就成了无源之水,无本之木,变为一纸空文。这增加了许可使用权质押的风险,降低了许可使用权质押的价值。可见,如果不能协调好破产管理人与被许可人、质权人的权利冲突,许可使用权质押将难以开展。

其四,知识产权质押与应收账款质押的规则冲突。依《物权法》及《民法典》的规定,有形物担保能力不足的企业要进行担保融资,不局限于知识产权担保方式,尚可以通过应收账款质押融资。但应收账款的范围包括知识产权的许可使用等产生的债权。①《民法典》第 444 条第 2 款规定，设定质权后的知识产权如果许可他人使用，许可使用费应当向质权人提前清偿债务或提存。依《民法典》第 425 条及 446 条的规定，债务人不履行到期债务或者发生当事人约定的实现质权的情形，应收账款质权人有权就该应收账款优先受偿。假若许可使用费既被设定为知识产权质押的标的，又被设定为应收账款的标的，就该知识产权的许可使用费，担保人究竟是应当向知识产权质权人提前清偿债务或提存，还是应收账款质权人就此享有优先受偿？对此不无疑问。②

其五，应收账款转让与应收账款质押的规则冲突。应收账款转让采用通知生效主义，当事人在达成债权让与合意之后，必须把让与情况通知到债务人处，让债务人知晓在债权上设立让与的事实，若未通知，那么该债权让与对债务人不生效，债务人享有对抗权。应收账款质押则采用登记生效主义，质权自办理出质登记时设立。债权让与和债权质押成立要件、公示规则的冲突，背离了应收账款的融资实践，不利于我国形成统一的应收账款融资体系。

四、登记制度缺陷之忧

知识产权担保登记是知识产权体现公示效力的方式，是知识产权担保制度的关键环节，对当事人和第三人利益影响重大。但我国的担保登记制度却难如人意，主要表现在：

其一，登记机关"山头林立"，给担保登记带来困扰。知识产权担保融资通常有两种方式：一是单独以知识产权为标的设立担保；二是与其他财产共同设立担保。在统一的动产和权利担保制度建立之前，当企业以厂房、机动车、机器设备、产品以及知识产权共同设立担保时，就不得不和多个登记机关打交道。厂房抵押由房地产管理部门办理，机动车抵押由机动车的登记部门办理，机器设备、产品的动产抵押登记由财产所在地的市场监管部门办理登记。③ 而知识产权又要依据类型的不同而分别向知识产权局、版权局登记。如此众多的登记机关不但令当事人劳民伤财，不胜其烦。对债权人而言，要查明债务人财产的担保状况也非易事，必须同时

---

① 中国人民银行《应收账款质押登记办法》(中国人民银行令〔2007〕第 4 号)第 4 条。

② 范晓宇：《知识产权担保融资风险控制研究》，载《浙江学刊》2010 年第 3 期。

③ 《担保法》第 42 条。

查询多个机关,增加了搜寻成本。倘若登记信息不完整,更是劳而无功。另一方面,登记机关"林立"和"缺位"现象并存。当知识产权人试图以商业秘密、商号权办理担保登记时,由于缺乏法律规定,又会出现登记机关无从寻觅的情况,使此类知识产权实际上无法设立担保。

其二,"登记生效主义"模式降低了交易效率。我国原《专利权质押合同登记管理暂行办法》《商标专用权质押登记程序》均规定质押合同自登记之日起生效。① 但原《著作权质押合同登记办法》的规定别具一格,该办法第 3 条规定:"以著作权中的财产权出质的,出质人与质权人应当订立书面合同,并到登记机关进行登记。著作权质押合同自《著作权质押合同登记证》颁发之日起生效。"按此规定,著作权质押合同的生效时间,始于颁发登记证书之时,这进一步延长了质押生效的时间,此规定令人费解。以上三部有关知识产权质押的部门规章未区分质押合同的成立和质权的成立,质押合同和质权都自登记时成立。这意味着如果质押合同未登记,当事人就无法追究违约方的合同责任,只能按照缔约过失处理。《物权法》第 227 条对此做了区分,规定知识产权出质时,"质权自有关主管部门办理出质登记时设立"。这样即使质押合同未登记,仅是质权不成立,也不影响质押合同的成立。当事人仍然可依据质押合同追究违约方的合同责任。可见,《物权法》的规定是立法上的进步。但遗憾的是,《物权法》及之后的《民法典》仍未采用登记对抗主义,依然固守登记生效主义。这三部有关知识产权质押登记的部门规章依据《物权法》修订后,虽然均修订为"质权自登记之日起生效",但受《物权法》《民法典》的规定所限,也无法改变登记生效主义的立场。从总体上看,"登记生效主义"模式虽然方便登记机关对质押合同的管理,但国家干预色彩过浓,明显有违私法自治的精神,不利于交易的便捷,妨碍担保交易的发展。

在融资租赁登记方面,中国人民银行征信中心于 2009 年上线了融资租赁登记公示系统,该系统可以登记和查询融资租赁物上的权利状况。商务部于 2013 年上线全国融资租赁企业管理信息系统,该系统同样具备租赁物的登记及查询等功能。虽然融资租赁已经有融资租赁登记公示系统和全国融资租赁企业管理信息系统可予登记,当前人民银行和商务部各有一套融资租赁的登记系统,特殊动产及动产担保登记也另有登记机关负责,导致登记系统重复建设,降低了资源利用率。

---

① 《专利权质押合同登记管理暂行办法》第 3 条,《商标专用权质押登记程序》第 8 条。

第三节　我国互联网知识产权融资机制的完善

一、优化互联网金融监管体制机制

（一）立法先行，完善互联网金融监管立法

"金融法制一方面是构成金融市场环境的一种资源禀赋，另一方面是影响金融市场发展的一种制度结构，金融法制与金融市场由此而不断循环往复地进行着互动。"[①]金融立法一方面为金融市场发展提供合法空间，另一方面可以控制金融风险的发生与蔓延，维护金融市场的稳定，充分发挥金融市场对经济的正外部性效应。因此，在立法层面上，全国人大或国务院应改变互联网金融主要依赖政策治理的局面，加快互联网金融法治建设，确立互联网金融发展的法律和行政法规框架。在具体规范上，一是尽快出台股权众筹专门法律规范，明确股权众筹的合法地位，并授权证监会制定监管细则，依法依规予以监管；二是修改《证券法》关于公开发行证券的规定，建立股权众筹小额发行豁免制度，为公募股权众筹创造条件。

（二）推进互联网金融监管体制改革，改进治理方式

在互联网金融监管体制方面，在目前银保监会、证监会、地方金融办多头监管的状况下，这往往容易导致监管空白和缺失，在实际监管工作中，各监管机构之间也会存在职责划分不够清晰和监管工作配合不够协调的问题，从而导致了金融风险的累积。有鉴于此，我国有必要建立一个专门负责互联网金融行业发展的监管部门，由其牵头并联合其他相关部门建立联席会议制度，联席会议成员来自中国人民银行、银保监会、证监会等各个监管部门。由互联网金融监管部门负责协调制定专门的互联网金融法律法规，加强相关部门的协调、沟通及信息共享，定期就监管难点问题进行研究磋商，减少监管成本，改进监管效果。在中央互联网金融监管部门的统一领导下，地方政府金融办具体负责对各地互联网金融平台的监管工作，同时积极发挥行业协会的作用，授权

---

① 冯果、袁康：《社会变迁与金融法的时代品格》，载《当代法学》2014 年第 2 期。

行业协会制定平台经营自律规范,督促行业协会成员共同遵守行业行为准则。

互联网金融监管部门应优化当前的风险预警机制,通过将数据科技嵌入到风险预警工具之中,实现风险预警的自动化、同步化和透明化。为此,监管部门应设立风险预警中心,通过监管的技术系统直连各个互联网金融平台的后台系统,实时获取风险数据;应充分运用大数据、云计算和人工智能等技术,通过数据挖掘、数据分类和数据分析,完成风险建模、风险预测和风险报告工作;在风险报告的基础上,通过团队研究、综合研判等方式,决定对某些风险隐患或风险趋势是否予以特别关注,是否需要干预,以最终实现自动化监管与人工判断的有机结合,实现风险预警实时性与适合性的协调统一。

针对互联网金融机构异议处理渠道不畅,以及机构生命周期的不确定性、入库数据冗沉容易引发异议和纠纷等问题,[1]互联网金融监管部门进一步明确信息异议的申请受理、核查、更正与反馈的规范条款,细化本地与跨地域信息的异议处理流程和要求,同时,在国家及地方层面建立健全信息异议处理工作机制,开通线上异议处理渠道,提高信息异议处理的时效性。

积极推动互联网金融市场治理的社会协同创新,以"多中心治理"代替"单中心治理"。其一,应促进治理权力从国家权力向社会权力分化。政府应进一步加强互联网金融协会等行业自律组织的建设,探索行业组织的运行模式,增强行业组织的自治独立性与自治权威性。其二,应推动治理规则从硬法之治向软法之治调整。对于某些金融创新频繁,产品更新较快而立法滞后较为严重的领域,政府应让位于金融自律组织,由自律组织制定相应的自律规则,以民间秩序代替国家秩序发挥市场规制作用,推动治理关系从纵向管理向横向协同转变。其三,政府与自律组织之间应构建信息协同机制,以实现信息交流的实时化和动态化;政府与自律组织之间应建立决策协同机制,以实现治理决策的交互博弈与共享裁量;政府与自律组织之间应构筑行动协同机制,以实现治理行为的协调统一与互动平衡。

(三)明确互联网融资平台的法律定位,规范平台的经营行为

在互联网融资平台的法律定位方面,理论界存在信息中介机构、证券中介机构、准金融机构、证券交易所等多种观点。[2] 在监管部门制定的规则中,互

---

① 杨茜茜、黄春秀、杨阳:《在营 P2P 网贷机构接入征信系统问题探讨》,载《征信》2020 年第 6 期。

② 华斌:《我国众筹平台法律定位问题研究》,载《探索与争鸣》2017 年第 12 期。

联网融资平台则被定性为信息中介机构。但在实践中,单纯从事信息中介的互联网融资平台数量极少,大部分 P2P 平台均承诺保本保息为项目增信,不少股权众筹平台也为投融资双方提供线下约谈、企业工商登记等服务。因此,以信息中介作为性质定位而出台的监管规则,来规范以信用中介作为运营模式的行业时,必然面临法律规定与现实脱节的尴尬局面。有鉴于此,笔者认为应将互联网融资平台定位为类似证券交易所性质的机构并以此构建平台运营规范。融资平台不仅具有信息发布、需求对接的信息中介职能,还需承担对融资人、融资项目进行合法性审查的义务。当然,如同证券交易所的审查义务,这种审查是形式审查而非实质审查。否则,过重的义务负担不但会超出平台的审查能力和责任能力范围,无法实现对投资者的保护,也将抑制互联网融资的发展空间。

互联网融资平台发挥着连接投资者和融资人的枢纽作用,在互联网融资活动中扮演着重要角色,是监管的关键所在。为保障互联网金融的健康发展,应对平台经营活动设定如下红线:(1)不能设立资金池,不得为投资人提供投资管理服务;(2)严格隔离平台与投资人资金,全程通过第三方存管机构移转资金;(3)不能自行购买平台上发行的证券,防止与其他融资者和投资人存在利益冲突。①

(四)建立投资人保护和退出机制

互联网金融具有"公开、小额、大众"的特征,可以聚集社会力量参与创新创业活动,但其与任何金融活动一样,投资风险难以避免,尤其是互联网融资涉及的公众面广泛,一旦投资失败,容易引发群体性事件,影响社会稳定。因此,我国有必要建立投资人教育制度,普及互联网金融知识,提示投资风险,增强风险意识,培养谨慎和理性的投资理念。另外,设立单个项目的投资上限和年度投资上限,对于投资风险较高的股权众筹项目,设立合格投资人制度,规定只有年收入或净资产达到一定限额的投资人才能参与投资,通过筛选出具有较强风险承担能力的投资人参与投资,降低投资失败对社会的冲击。其次,在互联网融资活动中,融资者和投资人之间存在严重的信息不对称问题,由此产生欺诈和道德风险。建立信息披露制度有助于减少投融资双方在信息获取方面的不平等状况,有利于保护投资人的利益。但需要注意的是,信息披露与

---

① 刘明:《美国众筹法案中集资门户法律制度的构建及其启示》,载《现代法学》2015年第 1 期。

融资成本存在着矛盾关系:过多的信息披露导致融资成本过高,会削弱互联网融资的成本优势;过少的信息披露则会导致项目透明度不足,降低投资者的投资意愿。因此,有必要兼顾融资效率和投资人保护,根据不同的项目融资额度,设立不同的信息披露标准,随着项目融资额度的提高,融资人承担的信息披露义务也相应增加。再次,借鉴《消费者权益保护法》中冷静期的规定,赋予投资人一定期限内的解约权。如意大利的投资冷静期为一周;美国、韩国规定在募资截止日期之前投资者均拥有解约权。

监管部门应出台互联网金融平台退出指引,对平台市场的退出标准、退出流程、退出方式、存续债权债务处理、监管模式等问题作出完整、明确和细致的规定,为融资平台的有序退出活动提供有力的规则指引和制度保障。在退出机制的设计上,其应让平台面向市场,尽量少用救济、接管等强制性干预措施,而更多地采用破产、兼并等市场化退出模式,以实现互联网金融市场的吐故纳新与优胜劣汰。

二、重新定位权利质押,改变立法模式

现行的知识产权质押规范之所以在适用上捉襟见肘,有形动产质押的观念与知识产权的特性难以契合是重要原因。正如史尚宽先生所言:"(权利质权)解释上虽尚为一种质权,然有分化为特殊的担保权之倾向。权利质权,尤其以债权、股份或无体财产权为标的之权利质权,其担保作用反近于抵押权。"①从国外立法上看,晚近制定的大陆法系的民法典体现出了淡化抵押权和质权区分的趋势。例如,1991年颁布的《魁北克民法典》将质权吸收于抵押制度当中。其第2665条规定:"依负担抵押的客体为动产、不动产或动产和不动产的集合体,抵押或为动产抵押,或为不动产抵押。动产抵押可以以交付或不交付抵押的动产设立。动产抵押以交付抵押的动产设立的,也称为质押。"新《荷兰民法典》第227条更是改变了传统的质权与抵押权的划分标准,不再以是否转移占有为区分依据,而是以登记与否作为两者的区分标准,规定:"质押权和抵押权是分项权利,……该权利设立于登记财产上的,为抵押权;设立于其他财产上的,为质押权。"根据该条规定,知识产权担保权这类需要登记的权利属于抵押权无疑,这种担保权的划分标准无疑更符合担保财产的特性,契合担保交易的实际状况。

对我国而言,荷兰民法典的做法或许过于激进,对目前民法典体系框架的

---

① 史尚宽:《物权法论》,中国政法大学出版社2000年版,第359~360页。

冲击较大。因此,在维持民法典现行架构的前提下,笔者建议以抵押的观念改造知识产权质押制度。在立法体例上,其有两个模式可供选择:

模式一,将知识产权担保移到《民法典》"抵押权"章中,使其适用关于抵押权的规定。通说认为,抵押权和质权的区分标准有二,一是以客体为动产还是不动产来区分;二是以转移占有还是不转移占有来区分。[①] 实际上,就以权利为标的的担保物权而言,我国法律上还有所谓的权利抵押权和权利质权的区分。[②] 权利抵押权是在不动产用益物权之上设定的担保物权,而权利质权是在所有权、不动产用益物权之外可让与的财产权之上设定的担保物权。因此,以目前的标准解释权利质权的划分依据已是勉为其难,倘若将知识产权担保归入抵押之中,而债权、股权、证券等其他财产权利担保仍保留在质权之内,将会将财产权利担保体系割裂,使担保物权划分的理论依据和标准更加混乱,逻辑上更加难以自圆其说。有鉴于此,有学者主张抛弃"权利质权"的传统归类(即不再将其列入质权体系之中),而是将其与"权利抵押权"合并,并称为"权利担保"制度,形成一种与动产担保、不动产担保相并列的一类担保制度。[③] 但这一方案同样存在对传统担保物权体系冲击过大的问题,制度转换成本较高,短期内难以获得我国学界和立法部门的广泛认同,远水难解近渴。

模式二,知识产权质权仍然保留在《民法典》"质权"章中,但以抵押的观念改造之。首先,在《民法典》中保留对专利权、著作权、商标权等知识产权质押的一般规定,但应修改《民法典》第446条关于权利质权准用动产质权的规定,将其修改为"权利质权除适用本节规定外,适用抵押权的有关规定。"与此同时,为保持权利质权体系内部的协调,宜在专利法、著作权法、商标法等知识产权法中对质押做专门规定,同时在具体规则设计中借鉴抵押权优先顺序的确定规则、抵押登记的效力、抵押关系中当事人的权利义务规则等规范,改造现行质押规范中不符合知识产权担保特性的规定,并增加知识产权担保中的权利冲突解决规则,从而在知识产权部门法中形成知识产权质押的专门规范体系。此方案虽然较烦琐,但制度转换成本较低,具体操作更为容易,笔者倾向于此方案。

---

① 郑立、王作堂主编:《民法学》,北京大学出版社1995年版,第234页。
② 屈茂辉:《论权利抵押权》,载《法商研究》2001年第2期。
③ 胡开忠:《权利质权制度的困惑与出路》,载《法商研究》2003年第1期。

三、完善具体规则，减少法律漏洞和冲突

（一）征信制度的建构

由于知识产权的特性，目前尚缺乏行之有效的评估方法，评估解雇与真实价值相差悬殊的情况屡见不鲜。故而在某种意义上，投资者更为看重融资企业的经营能力和融资项目的市场前景。这当中融资企业及其高管人员的信用状况无疑是投资者作出决策极为重要的考量因素，也是衡量融资者道德风险的重要指标。"P2P 网贷实质上是一种信用活动，交易者的信用信息对 P2P 网贷行业的发展至关重要。"[①]因此，完善的征信制度对于互联网金融的健康发展不可或缺，对此可采取以下措施：

一是在允许互联网融资平台接入央行征信系统的同时，整合市场监督管理、税务、海关、银行等部门或机构的基础信息，打破信息孤岛，建立和完善科技企业信用信息（包括法定代表人、高管人员的个人信用信息）收集和共享渠道，推动建立统一、完备、全覆盖和一体化的征信系统。

二是应继续鼓励民间建立征信机构。美国私营征信业活跃，全联公司（Trans Union）、艾克飞公司（Equifax）和益百利公司（Experian）三大信用局都采用 FICO 信用评分，每一份信用报告上也都会附有 FICO 信用评分，因此，在美国 FICO 评分已经成为信用的代名词。美国的征信系统现已成为一个庞大的产业，不仅覆盖全国，还拥有很多海外分支机构。三大信用局联合了一千多家遍布于全美的地方信用局，搜集了近两亿美国成年人的信用资料，每年售出六亿多份消费者的信用评价报告，每月完成对二十多亿份信用调查数据的处理。他们属于美国私营部门中最为数据密集型的行业，每年的营业额都过百亿。互联网融资平台可以通过购买这些被处理过的信用信息来区分合格投资者，并匹配适合的借贷项目，有效地防范了因借款人提供信息不真实所引发的道德风险，并且也很适格地履行了审核披露信息的义务。因此，我们有必要借鉴国外征信体系建设的先进经验和组织形式，设计全社会的征信体系架构，建立健全信用数据的共享机制，选取科学的信用评价指标，推动建立高效运行、种类齐全、服务规范的社会征信服务体系。在建设过程中，互联网企业与金融机构应持开放的态度，积极地推动资源共享，使互联网金融行业与

---

① 俞林、康灿华、王龙：《互联网金融监管博弈研究：以 P2P 网贷模式为例》，载《南开经济研究》2015 年第 5 期。

商业征信机构以及行业征信联盟能够形成互相促进的关系,不断完善借款方的征信数据,推动商业征信报告能够更全面地覆盖互联网融资平台、担保公司、小额贷款公司等民间金融机构。

三是统一互联网金融的征信标准。征信标准应具备可量化、准确化、可操作化的特性,能满足互联网融资平台对信用识别和风险定价的要求。我们可借鉴美国的 FICO 信用评分机制,以客户的借贷偿还历史、开设的信用账户数、信用借贷年限、使用过的信用种类和新开设的信用账户五个方面的数据为基础,通过大数据分析技术,刻画出借款人的品德、支付能力、资产状况等指标,然后根据数据权重得出借款人的信用评分。

四是建立互联网金融征信信息共享和保护机制。从短期来看,要激励、引导更多的合规互联网融资平台的信用管理系统与互联网金融信息共享平台对接,实现信用数据在不同平台间的共建共享与互动交流。激励的关键在于形成激励相容的合作结构,这就要求互联网金融协会与互联网融资平台在信息共享平台建设方面应建立起民主协商机制,以实现共享平台建设的共同参与和交互博弈。应将互联网金融信息共享平台与央行征信系统对接,以实现互联网金融征信与其他金融征信的开放与共享。应修改《征信条例》的相关规定,将互联网金融平台纳入《征信条例》所规定的对接主体范围之内,从法律层面破除 P2P 平台加入央行征信系统的桎梏,实现央行征信系统对互联网金融领域的全面覆盖。信息共享范围的扩大必然会带来信息侵害风险的剧增,如何保护 P2P 消费者的个人信息便成为不可忽视的问题。鉴于个人信用信息的范围十分宽广,它既包括资产状况、投资记录等具有较高隐私度的信息,也包括个人爱好、职业工作等不太敏感的信息。因此,应确立起“两头强化,分类规制”的理念,将个人信用信息分为个人敏感信息与个人一般信息。对于个人一般信息,给予 P2P 平台收集、处理和利用的较大自由,以便于其经营;对于个人敏感信息,则应给予 P2P 平台更多的限制。同时,央行也应担负起监管者的职责,密切监管互联网金融平台储存、传输和利用个人敏感信息的活动,严厉处罚侵犯个人信息权益的违法行为。

五是建立和完善平台、融资者、领投机构信用激励和惩戒机制。根据企业的信用状况评定不同的信用等级,并从政策措施上激励企业参与、维护、提高信用评级。例如,北京市中关村管委会通过中关村企业信用促进会开展企业信用星级评定,对于初次申请企业信用星级评定的企业,当年完成一个贷款周期并按期还本付息后,可申请获得“信用一星”级别。完成第二个贷款周期并符合规定条件的,可申请增加一个星级。依次递增,企业最高可获得“信用五星"级别。根据企业信用星级的不同,企业可以分别获得 20%～40%不等的贷款利息补贴。① 在失信惩戒方面,应将互联网金融失信行为纳入社会征信体系之中,建立互联网金融"黑名单"制度,增大行为人的失信成本。积极推动将权威司法数据与征信系统相结合,为金融数据的统计监测增加司法维度,将对失信被执行人的惩戒扩大到互联网金融领域,实现金融风险防范和法院执行效力的对接。

(二)知识产权归属规则的优化

在职务发明创造的归属上,我们可以借鉴美国、日本、德国专利法的规定,将"主要是利用本单位的物质技术条件完成的发明创造"的专利权归属于发明人(雇员),同时规定发明人所在单位享有免费实施权,以避免现有职务发明认定规则在实践中很难判定和执行,且不利于激励职务发明人进行创造性劳动的弊端。在著作权的归属上,鉴于立法上同时规定法人作品和职务作品,这一世界范围内绝无仅有的立法例"在理论上难以自圆其说,在实践中导致了混乱"。因此,我们应在著作权法中删除法人作品的规定,将其纳入职务作品中进行处理,以统一著作权归属原则,并使著作权归属更为简单明晰。

(三)关注知识产权担保权的破产待遇,协调知识产权质押与应收账款质押的关系

现行《破产法》未考虑知识产权许可合同的特殊性,对破产管理人的合同解除权未作限制,这对于知识产权许可使用权担保权人来说,是一个巨大的潜在风险。在知识产权许可使用权担保的破产待遇问题上,我们可以借鉴美国的做法。美国于 1988 年修订《破产法》时,在该法第 365 条(n)中规定,即使版权、专利许可合同被破产管理人撤销,只要被许可人继续履行许可合同中的义务,支付许可使用费,就可以保持其许可使用权。此规定维护了被许可人的权利,有益于许可使用权质押的发展。因此,我们有必要在《破产法》中对知识产权许可合同作出特别规定,限制破产管理人合同解除权的行使。

知识产权许可使用费收取权在理论上既可以归入知识产权质押,又可以作为应收账款质押,这就存在许可使用费收取权上同时设立知识产权质押和应收账款质押的可能。在我国,由于知识产权质押的登记机关是知识产权管

---

① 胡海鹏、袁永、廖晓东:《中关村科技型中小微企业融资新工具及对广东的启示》,载《科技与创新》2017 第 2 期。

理部门,应收账款的登记机关则是信贷征信机构,从而形成不同登记机关的担保权冲突。为避免权利冲突的困扰,加拿大法律委员会(Law Commission of Canada)的研究报告中建议,知识产权担保登记应将许可使用费收入的担保权排除在外,即联邦登记只办理知识产权本身担保的登记,对于因使用知识产权而产生的许可使用费上设立的担保权则由省动产担保登记机关负责登记。如此处理的理由在于:除了来源不同,许可使用费收入与其他应收账款并无本质差别,这样可以避免将许可使用费收入与其他应收账款人为地割裂,确保所有的应收账款担保由同样的登记机关管辖并适用相同的法律规则。不做此种区分还可以避免各种收入如何分类的技术困难。[①] 例如,计算机软件许可人为被许可人提供技术支持服务获得的收入究竟应看作许可使用费收入还是一般应收账款？ 做出这种区分显然并非易事。因此,为防止这一尴尬局面的出现,可以在立法中规定,知识产权登记机关只负责知识产权本身及其许可使用权的担保登记,不受理许可使用费收取权担保权的登记,此类担保权应作为应收账款质权处理,由信贷征信机构负责办理登记。

（四）允许在未来取得知识产权上设立担保,建立浮动担保制度

由于知识产权变动不居的特性,出质人未来取得的知识产权能否纳入担保登记的范围对质权人具有重要意义,与债权安全休戚相关。从理论上分析,未来取得的知识产权能否质押同未来知识产权的转让问题密切相关。从国外立法看,其一般禁止未来作品的全部转让,但允许未来作品的部分转让或一定期限内创作的未来作品的转让。例如,法国著作权法对未来作品转让有所限制,允许未来作品在一定期限内的部分转让,禁止未来作品的全部转让。[②] 德国著作权法第 40 条规定:"(1)作者将未来作品上所享有的各项使用权许可他人而签订的合同应当以书面形式进行。当事人双方可以自合同订立 5 年后通知解除合同。若未就更短的解约期限作出约定,通知解约期限为 6 个月。(2)通知解约权不得予以放弃。合同约定的解约权或法定的解约权不在此限。(3)履行合同过程中已经将未来作品的使用权许可他人的,随着合同的终止,对尚未交付作品的处分行为随之无效。"上述立法的出发点是防止作者迫于经

---

① Law Commission of Canada. Leveraging Knowledge Assets：Reducing Uncertainty for Security Interests in Intellectual Property. http:// www. lcc. gc. ca/en/themes/er/fsi/ fsi_main. asp.

② 《法国知识产权法典》第 L. 131-1 条,第 L. 132-4 条。

济压力出售全部作品,以致受到不合理的损害。在是否允许未来作品转让的问题上,我国著作权法未置可否。由于著作权质押均有一定的期限,实际上不可能发生未来作品的全部转让问题,故而未来作品的质押应当为著作权法所允许。至于未来取得的专利权和商标权的转让,由于不存在著作权法所担心的作者权益保护问题,自然不存在障碍。但需要指出的是,我国专利法虽然允许专利申请权(可以视为一种未来取得的专利权)的转让,但登记机关在实务中不予办理专利申请权质押登记,前文已经指出,此规定并不妥当。

为了实现在未来取得的知识产权上设立担保,我们必须改革现有的知识产权质押登记制度。原《著作权质押合同登记办法》要求著作权质押登记须提交作品权利证明,①修订后的《著作权质权登记办法》虽然删除了此项内容,但出质人是否是著作权人仍是登记的要件。② 这意味着办理著作权质押登记时,出质人仍然需要证明自己是质押作品的权利人。专利权质押登记必须提供出质专利权的名称、专利号、申请日、授权公告日。③ 商标权质押登记则需要提交出质注册商标的注册证复印件。④ 依上述规定,未来取得的知识产权无办理出质登记的可能。如此一来,即使当事人在合同中约定以未来取得的知识产权出质,也仅能产生债权效力,不具有对抗第三人的物权效力,质权人的利益依然难以保障。因此,立法应修改以上规定,增加"以出质人未来取得的著作权(专利权、商标权)出质的除外"一语,在有关的质权登记簿上则可以记载为"出质的财产权利包括出质人在质权存续期间取得的著作权(专利权、商标权)",以满足未来取得的知识产权质押的需要。这实质上就是要求建立财产权利的"浮动抵押",但我国物权法只允许动产的浮动抵押,⑤这成为未来知识产权担保的最大障碍。因此,我们可以在《民法典》权利质权章中设立"浮动质押"制度,使知识产权等无形财产权也可以设立浮动担保,从而保障质押担保功能的实现。当然,鉴于浮动担保制度的特殊性,从浮动担保制度的体系化和民法典内部逻辑结构的协调考量,更好的选择是将浮动担保制度单独立法,制定《企业浮动担保法》,建立企业动产和知识产权等财产权利在内的浮动担保制度,统一规定浮动担保的设立条件、登记机关、登记程序、担保的效力范

---

① 《著作权质押合同登记办法》第 7 条。
② 《著作权质权登记办法》第 12 条。
③ 《专利权质押登记办法》第 9 条。
④ 《注册商标专用权质权登记程序规定》第 4 条。
⑤ 《物权法》第 191 条。

围以及担保权的实现等重要内容,构建全面规范的浮动担保制度。

(五)放宽对出质知识产权转让和许可使用的限制,改造质权人的增担保权

知识产权的转让和许可使用均是知识产权运用的基本方式,是知识产权人获取利润的重要途径,现行立法对知识产权出质后的转让和许可使用采取"原则禁止,例外许可"的立场,如前所述,对于大多数有保护期限制的知识产权,即使禁止知识产权人转让和许可使用,其经济价值也会逐步递减,不但达不到保护质权人利益的目的,反而会适得其反,因此,这种做法并不足取。

要平衡出质人和质权人的利益,关键的问题不在于严格限制知识产权人的转让和许可使用权,而是应赋予质权人对知识产权转让和许可使用价款的追及权,不论知识产权转让或许可使用于何人,质权人均可对其行使质权。因此,应取消我国《民法典》规定的质权人的同意权,而课以出质人通知的义务,这对保障知识产权质权人的利益,促进知识产权质权的运用和推广有益。通知义务对质权人的影响其实非常重要,这是因为:一方面,质权人可以根据出质人的告知情况,如转让费、使用费、许可使用期限以及转让费、使用费、收益是否已提存等来判断出质人的实施行为于质权有无损害,如有危害质权的实现,便可以采取法律赋予质权人的救济措施确保质权的实现。另一方面,出质人的通知义务及相应的质权救济措施的存在敦促出质人谨慎善意地实施其出质知识产权,避免其滥用权利,危害质权实现。[①]

对于知识产权质权人的增担保权,不应适用动产质权人增担保权的规定,而应借鉴抵押人增担保权的规定,例如《物权法》第193条规定:"抵押人的行为足以使抵押财产价值减少的,抵押权人有权要求抵押人停止其行为。抵押财产价值减少的,抵押权人有权要求恢复抵押财产的价值,或者提供与减少的价值相应的担保。抵押人不恢复抵押财产的价值也不提供担保的,抵押权人有权要求债务人提前清偿债务。"此条抵押权人增担保权的规定对知识产权担保显然更为合理恰当,应当被吸收入知识产权质权制度之中。

(六)增加对知识产权人放弃设保知识产权的限制

《担保法》《物权法》《民法典》都仅限制了知识产权人出质后知识产权人的

---

① 蒋逊明、朱雪忠:《出质知识产权实施的许可及其限制——兼评担保法第80条》,载《当代法学》2003年第2期。

转让权和实施许可权,却没有对知识产权人在知识产权质权存续期间放弃知识产权的行为作出限制。法律规定的这一缺失,给质权人利益的保障带来了很大的不确定性。为避免上述弊端,日本和台湾地区的立法对此予以了专门规范,例如,《日本专利法》规定,存在独占实施权人、质权人或者普通实施权人时,专利权人只有在得到上述权利人许可的情况下,方得放弃其专利权;存在质权人或者普通实施权人时,独占实施权人仅在得到上述权利人许可的情况下,方得放弃其独占实施权;存在质权人时,普通实施权人仅在得到质权人许可的情况下,方得放弃普通实施权。① 根据《日本商标法》第 31 条的规定,上述规定也准用于商标权。台湾地区"专利法"也规定,发明专利权人未得被授权人或质权人之同意,不得为抛弃专利权之申请。② 其"商标法"第 38 条也规定:"商标权人得抛弃商标权,但有授权登记或质权登记者,应经被授权人或质权人同意。"

我国专利法、商标法、著作权法等知识产权立法中对此亦无规定,但国家知识产权局修订后的《专利权质押登记办法》注意到此问题,其第 15 条规定:"专利权质押期间,出质人未提交质权人同意其放弃该专利权的证明材料的,国家知识产权局不予办理专利权放弃手续。"不过,此规定在性质上属于部门规章,且仅限于专利,因此,在专利法、著作权法、商标法等法律中对此予以规定更为合理。

(七)增加担保融资方式,为当事人提供多种选择

从目前我国担保融资立法看,法律明确规定的知识产权担保融资方式仅有权利质押(包括应收账款质押)一种方式。在德国、日本、台湾地区担保实务中获得事实认可和广泛运用的知识产权让与担保,在我国不具有合法地位,无法为当事人所用。让与担保与其他典型担保融资方式相比,具有独特的优势,首先,让与担保标的具有多样化的特点,尤其在知识产权领域,由于科技、经济的发展,已有的知识产权的权利内容不断更新,新型知识产权不断涌现,但法律出于安定性之需要,对这些新的权利能否为确定的法律权利,是否为担保物权之标的物,往往需要细加斟酌,仔细权衡,这必然需要漫长的演化阶段。而让与担保的出现可以满足此类新型知识产权的担保需求。其次,典型担保物权之实行均有一定的程序,耗时费力,例如,在拍卖程序中,受各种因素影响,

---

① 《日本专利法》第 97 条。
② 台湾地区"专利法"第 65 条。

标的物拍定之价格常与市价有相当之差距,此对担保设定人固然有害,对担保权人亦相当不利。而让与担保的变价程序可以依照当事人约定的方式进行,较为便捷,可以获得较高的变卖价格,正可弥补典型担保的上述不足。因此,我们有必要借鉴国外的相关经验,适当认可让与担保的合法地位。

至于融资租赁,从《合同法》《民法典》规定的内容看,着眼于规范机器、设备等有形动产的融资租赁关系,是否可适用于知识产权融资租赁,不无疑问。台湾地区 1999 年修正民法债编时,已注意到财产权利的融资租赁问题,特别增订第 463 条之一,规定:"民法债编第二章第五节租赁之规定,于权利之租赁准用之。"此规定扫清了知识产权融资租赁的障碍,颇值赞同。

(八)应收账款转让与质押通知制度的统一构建

在知识产权应收账款转让和质押融资中,除了涉及应收账款转让人、受让人以及出质人、质权人外,还涉及应收账款次债务人,而应收账款转让与质押的实现,离不开应收账款次债务人的协作和配合。但我国法律并未对债权转让与质押通知制度进行具体的规定,也未规定质权人可以直接向次债务人主张应收账款优先受偿权,导致理论界对债权转让与质押通知的功能和效力的认定存在分歧。其主要存在两种不同的观点:一是通知对抗说;二是通知生效说。通知对抗说认为,债权转让通知具有对抗效力,作为类似制度,应收账款质押的通知规定应与债权转让相当。只有采取对抗主义才能维护次债务人的利益,次债务人未收到通知前的清偿有效并且不承担责任。[1] 通知生效说认为,通知应作为应收账款质押的生效要件,如果采取通知对抗主义则会产生弊端,此说下通知仅能对抗次债务人,质权依旧有效,但是应收账款质权的实现依赖于次债务人,如果次债务人提前清偿了债务会使得应收账款消灭,使得质押标的不存在,此时债权依旧有效不过是空话。[2]

应收账款质押与应收账款转让这两种新型融资方式在功能上极为相似,对于功能相当的制度,法律应该作统一的规定,以免引发在实务操作中出现法律适用的纠纷等问题。现代担保交易法如《美国统一商法典》对债权担保以及

---

① 范雪飞:《论应收账款质权及其公示》,载《中南大学学报(社会科学版)》2010 年第 4 期;姚傈:《应收账款质押通知的法律研究》,载《国家检察官学院学报》2018 年第 2 期,第 146 页。

② 陈本寒、黄念:《一般债权质押问题之探讨——兼评我国〈物权法〉(草案)相关条款之规定》,载《法学评论》2006 年第 4 期。

债权让与采取了统一规范的模式,大陆法系国家的民法典虽然仍遵守传统担保交易法的立法体例,但是在债权转让和债权担保之间通过准用规定使得二者衔接。但我国《合同法》《物权法》以及《民法典》中均分别规定了债权转让和应收账款质押,不但导致二者不仅标的范围不一致,公示制度不同,又没有准用规定进行衔接,导致两种融资方式难以协调。因此,从统一和协调债权转让与质押体系的角度出发,对通知的效力也做统一的处理,《合同法》和《民法典》均规定,债权转让未通知债务人时,对债务人不发生效力。可见,我国采取的是通知对抗主义。因此,应收账款质押通知亦应以通知为对抗要件而非生效要件。

在通知制度的具体规则方面,(1)通知的主体。根据《日本民法典》的规定,债权质权通知应参照债权转让规定,日本学者认为债权质权设定的通知应由出质人发出,质权人向次债务人发出的通知无效。[①] 根据我国台湾地区"民法典"第902条规定,权利质权依据权利让与规定,义务主体应为出质人或者质权人。由于出质人(转让人)与次债务人存在债权债务关系,由其发出通知具有更高的可信度,但难以避免出质人怠于通知的问题。因此,其不应局限于出质人,质权人(受让人)亦可向次债务人发出通知。对于质权人(受让人)的通知,次债务人如有异议,应在合理的时间内提出,否则应向质权人(受让人)发出确认书。

(2)通知的时间。发出通知的时间最早应在应收账款转让或质押登记后发出,最晚应在主债权到期无法清偿,质权人向次债务人主张应收账款质权的优先受偿权时发出。

(3)通知的形式。对于通知形式来说,考虑到应收账款质押的融资目的要求简便快捷,应放松要求,采取书面或者口头的形式均可,由当事人协商确定采取何种形式。应收账款质押或转让的通知包括但不限于以下几种形式:一是书面形式。包括以纸质、电子邮件等书面形式发出通知,为目前实践中普遍采用的形式,通常由质权人或者出质人向次债务人发出《应收账款质押通知书》,次债务人收到通知书后以签字盖章等形式明确已经知晓应收账款被质押的事实。二是口头形式。以面对面交流或者电话的方式告知应收账款被质押的事实,优点在于简单快捷,但是这种形式对当事人的道德水准要求较高。一旦发生纠纷,就会造成举证困难。三是电子登记系统通知。中国人民银行应

---

① [日]近江幸治:《担保物权法》,祝娅译,法律出版社2000年版,第279页;[日]三潴信三:《物权法提要》,孙芳译,中国政法大学出版社2005年版,第349页。

收账款融资服务平台于 2013 年推出发送质押通知服务。质权人可通过该项服务发送质押通知给应收账款债务人,后者可使用该服务以电子形式对通知进行确认。四是诉讼通知。即应收账款权利人向法院起诉次债务人履行债务,由法院向次债务人发出出庭通知书。在司法实践中,不少法院裁判肯定了以诉讼的方式来通知债权转让事实的合理性。[①]

四、登记制度的反思与重塑

2020 年 12 月,国务院发布《关于实施动产担保和权利担保统一登记的决定》(以下简称《决定》),自 2021 年 1 月 1 日起,在全国范围内实施动产和权利担保统一登记。根据《决定》要求,纳入动产和权利担保统一登记范围的担保类型包括:生产设备、原材料、半成品、产品抵押;应收账款质押;存款单、仓单、提单质押;融资租赁;保理;所有权保留;其他可以登记的动产和权利担保。纳入统一登记范围的动产和权利担保,由当事人通过中国人民银行征信中心动产融资统一登记公示系统自主办理登记,并对登记内容的真实性、完整性和合法性负责。登记机构不对登记内容进行实质审查。

值得注意的是,《决定》明确指出机动车抵押、船舶抵押、航空器抵押、债券质押、基金份额质押、股权质押、知识产权中的财产权质押不纳入统一的登记范围。据此,在知识产权融资领域,知识产权应收账款质押和保理可以在征信中心办理登记,但专利权、著作权、商标权等知识产权质押仍然需要在国家知识产权局、版权局等主管部门办理登记,由此形成普通登记机关与专门登记机关并存的格局。

在实践中,知识产权往往与其他动产、不动产共同抵押,或者在知识产权质押的同时,办理知识产权应收账款质押或保理,在这种混合登记制下,利害关系人如果需要了解知识产权标的的权利负担状况,必然需要在普通登记机关与专门登记机关同时进行查询和检索。为了降低当事人的查询成本,联合国国际贸易法委员会(UNCITRAL)建议知识产权登记机关向普通担保权登记机关发送一份本登记机关所登记的每份担保权的副本,反之亦然。UNCITRAL 还指出,在登记互联网化的情况下,普通担保权登记机关和专门知识产权担保登记机关共设一个网关,或许可以替代从一个登记处向另一个登记处转发通知的办法。这种共同网关将使登记人能够同时在两个登记处输入担

---

① 交通银行股份有限公司上海松江支行等与蓝姆汽车焊接设备(上海有限公司)等金融借款合同纠纷一审民事判决书,(2016)沪 0117 民初 8643 号。

保权通知。①

然而,目前我国普通动产(权利)登记系统与专门知识产权机关登记存在明显差异,给两类登记的协调造成了阻碍。首先,登记的材料不同。前者采用的是"通知登记制",只需要在线上自助登记出质人和质权人信息、担保财产的描述、登记期限。② 后者采用的是"合同登记制",需要提交知识产权质押合同、主合同等。其次,登记的方式不同。前者采用的是电子化的互联网登记系统,担保权人自己即可完成自助登记,登记机关不审核登记内容,登记过程简便高效。后者需要出质人和质权人共同向知识产权登记机关提出申请,提交纸质申请材料,并需要经过一定的审核期方可完成登记。因此,为了协调两类不同登记机关,确保这种共同网关的效率和功能正常发挥,我们有必要采取以下措施:

第一,国家知识产权局、版权局应当加快建立起专利、著作权、商标质押登记信息的电子数据库建设,各数据库之间实现信息共享,方便公众在线查询,并在此基础上,逐步实现知识产权质押的在线登记和网上审核,提高知识产权担保登记的效率,抵消登记机关众多带来的负面影响。

第二,知识产权质押采用"通知登记制",只须登记简单的融资交易内容,包含必要的基本信息即可,包括知识产权出质人和担保债权人的身份信息;对质押知识产权的描述,主债权金额。目前我国有关专利权、著作权、商标权质押登记的部门规章规定,知识产权质押登记采用"合同登记制",除了要求当事人提供质押合同外,著作权和商标权质押登记还要求提供主合同,这显然逾越了质押登记的正常范围,也超越了登记机关的职责范围。"通知登记制"较之于"合同登记制",不但申请材料简化,提高了工作效率,而且更加适应登记数据电子化网络化的发展趋势,无疑应是我国知识产权担保融资登记改革的方向。

第三,实现知识产权登记系统与普通动产(权利)登记系统的联网,设立共同网关,可以通过输入一项请求即可同时检索两个登记机关。同时,检索项按担保人和担保财产分别编制,并可在每个登记机关交叉检索其他登记机关。

当前,无论是知识产权质押,还是知识产权应收账款质押、保理均采用"登记生效主义"模式。从总体上看,"登记生效主义"模式不利于交易的便捷,妨

---

① UNCITRAL. Legislative Guide on Secured Transactions: Supplement on Security Rights in Intellectual Property, para. 139. http://www.uncitral.org/pdf/english/texts/security-lg/e/Final. Draft. 15_July. 2010. clean. pdf.

② 中国人民银行《应收账款质押登记办法》(2019年修订)第10条。

碍了担保交易的发展,也容易诱发"一物二押"的道德风险,尤其重要的是,在采用电子化自助登记的情形下,登记机关不对登记信息进行审查,完全由当事人对登记信息的真实性和完整性负责。如此一来,采用"登记生效主义"的合理性和价值更令人质疑。与之相反,如果采用"登记对抗主义"模式,当事人签订书面的知识产权担保融资合同时,质权即告成立。这可以极大地提高交易效率,有效降低"一物二押"的风险,同时,第三人可以通过查阅登记簿了解担保物的权利状况,以决定是否与出质人进行交易。这样既有利于维护在先权利人的利益,也维护了交易安全,更不会对善意第三人的利益造成损害,同时兼顾了效率和公平。况且,"登记对抗主义"在我国立法中也不乏其例,《海商法》《民用航空法》《物权法》《民法典》中都规定航空器、船舶、交通运输工具、生产设备、原材料等动产抵押"非经登记,不得对抗(善意)第三人"。[①] 既然船舶、航空器、生产设备等价值较高的动产抵押都可以实行"登记对抗主义",那么作为"准动产"的专利权、著作权、商标权等知识产权采用此模式又有何不可呢?从比较法上看,如前所述,多数国家的法律都将知识产权担保登记作为担保权人对抗第三人的要件,担保权在双方当事人达成书面合意时成立。因此,采用"登记对抗主义"不仅符合意思自治的法律精神,也符合世界上大多数国家的通行做法,我国的知识产权融资登记制度应改弦更张,废弃"登记生效主义",采纳"登记对抗主义"。

值得注意的是,与专利法和商标法均有权利转让和质押的登记规范不同,现行著作权法没有关于著作财产权转让的登记规定。按照我国著作权法的规定,著作财产权可以进行转让,与著作财产权出质相比,著作财产权转让对双方当事人和第三人利益的影响显然更大,既然著作权质押需要进行登记,依照举重明轻的法理,著作财产权转让无须登记明显存在不合理之处。而且在目前著作权转让采用意思主义,著作权质押采用登记生效主义的法律框架下,其容易滋生"先卖后押"或"先押后卖"的交易风险,危害质权人的利益。因此,我国有必要在著作权法中规定著作权转让的登记制度,以便利害关系人了解著作权的权利变动状况,降低著作权担保融资的风险。

需要指出的是,在国家知识产权局 2020 年发布的《注册商标专用权质押登记程序规定》中,颇受诟病的质权"登记期限"的规定仍然赫然在列,并规定

---

① 《海商法》第 13 条、《民用航空法》第 16 条、《物权法》第 188 条、《民法典》第 403 条。

"质权登记期限届满后,该质权登记自动失效"。① 这不但与最高人民法院的司法解释相抵触,②还人为地加重了担保交易当事人的费用和负担,此项不合理规定宜予删除。

不少类型的知识财产在创造出来之后,并非凝固不变的,而是具有变动不居的特性,不断演化发展。在专利和计算机软件领域,此种变化趋势尤为明显。专利技术被研发出来后,专利权人为了继续保持竞争优势和市场份额,往往不会止步不前,而是会继续投入人力物力改进和完善,甚至研发出新的专利技术。而计算机软件的升级换代、版本更新更是司空见惯,已成为行业发展的常态。因此,倘若债权人不能在这些未来取得的知识产权上设立担保权,债权安全必然会大受影响。

要解决这一问题,首先需要放宽对知识产权担保物特定化的标准,即在担保合同中不必列明知识产权担保物的具体名称,只须能够合理地识别即可。例如,美国 UCC 动产担保登记中,如若需要在未来获得的专利权、商标权、著作权、商业秘密等知识产权上设立担保,只须要在"融资声明书"中载明担保物包括债务人未来取得的所有"一般无形财产"即可,而不必逐项列明专利权、版权、商标权等知识产权的具体名称。实际上,如前所述,在允许未来作品转让的国家,例如法国、德国等国,未来作品的转让协议中也不要求作品完全特定化和具体化,仅需要在转让合同中约定将作者在一定期限内创作的作品作为转让的标的即可。可见,在知识产权担保登记中放宽对担保物特定化的要求并无理论上的障碍,是完全可行的。不过,在我国并无"一般无形财产"这一包罗万象的概念可资利用,所以即使允许办理未来知识产权担保的登记,还需要至少指明担保物是专利权、著作权还是商标权等具体的知识产权类型。

其次,还需要引入以债务人姓名或名称编排索引的方式。未来取得的知识产权既然无法具体列明其专利号、作品名称、商标注册号,如要登记和查询此类知识产权,显然就必须以债务人的姓名或名称编排登记和查询索引。这样登记机关按照债务人的姓名登记其未来知识产权担保,潜在的交易方就可通过查询债务人的姓名或名称,了解和掌握债务人是否在其未来取得的知识产权上设立了担保权。

---

① 国家知识产权局《注册商标专用权质押登记程序规定》第 12 条。

② 最高人民法院《担保法解释》第 12 条规定:"当奉人约定的或者登记部门要求登记的担保期间,对担保物权的存续不具法律约束力。担保物权所担保的债权的诉讼时效结束后,担保权人在诉讼时效结束后的 2 年内行使担保物权的,人民法院应当予以支持。"

在国际层面上,包括未来知识产权在内的担保融资也得到了充分认可。UNCITRAL 发布的《担保交易立法指南》中建议,担保权可涵盖担保人后来才生产或购置的资产,此类资产以合理的便于识别的方式描述即可。[1] UN-CITRAL 据此认为,如果知识产权相关法律不禁止设定未来知识产权的担保权,便可根据《指南》的建议,设定这类资产的担保权并使之具有对抗第三人的效力;同时建议各国考虑审查本国的知识产权相关法律,以确定担保权通知可否提及未来知识产权,如果不允许登记未来知识产权的担保权,则考虑修改现有立法以允许未来知识产权设立担保。[2]

此外,中国人民银行于 2017 年和 2019 年对《应收账款质押登记办法》修订时,均规定"权利人在登记公示系统办理以融资为目的的应收账款转让登记,参照本办法的规定"。但是此办法在法律层级上只属于部门规章,不属于法律和行政法规,对法院不具有普遍的约束力,导致包括保理在内的应收账款转让是否需要办理登记往往会产生争议。而且当事人即使办理了登记,有的法院也不认可其登记具备对抗善意第三人的效力。2020 年国务院发布的《关于实施动产担保和权利担保统一登记的决定》中明确将保理纳入统一登记的范围,但性质上仍属政策文件的范畴。因此,我们有必要制定《动产担保和权利担保登记办法》,以法律或行政法规的层级来对动产和权利担保登记加以统一规范,通过强有力的法律约束力提升转让动产和权利担保登记的对外公示效力,更好地发挥动产和权利融资登记的积极作用。

五、建立多元化的担保体系,促进互联网知识产权融资

知识产权价值不易确定、变现处置困难的特性成为阻碍知识产权融资的重要因素。因此,有鉴于此,为了降低知识产权质押融资的风险,提高金融机构对知识产权质押的接受度,各地在推动知识产权质押发展的过程中纷纷引入各种担保机制,形成了各具特点的质押融资模式:(1)"北京模式"。即政府设立专项基金为企业提供知识产权质押贷款利息补贴,并且给商业银行、担保公司提供风险补偿,在此基础上,由企业、金融机构和中介机构根据市场需求

---

[1]　UNCITRAL. Legislative Guide on Secured Transactions. Recommendation17. http://www. uncitral. org/pdf/english/texts/security-lg/e/Terminology-and-Recs. 18-1-10. pdf.

[2]　UNCITRAL. Legislative Guide on Secured Transactions: Supplement on Security Rights in Intellectual Property, paras. 113-118. http://www. uncitral. org/pdf/english/texts/security-lg/e/Final. Draft. 15_July. 2010. clean. pdf.

开展融资业务。（2）"武汉模式"。即政府职能部门、企业、金融机构和中介机构共同参与知识产权质押融资的过程，其中，政府设立的武汉科技担保有限公司在其中发挥着关键作用。（3）"浦东模式"。即政府设立的生产力促进中心为企业贷款提供担保，并承担 95％ 以上的贷款担保责任，由商业银行向企业发放贷款，企业则以知识产权向生产力促进中心提供质押担保。可见，在知识产权融资活动中，由于其风险较高，完全依靠市场机制难以推行，从国内外经验看，政府的适当介入有助于降低融资风险，提高各市场主体的参与意愿，对推动知识产权融资发展起着不可或缺的作用。[①]

在知商金融的 P2P 知识产权质押网贷中，出于降低融资风险的考虑，同样引入了合生创盈融资担保公司为投资人提供担保。但以一家担保公司为众多的融资项目担保，一方面，可能触及担保额不得超过担保公司资本额 10 倍的禁止性规定，导致担保无效；另一方面，一旦项目融资失败，担保公司是否有能力履行担保责任也令人怀疑。因此，知识产权 P2P 网贷的发展有必要建立多元化的担保机制以降低融资风险：一是与政府部门合作，引入政府设立的担保机构和知识产权质押扶持政策，争取将适用于金融机构的知识产权质押风险补偿政策同样适用于互联网融资项目；二是推动设立风险补偿基金。该基金可以由政府、有融资需求的科技企业、担保公司、融资平台共同出资设立，实行风险分散和风险共担的原则，以弥补单个主体风险抵御能力的不足；三是探索知识产权保险制度。知识产权融资保险包含以知识产权为标的和以知识产权融资为标的的保险。前者包括知识产权执行险和知识产权侵权责任险。后者以美国 M-CAM 公司的"保证资产收购机制"（简称 CAPP）为代表。该机制的特点是 M-CAM 公司与商业银行签订协议，承诺当企业不能清偿贷款时，公司将以协议约定的价格收购企业质押给金融机构的知识产权，从而免除金融机构难以处置知识产权的后顾之忧，促进知识产权融资发展。

---

① 宋光辉、田立民：《科技型中小企业知识产权质押融资模式的国内外比较研究》，载《金融发展研究》2016 年第 2 期。

结　语

　　互联网金融背景下的知识产权融资,既与互联网金融法制和监管的完善密不可分,也与知识产权法、担保法、证券法、公司法、合同法等诸多法律规范息息相关。因此,互联网知识产权融资法律机制的完善和优化需要从多方面着手,综合改革和整体推进方能收切实之效。

　　在互联网金融监管体制机制优化方面,在立法层面上,全国人大或国务院应改变互联网金融主要依赖政策治理的局面,加快互联网金融法治建设,确立互联网金融发展的法律和行政法规框架。在互联网金融监管体制上,我国有必要建立一个专门负责互联网金融行业发展的监管部门,由其牵头并联合其他相关部门建立联席会议制度,联席会议成员来自中国人民银行、银保监会、证监会等各个监管部门。在中央互联网金融监管部门的统一领导下,地方政府金融办具体负责对各地互联网金融平台的监管工作,同时积极发挥行业协会的作用,授权行业协会制定平台经营自律规范,督促行业协会成员共同遵守行业行为准则。互联网金融监管部门应优化当前的风险预警机制,通过将数据科技嵌入到风险预警工具之中,实现风险预警的自动化、同步化和透明化。

　　在互联网融资平台的定性上,以信息中介作为性质定位而出台的监管规则,来规范以信用中介作为运营模式的行业时,必然会面临法律规定与现实脱节的尴尬局面。鉴于此,我们应将互联网融资平台定位为类似证券交易所性质的机构并以此构建平台运营规范。融资平台不仅具有信息发布、需求对接的信息中介职能,还需承担对融资人、融资项目的合法性审查义务。互联网融资平台发挥着连接投资者和融资人的枢纽作用,在互联网融资活动中扮演着重要角色,是监管的关键所在,为保障互联网金融的健康发展,应对其经营活动设定不能设立资金池;不得为投资人提供投资管理服务;全程通过第三方存管机构移转资金;不能自行购买平台上发行的证券等红线。

　　在投资者保护和退出机制上,一是设立合格投资人制度,通过筛选出具有较强风险承担能力的投资人参与投资,降低投资失败对社会的冲击;二是设立信息披露制度,有必要兼顾融资效率和投资人保护,根据不同的项目融资额度,设立不同的信息披露标准;三是借鉴《消费者权益保护法》中冷静期的规定,赋予投资人一定期限内的解约权。同时,监管部门应出台互联网金融平台退出指引,对平台市场的退出标准、退出流程、退出方式、存续债权债务处理、监管模式等问题作出完整、明确和细致的规定,为互联网融资平台的有序退出活动提供有力的规则指引和制度保障。

在知识产权质押的法律定位方面,现行的知识产权质押规定套用动产质押规范,这与知识产权的特性难以契合,造成法律适用上的捉襟见肘。鉴于此,在维持民法典现行架构的前提下,建议以抵押的观念改造知识产权质押制度。首先,在《民法典》中保留对专利权、著作权、商标权等知识产权质押的一般规定,但应修改《民法典》第446条关于权利质权准用动产质权的规定,将其修改为"权利质权除适用本节规定外,适用抵押权的有关规定。"与此同时,为保持权利质权体系内部的协调,宜在专利法、著作权法、商标法等知识产权法中对质押作专门规定,同时在具体规则设计中借鉴抵押权优先顺序的确定规则、抵押登记的效力、抵押关系中当事人权利义务规则等规范,改造现行质押规范中不符合知识产权担保特性的规定,并增加知识产权担保中的权利冲突解决规则,从而在知识产权部门法中形成知识产权质押的专门规范体系。

在征信制度的建设上,一是在允许互联网融资平台接入央行征信系统的同时,整合工商、税务、海关、银行等部门或机构的基础信息,打破信息孤岛;二是应继续鼓励民间建立征信机构,弥补政府征信机构的不足;三是统一互联网金融的征信标准,建立互联网金融征信信息共享和保护机制以及平台、融资者、领投机构信用激励和惩戒机制。

在知识产权归属规则的优化上,将"主要是利用本单位的物质技术条件完成的发明创造"的专利权归属于发明人(雇员),同时规定发明人所在单位享有免费实施权,以避免现有职务发明认定规则在实践中很难判定和执行,著作权法中应删除法人作品的规定,将其纳入职务作品中进行处理,以统一著作权归属原则,并使著作权归属更为简单明晰。

现行《破产法》未考虑知识产权许可合同的特殊性,对破产管理人的合同解除权未作限制,这对知识产权应收账款担保权人来说,是一个巨大的潜在风险。因此,我国有必要在《破产法》中对知识产权许可合同作出特别规定,限制破产管理人合同解除权的行使。即只要被许可人继续履行许可合同中的义务,支付许可使用费,就可以保持其许可使用权。知识产权许可使用费收取权在理论上既可以归入知识产权质押,又可以作为应收账款质押,为避免权利冲突,知识产权登记机关只负责知识产权本身及其许可使用权的担保登记,不受理许可使用费担保权的登记,此类担保权应作为应收账款质权处理,由信贷征信机构负责办理登记。

由于知识产权变动不居的特性,出质人未来取得的知识产权能否纳入担保登记的范围对质权人具有重要意义,与债权安全休戚相关。我国可以在《民法典》权利质权章中设立"浮动质押"制度,使知识产权等无形财产权也可以设立浮动担保,从而保障质押担保功能的实现。当然,鉴于浮动担保制度的特殊性,从浮动担保制度的体系化和民法典内部逻辑结构的协调考量,更好的选择是将浮动担保制度单独立法,制定《企业浮动担保法》,建立企业动产和知识产权等财产权利在内的浮动担保制度,统一规定浮动担保的设立条件、登记机关、登记程序、担保的效力范围以及担保权的实现等重要内容,构建全面规范的浮动担保制度。

为平衡知识产权出质人和质权人的利益,我国不应严格限制知识产权人的转让和许可使用权,而是应赋予质权人对知识产权转让和许可使用价款的追及权,不论知识产权转让或许可使用于何人,质权人均可对其行使质权。因此,我国应取消《民法典》规定的质权人的同意权,而课以出质人通知的义务,同时,对知识产权人在知识产权质权存续期间的放弃知识产权的行为作出限制,即在知识产权质权存续期间,出质人只能在得到质权人许可的情况下,方可放弃其知识产权。

从目前我国的担保融资立法看,法律明确规定的知识产权担保融资方式仅有权利质押(包括应收账款质押)一种方式,在德国、日本、台湾地区担保实务中获得事实认可和广泛运用的知识产权让与担保,在我国不具有合法地位,无法为当事人所用。让与担保与其他的典型担保融资方式相比,具有独特的优势,我国有必要借鉴国外的相关经验,适当认可让与担保的合法地位。从《合同法》、《民法典》规定的内容看,关于融资租赁的规定着眼于规范机器、设备等有形动产的融资租赁关系,是否可适用于知识产权融资租赁,不无疑问。但知识产权融资租赁已获得业界认可和运用,为扫清知识产权融资租赁的障碍,应增加权利融资租赁可以准用的规定。

在应收账款转让和质押方面,我国应完善对次债务人的通知制度,在通知的效力上,采用对抗主义更为妥当,在通知主体上,不应局限于出质人(转让人),质权人(受让人)亦可向次债务人发出通知。在通知时间上,其最早应在登记后发出,最晚应在主债权到期无法清偿,质权人向次债务人主张应收账款质权的优先受偿权时发出。在通知的形式上,它可以包括书面、口头、电子系统通知、诉讼通知等多种形式。

在登记制度方面,我国已经开始建立统一的动产和权利担保登记制度,采用了互联网电子化登记系统,对降低担保融资成本和提高担保融资效率具有重要意义。为协调知识产权担保登记与普通动产和权利担保登记,首先,应将其改造为电子登记系统,既可方便当事人检索和登记,也有利于与统一动产和权利登记系统互联互通,实现在一个登记系统登录可以查询多个数据库的功能,提高担保融资的效率;其次,知识产权融资登记应统一采用"声明登记制"和"形式审查制",建立按照财产索引和当事人名称索引,简化登记程序,并为未来取得的知识产权和收益纳入担保范围提供空间;再次,在登记效力模式上宜放弃"登记生效主义",采用"登记对抗主义",以适应登记电子化改革并降低当事人的道德风险;最后,有必要建立著作权转让登记制度,以规避著作权转让和著作权担保融资的权利冲突风险。

参考文献

一、中文著作

[1]陈本寒：《担保物权法比较研究》，武汉大学出版社 2003 年版。

[2]陈晓红：《中小企业供应链融资》，经济科学出版社 2008 年版。

[3]曹士兵：《中国担保法诸问题的解决与展望》，中国法制出版社 2001 年版。

[4]程啸：《中国担保法的理论与实践》，法律出版社 2002 年版。

[5]董涛：《知识产权证券化制度研究》，清华大学出版社 2009 年版。

[6]董淳锷：《在合法与违法之间：国内法领域法律规避现象的实证研究》，中国政法大学出版社 2015 版。

[7]费安玲：《比较担保法》，中国政法大学出版社 2004 年版。

[8]方嘉麟：《信托法之理论与实务》，中国政法大学出版社 2004 年版。

[9]古祖雪：《国际知识产权法》，法律出版社 2002 年版。

[10]高圣平、钱晓晨：《中国融资租赁现状与发展战略》，中信出版社 2012 年版。

[11]高圣平：《动产担保交易制度比较研究》，中国人民大学出版社 2008 年版。

[12]郭明瑞：《担保法》，中国政法大学出版社 1998 年版。

[13]洪艳蓉：《资产证券化法律问题研究》，北京大学出版社 2004 年版。

[14]胡开忠：《权利质权制度研究》，中国政法大学出版社 2004 年版。

[15]胡震远：《知识产权资本化研究》，中国法制出版社 2013 年版。

[16]黄斌：《国际保理——金融创新及法律实务》，法律出版社 2006 年版。

[17]黄达主编：《金融学》，中国人民大学出版社 2012 年版。

[18]黄震、邓建鹏主编：《P2P 网贷风云——趋势·监管·案例》，中国经济出版社 2015 年版。

[19]黄凌凌：《我国股权众筹运作机制设计问题研究》，中国政法大学出版社 2018 年版。

[20]江平、李永军：《物权法》，法律出版社 2009 年版。

[21]李杭敏：《股权众筹的法律制度构建研究》，浙江大学出版社 2018 年版。

[22]李鲁阳主编：《融资租赁若干问题研究和借鉴》，当代中国出版社 2007 年版。

[23]梁慧星、陈华彬：《物权法》，法律出版社 1997 年版。

[24]梁慧星：《民法总论》，法律出版社 2001 年版。

[25]刘春茂主编：《中国民法学·知识产权》，中国人民公安大学出版社 1997 年版。

[26]刘春田主编：《知识产权法》，中国人民大学出版社 2002 年版。

[27] 刘华春：《互联网金融监管法律规制研究》，法律出版社 2018 年版。

[28] 刘萍：《应收账款担保融资创新与监管》，中信出版社 2009 年版。

[29] 刘然：《互联网金融监管法律制度研究》，中国检察出版社 2017 年版。

[30] 刘春霖：《知识产权资本化研究》，法律出版社 2010 年版。

[31] 罗明雄、唐颖、刘勇：《互联网金融》，中国财政经济出版社 2013 年版。

[32] 马士华、林勇：《供应链管理》，高等教育出版社 2003 年版。

[33] 梅夏英、高圣平：《物权法教程》，中国人民大学出版社 2007 年版。

[34] 倪江表：《民法物权论》，正中书局 1982 年版。

[35] 史尚宽：《物权法论》，中国政法大学出版社 2000 年版。

[36] 施天涛：《公司法论》，法律出版社 2006 年版。

[37] 宋华：《互联网供应链金融》，中国人民大学出版社 2017 年版。

[38] 汤珂、张博然、钟伟强：《众筹的价值与风险》，清华大学出版社 2017 年版。

[39] 王利明：《物权法教程》，中国政法大学出版社 2003 年版。

[40] 王利明：《物权法研究》，中国人民大学出版社 2007 年版。

[41] 王保树、崔勤之：《中国公司法原理》，社会科学文献出版社 1998 年版。

[42] 王迁：《知识产权法教程》，中国人民大学出版社 2009 年版。

[43] 王吉法等：《知识产权资本化研究》，山东大学出版社 2010 年版。

[44] 吴汉东主编：《知识产权法》，中国政法大学出版社 1999 年版。

[45] 吴汉东：《西方诸国著作权制度研究》，中国政法大学出版社 1998 年版。

[46] 武长海：《P2P 网络借贷法律规制研究》，中国政法大学出版社 2016 年版。

[47] 萧雄淋：《著作权法论》，五南图书出版公司 2007 年版。

[48] 谢在全：《民法物权论》，中国政法大学出版社 1999 年版。

[49] 谢铭洋：《营业秘密法解读》，中国政法大学出版社 2003 年版。

[50] 谢永江：《资产证券化特定目的机构研究》，中国法制出版社 2007 年版。

[51] 许明月：《英美担保法要论》，重庆出版社 1998 年版。

[52] 许明月：《抵押权制度研究》，法律出版社 1998 年版。

[53] 杨崇森：《专利法理论与应用》，三民书局 2008 年版。

[54] 杨延超：《知识产权资本论》，法律出版社 2008 年版。

[55] 岳彩申、盛学军等：《互联网与民间融资法律问题研究》，法律出版社 2014 年版。

[56] 赵旭东：《企业与公司法纵论》，法律出版社 2003 年版。

[57] 赵典：《众筹相关法律问题与操作实践》，法律出版社 2018 年版。

[58] 郑成思主编：《知识产权法教程》，法律出版社 1993 年版。

[59] 郑成思：《知识产权论》，法律出版社 1998 年版。

[60] 郑玉波：《民法物权》，三民书局 1986 年版。

[61] 钟青：《权利质权研究》，法律出版社 2004 年版。

[62] 周小明：《信托制度比较法研究》，法律出版社 1996 年版。

二、译文著作

[1] [德] M. 雷炳德：《著作权法》，张恩民译，法律出版社 2005 年版。

[2] [德] 马克斯·韦伯：《论经济与社会中的法律》，张乃根译，中国大百科全书出版社 1998 年版。

[3] [法] 蒲吉兰：《21 世纪的黑金》，贾春娟、李玉平、苏启运译，社会科学文献出版社 2006 年版。

[4] [美] 罗伯特·考特，托马斯·尤伦：《法和经济学》，张军等译，三联书店 1991 年版。

[5] [美] 阿尔温·托夫勒：《第三次浪潮》，朱志炎、潘琪、张炎译，三联书店 1984 年版。

[6] [美] 兹维·博迪、罗伯特·C. 莫顿：《金融学》，中国人民大学出版社 2013 年版。

[7] [英] 亚当·斯密：《国民财富的性质和原因的研究》，郭大力、王亚南译，商务印书馆 1972 年版。

[8] [英] F. H. 劳森，B. 拉登：《财产法》，施天涛、梅慎实、孔祥俊译，中国大百科全书出版社 1998 年版。

[9] [英] 费瑞迪·萨林格：《保理法律与实务》，刘园、叶志壮译对外经贸大学出版社 1995 年版。

[10] [英] 施米托夫：《国际贸易法文选》，赵秀文译，中国大百科全书出版社 1993 年版。

[11] [英] 梅因：《古代法》，沈景一译，商务印书馆 1959 年版。

[12] [美] 德雷特勒：《知识产权许可》，王春燕等译，清华大学出版社 2003 年版。

[13] [美] 斯蒂芬·德森纳：《众筹：互联网融资权威指南》，陈艳译，中国人民大学出版社 2015 年版。

[14] [美] 弗雷德里克·S. 米什金，斯坦利·G. 埃金斯：《金融市场与金融机构》，杜惠芬译. 中国人民大学出版社 2014 年版。

[15] [日] 近江幸治：《担保物权法》，祝娅、王卫军、房兆融译，法律出版社 2000 年版。

[16] [日] 我妻荣：《新订担保物权法》，申政武、封涛、郑芙蓉译，中国法制出版社 2008 年版。

三、中文论文

[1] 白少布：《知识产权质押担保供应链融资运作模式研究》，载《经济问题探索》2010 年第 7 期。

[2] 柴彬：《英国专利制度的渊源及其影响》，载《贵州社会科学》2016 年第 3 期。

[3] 陈本寒：《新类型担保的法律定位》，载《清华法学》2014 年第 2 期。

[4] 陈秋竹、邓若翰：《P2P 网贷规制的反思与改进——基于近期 P2P 集中倒闭事件的思考》，载《海南金融》2019 年第 2 期。

[5] 丁国峰：《P2P 网贷平台异化经营的法律规制》，载《上海财经大学学报》2017 年第 4 期。

[6] 董学立：《浮动抵押的财产变动和效力限制》，载《法学研究》2010 年第 1 期。

[7] 董学立：《论"正常经营活动中"的买受人规则》，载《法学论坛》2010 年第 4 期。

[8] 范家琛：《众筹商业模式研究》，载《企业经济》2013 年第 8 期。

[9] 范晓宇：《知识产权担保融资风险控制研究》，载《浙江学刊》2010 年第 3 期。

[10]范雪飞:《论应收账款质权及其公示》,载《中南大学学报(社会科学版)》,2010年第4期。

[11]樊云慧:《股权众筹平台监管的国际比较》,载《法学》2015年第4期。

[12]方新军:《合同法第80条的解释论问题——债权让与通知的主体、方式及法律效力》,载《苏州大学报》2013年第4期

[13]费安玲、龙云丽:《论应收账款质权之实现》,载《河南大学学报(社会科学版)》2009年第4期。

[14]冯晓青、刘淑华:《试论知识产权的私权属性及其公权化倾向》,载《中国法学》2004年第1期。

[15]高圣平:《民法典担保物权制度修正研究——以〈民法典各分编(草案)〉为分析对象》,载《江西社会科学》2018年第10期。

[16]高圣平:《统一动产融资登记公示制度的建构》,载《环球法律评论》2017年第6期。

[17]祖雪:《基于TRIPs框架下保护传统知识的正当性》,载《现代法学》2006第4期。

[18]葛伟军:《股权代持的司法裁判与规范理念》,载《华东政法大学学报》2020年第6期。

[19]郝雅琼、彭志强:《我国电影众筹实践及问题研究》,载《海南金融》2016第4期。

[20]何冬明:《对法律规避效力的中性认识》,载《辽宁师范大学学报》2008年第5期。

[21]何剑锋:《论我国互联网金融监管的法律路径》,载《暨南学报(哲学社会科学版)》2016年第1期。

[22]何颖来:《〈民法典〉中有追索权保理的法律构造》,载《中州学刊》2020年第6期。

[23]胡跃飞、黄少卿:《供应链金融:背景、创新与概念界定》,载《金融研究》2009年第8期。

[24]胡吉祥:《众筹的本土化发展探索》,载《证券市场导报》2014年第9期。

[25]胡开忠:《权利质权制度的困惑与出路》,载《法商研究》2003年第1期。

[26]华斌:《我国众筹平台法律定位问题研究》,载《探索与争鸣》2017年第12期。

[27]黄海龙:《基于以电商平台为核心的互联网金融研究》,载《上海金融》,2013年第8期。

[28]黄斌:《国际保理业务中应收账款债权让与的法律分析》,载《清华大学学报(哲学社会科学版)》2006年第2期。

[29]焦方太:《知识产权证券化中适格资产的选择问题研究》,载《战略与决策》2014年第6期。

[30]金建忠:《融资租赁中租赁物的范围》,载《法学》2012年第7期。

[31]金正宇:《知识产权融资性售后回许可法律分析》,载《中华商标》2011年第11期。

[32]康晓梅:《高校科技成果转化的制约因素与对策》,载《中国高校科技》2014年第8期。

[33]孔令兵:《知识产权证券化中可证券化资产的选择及风险防控》,载《科技与法律》2017年第1期。

[34]雷舰:《P2P网贷借款人信用风险因素分析与对策》,载《金融理论与实践》2019年第12期。

[35]李玫、戴月：《资产真实销售的比较和借鉴》，载《证券市场导报》2015年第12期。

[36]李雪静：《众筹融资模式的发展探析》，载《上海金融学院学报》2013年第6期。

[37]李有星、陈飞、金幼芳：《互联网金融监管的探析》，载《浙江大学学报》2014年第4期。

[38]李亮：《知识产权保险制度研究》，载《法律适用》2012年第12期。

[39]梁磊、靳红蕾：《众筹模式的知识产权风险研究》，载《中国发明与专利》2019年第8期。

[40]梁骞、朱博文：《普惠金融的国外研究现状与启示——基于小额信贷的视角》，载《中央财经大学学报》2014年第6期。

[41]林秀榕、陈光桌：《有追索权国内保理的法律性质》，载《人民司法》2016年第32期。

[42]刘然：《我国P2P网络借贷平台的法律性质》，载《法学杂志》2015年第4期。

[43]刘凯湘、张劲松：《抵押担保若干问题研究》，载《浙江社会科学》2001年第2期。

[44]刘璐、高圣平：《专利权出质登记制度研究》，载《海南大学学报（人文社科版）》2009年第1期。

[45]刘汉霞：《我国知识产权融资租赁的现实困惑与法律规制》，载《知识产权》2017年第8期。

[46]刘春霖：《知识产权出资主体的适格性研究》，载《河北法学》2007年第3期。

[47]刘春霖：《论股东知识产权出资中的若干法律问题》，载《法学》2008年第5期。

[48]刘介明：《供应链企业知识产权冲突问题研究》，载《知识产权》2011年第3期。

[49]刘明：《美国众筹法案中集资门户法律制度的构建及其启示》，载《现代法学》2015年第1期。

[50]龙俊：《动产抵押对抗规则研究》，载《法学家》2016年第3期。

[51]马毅：《互联网金融发展下的知识产权融资创新》，载《经济体制改革》2018年第3期。

[52]潘静：《互联网金融监管规则的完善——以英美国家为镜鉴》，载《河北经贸大学学报》2018年第2期。

[53]彭冰：《P2P网贷与非法集资》，载《金融监管研究》2014年第6期。

[54]彭冰：《非法集资行为的界定——评最高人民法院关于非法集资的司法解释》，载《法学家》2011年第6期。

[55]彭真明、曹晓路：《论股权众筹融资的法律规制——兼评〈私募股权众筹融资管理办法（试行）〉（征求意见稿）》，载《法律科学》2017年第3期。

[56]单海玲：《论知识经济时代商业秘密保护主流理论：保密关系学说与财产权论》，载《政法论坛》2004年第5期。

[57]申建平：《债权双重让与优先权论》，载《比较法研究》2007年第3期。

[58]宋晓明、刘竹梅、原爽：《〈关于审理融资租赁合同纠纷案件适用法律问题的解释〉的理解与适用》，载《人民司法》2014年第7期。

[59]宋林、胡海洋：《知识产权质押贷款风险分散机制研究》，载《知识产权》2009年第3期。

[60]宋光辉、田立民:《科技型中小企业知识产权质押融资模式的国内外比较研究》,载《金融发展研究》2016年第2期。

[61]孙永祥、何梦薇、孔子君等:《我国股权众筹发展的思考与建议——从中美比较的角度》2014年第8期。

[62]孙艳军:《基于P2P金融模式变异法律性质之论证构建其监督模式》,载《中央财经大学学报》2016年第6期。

[63]谭瑞琮:《平台经济与科技资源共享》,载《华东科技》2012年第9期。

[64]唐飞泉、谢育能:《专利资产证券化的挑战与启示》,载《金融市场研究》2020年第2期。

[65]田浩为:《保理法律问题研究》,载《法律适用》2015年第9期。

[66]万冬朝:《论应收账款质权的权利边界——以应收账款质权与法定抵销权的冲突为视角》,载《华南理工大学学报(社会科学版)》2015年第5期。

[67]王达:《影子银行演进之互联网金融的兴起及其引发的冲击》,载《东北亚论坛》2014年第4期。

[68]王莲峰、吕红岑:《商标资产证券化中基础资产的选择探究》,载《电子知识产权》2019年第1期。

[69]王健:《可证券化资产标准论》,载《经济体制改革》2005年第2期。

[70]王洪亮:《动产抵押登记效力规则的独立性解析》,载《法学》2009年第11期。

[71]王嵩青、田芸、沈霞:《征信视角下P2P网贷模式的信用风险探析》,载《征信》2014年第12期。

[72]吴汉东:《知识产权的私权与人权属性》,载《法学研究》2003年第3期。

[73]吴汉东:《关于知识产权私权属性的再认识》,载《社会科学》2005年第10期。

[74]吴景丽:《P2P网贷中的担保、保理、配资和对赌问题》,载《人民司法》2016年第6期。

[75]肖凯:《论众筹融资的法律属性及其与非法集资的关系》,载《华东政法大学学报》2014年第5期。

[76]谢平、邹传伟:《互联网金融模式研究》,载《金融研究》2012年第12期。

[77]谢黎伟:《美国的知识产权融资机制及其启示》,载《科技进步与对策》2010年第24期。

[78]谢黎伟:《众筹融资视角下的高校科技成果转化》,载《中国高校科技》2018年第1期。

[79]谢黎伟:《著作权质押的困境和出路》,载《现代法学》2010年第6期。

[80]谢鸿飞:《价款债权抵押权的运行机理与规则构造》,载《清华法学》2020年第3期。

[81]席志国:《民法典编纂视野下的动产担保物权效力优先体系再构建——兼评〈民法典各分编(草案)二审稿〉第205~207条》,载《东方法学》2019年第5期。

[82]熊琦:《著作权法中投资者视为作者的制度安排》,载《法学》2010年第9期。

[83]徐迪,李冰:《知识产权质押融资模式演化博弈分析——基于供应链金融视角》,载《北京邮电大学学报(社会科学版)》2018年第4期。

[84]徐胜：《网络贷款线下债权转让模式存在的问题及发展建议》，载《金融发展研究》2015 年第 11 期。

[85]杨千雨：《论我国知识产权融资许可制度之构建——以美国 UCITA 法的融资许可为借鉴》，载《法律科学》2014 年第 3 期。

[86]杨东、苏伦嘎：《股权众筹平台的运营模式及风险防范》，载《国家检察官学院学报》2014 年第 4 期。

[87]杨松、王志皓：《我国股权众筹平台尽职调查义务之设定》，载《武汉金融》2017 年第 11 期。

[88]杨茜茜、黄春秀、杨阳：《在营 P2P 网贷机构接入征信系统问题探讨》，载《征信》2020 年第 6 期。

[89]姚明斌：《有限公司股权善意取得的法律构成》，载《政治与法律》2012 年第 8 期。

[90]姚傑：《应收账款质押通知的法律研究》，载《国家检察官学院学报》，2018 年第 2 期。

[91]袁康：《资本形成、投资者保护与股权众筹的制度供给——论我国股权众筹相关制度设计的路径》，载《证券市场导报》2014 年第 12 期。

[92]叶姗：《商业秘密质押研究》，载《河北法学》2002 年第 4 期。

[93]岳彩申、朱琳：《股权众筹平台的法律性质与功能》，载《人民司法》2018 年第 4 期。

[94]俞林、康灿华、王龙：《互联网金融监管博弈研究：以 P2P 网贷模式为例》，载《南开经济研究》2015 年第 5 期。

[95]翟云岭：《论抵押期限》，载《政法论坛》1999 年第 2 期。

[96]张华松、黎明：《知识产权证券化之基础资产探析》，载《法学论坛》2016 年第 9 期。

[97]张凯文：《债权与抵押权分离之救济途径》，载《人民司法》2018 年第 8 期。

[98]张元等：《隐名权利能否阻却法院执行：权利性质与对抗效力的法理证成》，载《人民司法（应用）》2017 年第 31 期。

[99]张玉敏：《知识产权的概念和法律特征》，载《现代法学》2001 年第 5 期。

[100]张之峰、庄玉洁等：《韩国知识产权保险制度及启示》，载《电子知识产权》2018 年第 6 期。

[101]曾宪力：《规范还是关闭 P2P？——基于国际经验的研究》，载《北方金融》2019 年第 12 期。

[102]曾大鹏：《融资租赁法制创新的体系化思考》，载《法学》2014 年第 9 期。

[103]曾江洪等：《众筹平台双边市场特性与竞争策略研究》，载《科技进步与对策》2017 年第 3 期。

[104]郑观：《P2P 平台债权拆分转让行为的合法性之辨》，载《法学》2017 年第 6 期。

[105]邹小芃、周梦宇、李鹏：《商标权证券化浅析》，载《华东经济管理》2009 年第 8 期。

[106]钟瑞栋：《知识产权证券化风险防范的法律对策》，载《厦门大学学报》2010 年第 2 期。

[107]祝文峰、韩克勇：《供应链融资——解决中小企业融资难的新型信贷模式》，载《生产力研究》2010 年第 7 期。

[108]钟洪明:《论股权众筹发行豁免注册的制度构建—基于美国及台湾地区经验之比较》,载《经济社会体制比较》2017 年第 4 期。

[109]周凯、史燕平、李虹含:《论互联网融资租赁:发展、机理与模式创新》,载《现代管理科学》2016 年第 7 期。

[110]周军:《基础合同对保理合同效力影响辨析》,载《贵州社会科学》2020 年第 9 期。

[111]朱勇:《从本轮网贷违约风波看风险防控标准化建设》,载《清华金融评论》2018 年第 1 期。

四、外文文献

[1]ACMAC,Crowd Sourced Equity Funding,Discussion Paper of Australia Corporation and Markets Advisory Committee,September,2013.

[2]Alison Firth,*Comparative Experiences in Australia*,U. S. A.,U. K. and Europe:*Framework*,*Practices and Trends in the EU*,Howard P. Knopf ed.,Security Interests in Intellectual Property,Toronto: Thomson Canada Ltd.,2002.

[3]David B. Tatgem,Jeremy B. Tatge,David Flaxman,*American Factoring Law*,BNA books,2009.

[4]Eleanor Kirby,Shane Worner,Crowd-funding:An Infant Industry Growing Fast,*Staff Working Paper of the IOSCO Research Department*,February,2014.

[5]FCA,Regulation Approach to Crowdfunding over the Internet and the Promotion of Non-read-Realizable Securities by other Media,2014

[6]Frank J. Fabozzi,John N. Dunlevy,*Real Estate-Backed Securities*,Pennsylvanla,2001.

[7]Furst,Karen,Lang,William W.,Nolle,Daniel E.,Internet Banking in the U. S.:Landscape,Prospects,and Industry Implications,*Journal of Financial Transformations*,No. 2,2001.

[8]Howard p. Knopf ed.,*Security Interests in Intellectual Property*,Toronto:Thomson Canada Ltd.,2002.

[9]John Henderson. *Asset Securitization*:*Current Techniques and Emerging Market Applications*. London:Euromoney Books,1997.

[10]Liam Collins,Crowdfunding Innovative Access to Finance and Regulatory Challenges,The Innovation Policy Platform,World Bank,2014.

[11]Michael Henry,Mortgages of Intellectual Property in the United Kingdom. European Intellectual. *Property Review*,1992,14(5).

[12]Nir Kshetri. Success of Crowd-Based Online Technology in Fundraising:An Institutional Perspective,*Journal of International Management*,2015(21).

[13]Paul Slattery,SEC Regulation of Online Peer-to-Peer Lending and the CFPB Alternative,*Yale Journal on Regulation*.

［14］PAU ALI，*The Law of Secured Finance*，Oxford：Oxford University Press，2002.

［15］Paul Belleflamme，Thomas Lambert，Armin Schwienbacher，Crowdfunding：Tapping the right crowd，*social science electronic publishing*，2011，29(5).

［16］Philip R Wood，*Comparative Law of Security and Guarntees*，Sweet and Max well，1995.

［17］Richard S. Betterley，Intellectual Property Insurance Market Survey：A Product That Deserves More Attention than it Gets，Betterley Risk Consultants，Inc，2006.

［18］Pierce Wright C. H.，State equity Crowdfunding and Investor Protection，*Wash. L. Rev.*，2016(91).

［19］Shawn K. Baldwin，"To Promote the Progress of Science and Useful Arts"：A Role for Federal Regulation of Intellectual Property as Collateral，143*U. Pa. L. Rev.* 1701，1994-1995.

［20］Steven O. Weise，The Financing of Intellectual Property under Revised UCC Article 9，74*Chi. Kent. L. Rev.* 1077，1999(3).

［21］Shahrokh Sheik. Although Donation-Based Crowdfunding Has Experienced Some Success，*Questions Remainabout the Practicality of Equity-Based Crowdfunding Los. Angeles Lawyer*，2013(5).

［22］Terri Baumgardner，Clifford Neufeld，Peter Chien-Tarng Huang，Tarun Sondhi，Fernando Carlos and Mursalin Ahmad Talha. Crowdfunding as a Fast-Expanding Market for the Creation of Capital and Shared Value. *Thunderbird International Business Review*. Version of Record Online，2015(59).

［23］Xuan-Thao Nguyen. Collateralizing Intellectual Property. *Georgia Law Review*，2008(12).